san Basha gloriosissime Reportata 22 Iunÿ 1593
PETRINIA
DRENZIHNA
P A F L V S
O D R A F L V S
S

SLOWENIEN

Mohorjeva / Hermagoras

SLOW

Design GANE ALEKSIC

ENIEN

Text STANE STANIČ

Übersetzung HANKA ŠTULAR

INHALT

SPIEGELREICH EUROPAS

Vor wenigen Tagen erst mußte der Panzer der jugoslawischen Armee im Schilf neben der Straße nach Koper resigniert haben. In einer Stunde würden wir in der Wildnis eines winzigen Gartens über Piran sitzen und schwarzen Teran auf die Manen jenes geheimnisumwitterten Toten trinken, der uns zwei Jahre zuvor die Unabhängigkeit Sloweniens prophezeit hatte. Unter meinen slowenischen Freunden gibt es einige, die zusammenzucken, wenn sein Name fällt, sie mögen mir's (und ihm) nicht nachtragen: Es war mein Freund Jože Javoršek. Eine janushäuptige Gestalt zwischen der Brutalität der Politik und den Weihen der Dichtung, zwischen zentraleuropäischem Nihilismus und französischer clarté. Wir hatten uns auch um die wuchernden Stauden und Ranken, um ihre Population aus Eidechsen und Katzen im Garten des Verstorbenen gegrämt, als wir am 26. Juni 1991 im Fernsehen mit ansehen mußten, wie Panzerketten den dionysischen Jubel der Prešeren-Hymne überdröhnten.

Janusköpfig war Jože Javoršek gewesen wie sein genialer Intimfeind Edvard Kocbek, der Dichter zwischen Katholizität und Existenzialismus, auch er versehrt von der Politik des Jahrhunderts. Seine noble Totenmaske schaute seinem Sohn, dem Graphiker, und mir zu, als wir in Ljubljana am „Kärntner Heimatbuch" arbeiteten.

Einen Januskopf trägt der Maler Zoran Mušič: Eines seiner Antlitze schaut nach Westen, in den Glanz der Hofhaltung des Präsidenten Mitterrand, wo er der wenigen einer war, die die Würde des Geistes im Dickicht der Politik vertraten. Das andere Antlitz kann sich nicht losreißen von den Totengebirgen, die sich einst in Dachau vor ihm auftürmten.

Und das Doppelgesicht des Malers Jože Tisnikar, der im profanen Leben in der Prosektur von Slovenj Gradec arbeitet, auch es blickt in den Tartarus, den die Griechen in den Höhlen von Postojna und Škocjan vermuteten und umfaßt gleichzeitig die üppigen Kuppen der Südsteiermark.

Es sind durchwegs jaunsköpfige Gestalten, keine Feldherren, keine Herrscher, die sich mir aufdrängen, wenn von Slowenien die Rede ist, jenem Zwischenreich, dem vor fünf Jahren das gleichermaßen rare wie doppeldeutige Glück widerfahren ist, zum Staate zu werden. Ein Zwischenreich, wo sich krachledernes Steirertum mit Venedigs Sinnlichkeit vermischt, wo sich die verwehten Düfte des alten Orients in den brokatenen Brusttüchlein der Oberkrainerinnen halten. Ein heitereres Jerusalem als das Original befindet sich in seinen Gemarken und inmitten des ganzen das liebliche Ljubljana, die Erdbebenstadt der Drachen und der Nixen, verführerisch in ihrer Untergründigkeit, untergründig in ihrer Verführungskraft.

Was nicht heißen soll, daß sich nicht auch unter Sloweniens Territorium Kavernen erstrecken, angefüllt mit unerlöstem Totengebein. Auch Slowenien besitzt seine blinden Flecken und die Bangigkeit, mit der Historie dieses Jahrhunderts zu Rande zu kommen, ist ihm nicht fremd. Als Nachbarn steht es mir nicht zu, in diese Bereiche einzudringen.

„GEFÄHRLICHE ERINNERUNG" heißt das letzte Buch Jože Javoršeks. Doch nur wer sich der Erinnerung stellt, dem wird sie zum Schatz, nicht zur Gefährdung.

Ich habe mich damals, als die Kampfhubschrauber wie Hornissenschwärme über Emona einfielen, mit meinen slowenischen Freunden geängstigt und mit Kommentaren in der neuen KÄRNTNER TAGESZEITUNG dagegen angeschrieben, daß das alte, neugeborene Zwischenreich von Panzerketten niedergewalzt werden könnte.

Vor 70 Jahren schon hatte es der österreichische Okkultist und Dichter Fritz von Herzmanovsky-Orlando in seinen heutigen Grenzen geweissagt: Als Spiegelreich, in dem sich dereinst das ganze Abendland in allen seinen Facetten wiederfinden soll.

Das köstliche Geschenk, das die guten Feen am 26. Juni 1991 dem jungen Staat in die Wiege legten, heißt Vieldeutigkeit. Eine andere Identität ist für Slowenien weder wünschenswert noch erreichbar als diese: Ein konzentriertes Europa in der Herzgrube des Kontinents zu sein, zu erhalten und zu kultivieren. Keine leichte Bürde für ein kleines Volk. Allein, nur weil sie dieser Sendung Last tragen, vermochten sich die Slowenen der Übermacht zu erwehren. Sie werden eine schöne Zukunft haben, wenn sie in ihrem Teil Mitteleuropas das üben, was der janusköpfige Magier und Künstler Marko Pogačnik die „Heilung der Landschaft" nennt.

Bertram Karl Steiner

Ö S T E R R
St Veit (St.Vid)
Brückl (Mostič
Feldkirchen
Krka
Maria Saal
Moosburg
Krumpendorf
Klagenfurt (Celovec)
Völkermarkt (Velikovec)
Villach (Beljak)
Vrbsko Jezero
St. Jakob
Viktring (Vetrinj)
Bleiburg (Pliberk)
Drava
Tarvisio (Trbiž)
Rateče
Rosenbach
Feistritz (Bistrica)
Ferlach (Borovlje)
Eisenkappel (Železna Kapla)
Peca
Kranjska Gora
Mojstrana
K A R A V A N K E
Jesenice
Olševa
Cave
Mangart
Vršič
Jalovec
Rombon
Kanin
Triglav 2864m
Bled
Blejsko jezero
Radovljica
Tržič
KAMNIŠKO-SAVINJSKE ALPE
LOGARSKA DOLINA
ZGORNJA SAVINJSKA
J U L I J S K E A L P E
Bovec
Učja
Stara Fužina
Krn
Bohinjsko jezero
Bohinjska Bistrica
Breginj
Kobarid
Železniki
Kranj
Tolmin
Kamnik
I T A L I A
Škofja Loka
Trojane
Most na Soči
Cerkno
Blegoš
Domžale
Cividale (Čedad)
Soča
Kanal
POLHOGRAJSKO HRIBOVJE
Udine
BRDA
BANJŠICE
Žiri
Polhov Gradec
Ljubljana
Litija
Bogenšperk
Idrija
TRNOVSKI GOZD
Nova Gorica
Gorizia
Vrhnika
Škofljica
Stična
Cormons (Krmin)
LJUBLJANSKO BARJE
Ig
Grosuplje
Višnja Gora
Krim
Logatec
Ajdovščina
VIPAVSKA DOLINA
Villese
Doberdo
Branik
Kostanjevica
Vipava
HRUŠICA
PLANINSKO POLJE
Velike Lašče
Komen
NANOS
Monfalcone (Tržič)
Aquileia (Oglej)
Duino (Devin)
Suhi vrh
POSTOJNSKA VRATA
Cerknica
Velike Bloke
SUHA
Sistiana (Sesljan)
Postojna
Cerkniško jezero
Ribnica
S. Croce (Križ)
Sežana
Lož
Grado (Gradež)
Villa Opicina (Opčine)
Divača
Pivka
Trieste (Trst)
Kočevje
GOTENIŠKA GORA
Muggia (Milje)
Snežnik
Kočevska Reka
Ankaran
Čabar
Jadransko morje
Izola (Isola)
Koper (Capodistria)
Ilirska Bistrica
Piran (Pirano)
Slavnik
Podgrad
Portorož (Portorose)
Seča (Sezza)
Sečovlje (Sicciole)
Umag (Umago)
0 10 20 30 km
I S T R A
H R
Opatija
Rijeka (Reka)
Poreč
Lovran

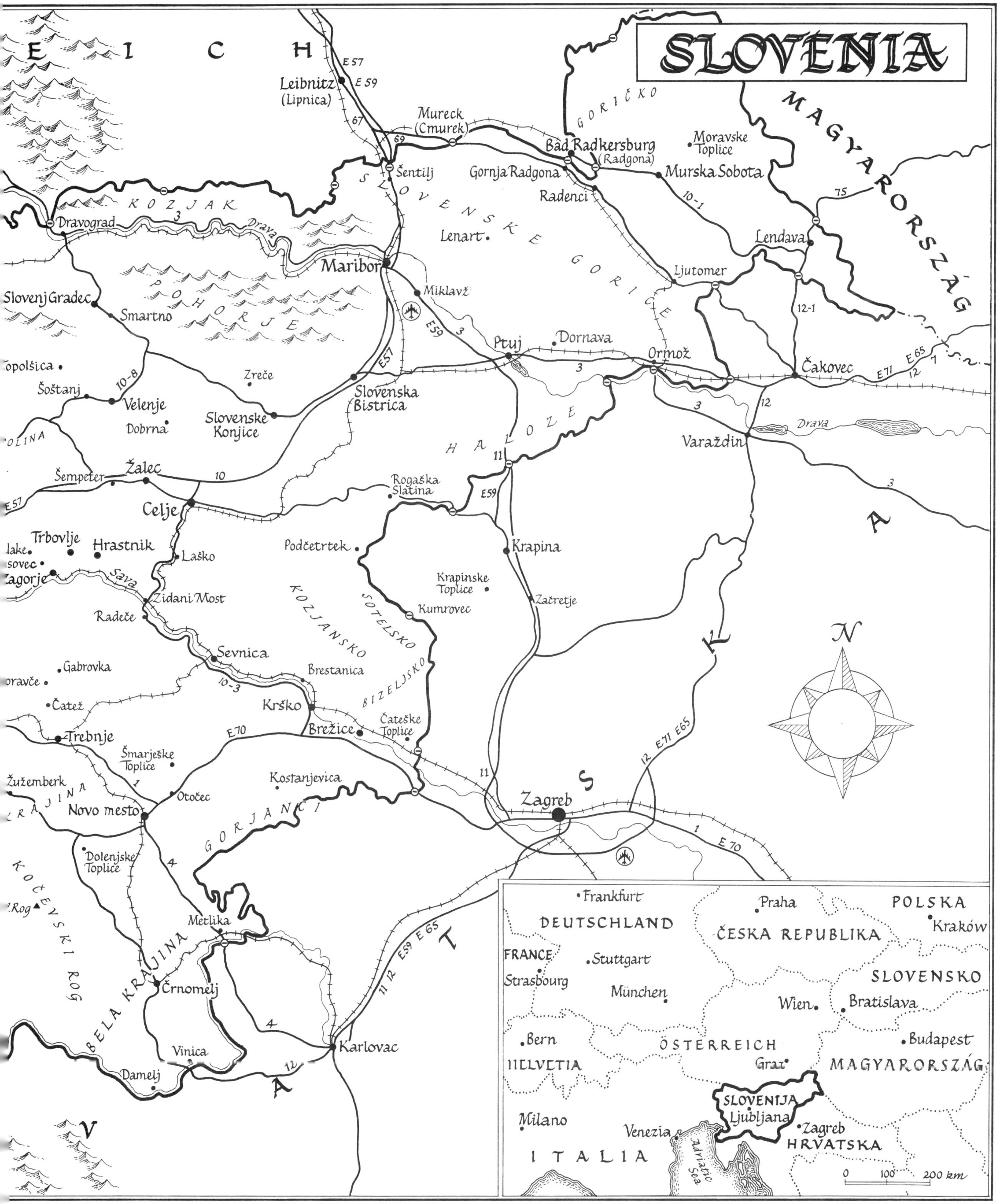
SLOVENIA
MAGYARORSZÁG
R E I C H
GORIČKO
Leibnitz
(Lipnica)
Mureck
(Cmurek)
Bad Radkersburg
(Radgona)
Moravske
Toplice
Šentilj
Gornja Radgona
Murska Sobota
Radenci
KOZJAK
Dravograd
Drava
SLOVENSKE GORICE
Lenart
Lendava
Maribor
Ljutomer
Slovenj Gradec
POHORJE
Miklavž
Smartno
Ptuj
Dornava
Topolšica
Ormož
Čakovec
Zreče
Šoštanj
Velenje
Slovenska
Bistrica
Dobrna
Slovenske
Konjice
HALOZE
Varaždin
Šempeter
Žalec
Rogaška
Slatina
Celje
Trbovlje
Hrastnik
Podčetrtek
Krapina
Laško
Sava
Zagorje
Krapinske
Toplice
Zidani Most
KOZJANSKO
SOTELSKO
Začretje
Radeče
Kumrovec
N
Sevnica
Gabrovka
Brestanica
BIZELJSKO
Čatež
Krško
Čateške
Toplice
Trebnje
Brežice
Šmarješke
Toplice
Žužemberk
Kostanjevica
Otočec
Novo mesto
Zagreb
GORJANCI
Dolenjske
Toplice
KOČEVSKI ROG
Rog
Metlika
BELA KRAJINA
Črnomelj
Vinica
Karlovac
Damelj
H R V A T S K A
Frankfurt
Praha
POLSKA
DEUTSCHLAND
ČESKA REPUBLIKA
Kraków
FRANCE
Stuttgart
Strasbourg
SLOVENSKO
München
Wien
Bratislava
Bern
ÖSTERREICH
Budapest
HELVETIA
Graz
MAGYARORSZÁG
SLOVENIJA
Ljubljana
Milano
Venezia
Zagreb
HRVATSKA
Adriatic Sea
I T A L I A
0
100
200 km

1 Ob Sie es nun glauben oder nicht, doch in Slowenien sind schon recht lange vor allem jene Gesellschaftsspiele und -spielchen, die mit einem Kuß enden oder beginnen, bekannt.

DER SELBSTÄNDIGE WEG

DEN EINTRITT IN DIE ARENA DER VEREINTEN NATIONEN verschaffte sich Slowenien erst knapp vor Beginn des dritten Jahrtausends. Seitdem tritt die Volksgemeinschaft, die in ihrer kleinen Welt im Herzen Europas bereits anderthalb Jahrtausende ununterbrochen siedelt, auf dem Schauplatz der Nationen unter ihrem eigenen Namen auf – als der selbständige und unabhängige Staat Slowenien.

Vorher, und zwar seit dem Ende des Zweiten Weltkriegs, war die Sozialistische Republik Slowenien eine der Teilrepubliken der einstigen Sozialistischen Föderativen Republik Jugoslawien (SFRJ) gewesen. Nach seinem Austritt aus dem einstigen gemeinsamen Bundesstaat und bei seiner Aufnahme in die Vereinten Nationen haben etliche Europäer und auch Bewohner anderer Kontinente abgewunken – wenn von den neuentstehenden Staaten und Kleinstaaten die Rede war: „Wozu diese Anachronismen!" Der sogenannte „gesunde" Menschenverstand sträubte sich eben gegen das „Wiederaufleben nationalistischer Überbleibsel des vorigen Jahrhunderts" und gegen das „volkstümelnde Getue gewisser Provinzpatrioten". Vielen war das Entstehen neuer Staaten einfach zuwider.

Da nun, im letzten Jahrzehnt unseres Millenniums, zahlreiche neue Staatengebilde auf den Landkarten Europas und anderer Kontinente aufscheinen, nennt man dies, je nach Einstellung: Zergliederung, Abspaltung, Zerteilung, Auseinanderdriften, Desintegration oder Aufsplitterung. Während diese Geschehnisse für die einen ein Déjà-vu-Erlebnis ist und sie daher in Erinnerung an die Entstehung der skandinavischen Staaten als „Skandinavisierung" bezeichnen, tun andere auf Grund anderer Erfahrungen, dieses Phänomen verächtlich als „Balkanisierung" ab. Gerade jene, die die Geschehnisse im ehemaligen Jugoslawien für eine „Sezession" halten, erheben meist warnend den Zeigefinger: „Der Übergang in das nächste Jahrtausend sei für Europa doch auch der Zeitpunkt des ‚Zusammenschließens, Vereinens und Integrierens'; man lebe ja schließlich in ‚Zeiten umfassender technologischer, politischer, aber auch globaler Integrationen, daher ist die Entstehung neuer Staaten und somit neuer Grenzen ein Anachronismus'."

Woher rührt in Slowenien und bei seinen Bewohnern der Wunsch und das Bestreben, nach sieben Jahrzehnten gemeinsamen Lebens in zwei Jugoslawien, so energisch seinen eigenen Weg zu beschreiten? Sind die Behauptungen: „Ohne den aggressiven serbischen Nationalismus wäre so manches anders verlaufen", unseriös? Oder ist das Bonmot: „Die größten Verdienste für die Selbständigkeit Sloweniens hätte sich der serbische Leader Slobodan Milošević erworben" wirklich nur geschmacklos? Woher also der feste Wille, diesen Entschluß sogar mit der Waffe in der Hand zu bestärken?

Wie lautet die Antwort des heutigen Slowenien und was sagt es von sich selbst und über seinen Weg?

2 Warum Slowenien einem blühenden Garten gleicht, dafür gibt es plausible Erklärungen – aber auch Legenden. Eine davon berichtet von einer holden Maid, die, als die roten Tropfen ihrer Jungfräulichkeit das Gras benetzten, so bitterlich aufschluchzte, daß der liebe Gott sich ihrer erbarmte: nach Jahr und Tag ließ er an dieser Stelle die weiße Unschuldsblume sprießen. Wann immer später Mädchen so herzerschütternd trauerten, war der liebe Gott gerührt und ließ noch weitere Blumen sprießen.

3 Die Mannigfaltigkeit der Landschaft, des Geschmacks und wohl auch der Ansichten – etwa über die Bequemlichkeit – können z. B. ein Mädchen dazu bewegen, Fensterblumen entweder als Blickschutz oder als Einladung ins Kämmerlein aufzustellen, oder als beides zugleich . . .

4 . . . wie dem auch sei – der häufigste Epilog sind weiße Blumen.

5 Der Fasching und der Vorfrühling sind in Slowenien für derlei Vorhaben noch immer recht geeignet. Daher die Maske, mit der nach dem noch immer geschätzten heidnischen Ritual der Winter verjagt wird. Die beiden Glücklichen von vorhin haben allerdings mit der Maske nichts zu tun, ihre Masken haben sie ja wie es sich geziemt vor dem Eintritt in das gemeinsame Leben abgenommen. Dem Gestalter des Buches gefiel sie aber sehr, weil sie so schön in die Komposition der beiden Seiten paßte; da hat er sie eben hier eingefügt.

6 Nun, da wir uns im klaren sind, wie gewisse Sachen in Slowenien mehr oder minder offiziell beginnen, wollen wir der freundlichen Einladung einer der slowenischen Regionen folgen und uns mit dem „altehrwürdigen" Zug auf die Reise durch die Zeit eines Landes begeben, das außer hochwertigen industriellen Sparten, wissenschaftlichen Anstalten, postmodernen Bauten und Kunstdarbietungen, wie sie in höchstentwickelten Staaten üblich sind, noch einiges zu bieten hat, was andere nicht haben. Wer auf dem alten Kontinent kann den Titel „Oase Europas" in Anspruch nehmen? Jede slowenische Region, in die Sie unsere „Oldtimerin" entführt, ist nämlich etwas ganz besonderes.

7 In einer sauberen Umwelt, an der Slowenien sehr viel liegt, muß auch jener – bei einem Grillvergnügen unumgänglicher – Verunreiniger sauber sein: Tief in den slowenischen Wäldern, die mehr als eine Million Hektar der Gesamtoberfläche bedecken, wird noch wie ehedem geköhlert. Noch bevor Sie den Meiler und die Köhler sehen, erahnen Sie bereits ihre Nähe: der Rauch scheint die Walddüfte sogar irgendwie zu bereichern.

8 Wenn Sie einen Korb füllen wollen, müssen Sie erst einmal einen haben. Die fleißigen Hände, die in den letzten Jahrzehnten recht oft Maschinen bedienten, kehren seit einigen Jahren zu den Fertigkeiten zurück, die sie von ihren Großeltern gelernt haben.

9 Allerlei Amüsantes einzuflechten, auch die eigenen Dummheiten aus den verflossenen Jahrzehnten und darüber auch noch zu lachen, ist ein Vorzug aufrechter Geister: Sie und ihre Histörchen bleiben unvergessen.

10 Gestrickt werden vielerlei Muster, und mannigfaltig sind die Muster im slowenischen Raum überhaupt, wo bereits der vorgeschichtliche Mensch den Zierat nicht missen wollte. Schon die Pfahlbautenbewohnerinnen schmückten ihre Gefäße mit Mustern, die das Andenkenangebot unserer Zeit gewiß bereichern würden.

11 Zu den Berufen, die man außer im Wörterbuch auch auf Bergwanderungen findet, gehört der Käser, der aus der Milch, von der die Stadtkinder nicht wissen, wie sie in die Tüte kam, allerhand Köstlichkeiten bereitet, die unsere lieben Kleinen nur mehr in Form buntverpackter Dreiecke, Ziegel und Scheibchen kennen.

12 Gewiß, das Rad war vor geraumer Zeit eine der wichtigsten Erfindungen; doch für so manchen ist heutzutage auch sein Hersteller, der Wagner, Rademacher oder Stellmacher, eine interessante Entdeckung. Er ist, laut Dudens Universalwörterbuch, ein „Handwerker, der hölzerne Wagen(teile) anfertigt und repariert". Oder aber ist er im Sommer Landwirt und betreibt die Stellmacherei nur im Winter.

11
21
8

13, 14, 15 Die neuen Geräte in den anheimelnd alten Tennen lassen erkennen, warum es immer weniger Stellmacher gibt. Es riecht nach frischem Brot, das nach altem Brauch noch immer die Hausfrau knetet und bäckt. Vor dem Weinkeller wartet der Hausherr ungeduldig auf die Leser und Büttenträger, damit sie die Presse füllen.

16, 17, 18 Auch in Slowenien mehren sich die Unternehmungslustigen, die ihre Keller mit Köstlichkeiten füllen, deren Geschmack, Farbe und Gesamterscheinung – wie es Kenner recht gut wissen – einzigartig sind. Ähnlich wie die nicht mechanisierte Schafzucht oder das Mehl aus der alten Mühle, bürgt für Umweltfreundlichkeit die stets saubergeleckte Katze des Müllers.

19 Kaum ein Zehntel der hübschen Sloweninnen und Slowenen kann heute noch der agrarischen Bevölkerung zugerechnet werden. Auch wenn es alle wären, wird es bald nicht mehr viele geben, wenn sie lediglich mit der Vermehrung der Narzissen experimentieren werden. Auch die Fahne, auf die sie selbstverständlich stolz sind, wird da nicht viel nützen, wenn sie sich an den Slowaken ein Beispiel nehmen werden, deren Fahne gleich ist, und sich nur durch das Wappen von der slowenischen unterscheidet. Das russische Vorbild wäre vielleicht günstiger, die Fahne ist in den Farben und deren Anordnung gleich, es fehlt lediglich das Wappen. Sollte das Wappen so sehr stören?

20 In so manchem Familienalbum findet man Erinnerungen an die Tage des Aufbegehrens gegen das Vorgehen der sogenannten jugoslawischen Volksarmee, die vor der Verselbständigung Sloweniens die demokratischen Prozesse mit Einschüchterungen und Verhaftungen zu bremsen versuchte. Der rote Stern auf den slowenischen Fahnen wurde dann durch das slowenische Wappen ersetzt. Doch nicht jedermann ist mit dem neuen Design zufrieden: Eine „modernere Gestaltung mit traditionellen Symbolen" wird verlangt. Sollte es gelingen, eine die Mehrheit zufriedenstellende Lösung zu finden, wäre Slowenien um eine Exklusivität reicher.

21 In den von Privatinitiative und Unternehmertum geprägten und bereicherten neuen Zeiten werden statt der fruchtlosen geisttötenden politischen Meetings nun bunte und attraktive Veranstaltungen abgehalten, die stets großen Zulauf haben. Das mit schönen Revuen und viel Kultur angereicherte jährliche Blumenfest in Laško ist eine davon. Es ist zugleich dem Bier gewidmet, und dies ist kein Zufall – weil es eben dort eine ausgezeichnete Brauerei gibt.

ZU FRÜH ODER ZU SPÄT

DIE UNABHÄNGIGKEITSBESTREBUNGEN DER SLOWENEN bestanden schon lange vor 1918, als sich Deutschland und Österreich-Ungarn im Todeskampf wanden. Nachdem sie im siebenten Jahrhundert angeblich ihr „Königreich verloren hatten", verband sie – aufgeteilt in mehrere Gebiete unter weltlicher und auch kirchlicher Feudalherrschaft – lediglich die slowenische Sprache als Nukleus einer aufkeimenden kulturellen Identität.

Napoleons Heerscharen übermittelten den Slowenen am Übergang vom achtzehnten in das neunzehnte Jahrhundert den Geist der französischen Revolution. Die neu gegründeten Illyrischen Provinzen und die spätere, von einem Teil der Intellektuellen getragene (pro-südslawische) Illyrische Bewegung konnten sie jedoch nicht für eine Vereinigung mit den anderen „Illyrern" gewinnen, wie damals die südslawischen Volksgruppen und die übrigen Bewohner des Balkans öfters mit Sammelnamen benannt wurden. Im Völkerfrühling 1848 erstellten sie, ähnlich wie die Italiener, Tschechen, Deutschen, Ungarn, Polen, Kroaten u. a., ihr eigenständiges Programm des „Vereinten Sloweniens", das alle Slowenen, zwar noch immer unter habsburgischem Zepter, aber im eigenen „Königreich Slowenien", mit „eigenem" Parlament und mit slowenischer Unterrichts- und Amtssprache vereinen sollte.

Trotz der Reaktion, die die nationale Aufbruchstimmung in der gesamten Doppelmonarchie niederhalten wollte, wurden die Bestrebungen der Slowenen nach Gleichberechtigung immer stärker. Zusätzlich zu den großen Volksversammlungen, die in den slowenischen Ländern vorbereitet und abgehalten wurden, mehrten sich auch die Verbindungen mit den Nachbarn. Ein erster, allerdings panslawistischer Versuch wurde bereits am 1. Mai 1848 in Prag mit dem Aufruf an die „slawischen Brüder gemacht, sich untereinander zu verständigen, sich in ihren Bestrebungen zusammenzuschließen und am slawischen Kongreß teilzunehmen", was selbstverständlich einen heftigen Widerstand deutscher und ungarischer politischer Kreise zur Folge hatte. Der nach 1848 eingeführte Neoabsolutismus unterdrückte dann auf viele Jahre jede derartige Bestrebung. Doch als er 1861 abgeschafft wurde, lebte die nationale Bewegung wieder auf. Bereits Ende der sechziger Jahre kam es u. a. auch schon zu Beziehungen zu einer Gruppe kroatischer Politiker und bewegte die Slowenen, daß sie – als allererste in diesem Raum – zum „Ersten südslawischen Kongreß" aufriefen. Dieser – wahrscheinlich einzige so benannte Kongreß in der gesamten südslawischen Geschichte – brachte die Vertreter aller südslawischen Völker aus dem Bereich der österreichisch-ungarischen Monarchie mit dem Wunsch, „alle moralischen und materiellen Kräfte innerhalb der Grenzen der Habsburger-Monarchie zu vereinen", nach Laibach/Ljubljana. Auf dem vom 1. bis zum 3. Dezember 1870 stattfindenden Kongreß kam auch die Bereitschaft der österreichischen Slawen zum Ausdruck, den serbischen und montenegrinischen „Brüdern" jenseits der Grenze zu helfen. Denen aber waren bereits die Russen zur Hilfe gekommen.

Die Initiative verblieb ohne wesentlichen Widerhall. Vielleicht weil sie damals noch keine starke Unterstützung fand und „politisch gefährlich" war, oder wegen der unklaren Ansichten über die Gleichberechtigung innerhalb der südslawischen Völkergruppe.

Die Vereinigungsidee war offensichtlich zu früh gekommen. Erst nach den Jahrzehnte später stattfindenden scharfen kriegerischen Auseinandersetzungen konnte man – unter veränderten Umständen – das 1848 erstellte Programm verwirklichen.

22 Der Triglav ist mit seinen 2.864 Metern der höchste Berg im Staate Slowenien. Seine weithin sichtbare und stets erkennbare dreizackige Gipfelform wurde zum Symbol, das die Slowenen zum Aufstand aufrief; nun ist der Triglav die Hauptfigur des Staatswappens. Darüber hinaus wird er in vielen Liedern und Gedichten besungen. Kein Wunder, daß er zu einer wahren Kultstätte wurde. Es gibt sozusagen keinen richtigen Slowenen, der ihn nicht wenigstens einmal bestiegen hätte, allein oder in einer der traditionellen Expeditionen, wie etwa die „Hundert Frauen auf dem Triglav" oder der „Gipfel auf dem Gipfel", an dem alljährlich führende Politiker und Staatsmänner teilnehmen, ohne sich viel um die Seelenpein jener zu kümmern, die ihnen (noch) nicht gefolgt sind.

EIN GROSSER SCHRITT HIN ZUR FREIHEIT wurde angesichts der nahenden österreichisch-ungarischen Niederlage getan. Die Slowenen gründeten, gemeinsam mit den anderen Südslawen aus der Doppelmonarchie, eine selbständige Staatengemeinschaft, den Staat der Slowenen, Kroaten und Serben (SHS) – in dieser, im Gründungsakt angeführten, Reihenfolge. Dies wurde am 29. Oktober 1918 gleichzeitig in Laibach und Agram/Zagreb feierlich und mit großer Begeisterung beschlossen und besiegelt.

Die Ausrufung und Bekennung zu einer (bürgerlichen) Republik mit föderativem und zum Teil sogar konföderativem Charakter fand – das sollte besonders hervorgehoben werden – zwei Wochen vor der deutschen und österreichisch-ungarischen Kapitulation statt, sowie, nach dem Durchbruch der Front bei Saloniki, drei bedeutungsvolle Tage vor dem Einmarsch serbischer und verbündeter Truppen in Belgrad, der Hauptstadt des zukünftigen unitären Königreichs Jugoslawien. Die Geburtskomplikationen des ersten Jugoslawien waren ein Omen späterer Tragödien; leider gab es niemanden, der bei der Entstehung des neuen Staates die einenden, aber auch die entzweienden Kräfte heimischer und fremder Interessen zu erkennen vermocht hätte.

Außer den bisherigen, mehr als tausendjährigen Herrschern über die mit Slawen besiedelten Gebiete standen am Ende des Ersten Weltkriegs zuoberst auf der „Interessentenliste" die Franzosen, die stets auf ihre Waffenbruderschaft mit den Serben pochten. Ihre Interessen verleugneten aber auch die Engländer und die Amerikaner nicht. Und was die Italiener anbelangt, waren diese offensichtlich überzeugt, daß sie auf Grund ihres Kriegseintritts auf seiten der Alliierten und des Londoner Geheimabkommens von 1915 auf dem Balkan alles bekommen könnten, was immer sie wollten.

In Abwesenheit der mit ihrer Revolution vollauf beschäftigten Russen, die als einen ihrer ersten Bluffs das Selbstbestimmungsrecht der Völker verkündet hatten, hätten die Amerikaner mit ihrer Deklaration über das Recht auf Selbstbestimmung der Nationen den meisten Einfluß auf die Geschehnisse auf dem Balkan haben können. Als sie sich jedoch wegen der Spannungen im Inneren von den europäischen Ereignissen isolierten, verblieb in Hinsicht auf Jugoslawien dennoch den Franzosen der meiste Einfluß. Im weiteren Verlauf der Geschehnisse erwies es sich, daß, wie allgemein bekannt, weder sie noch die Engländer gewillt waren, einen südslawischen Staat mit gleichberechtigten Völkern zu dulden, sondern lieber ein größeres Serbien unterstützten, auf dessen bewährte Treue und loyale Dynastie sie sich verlassen konnten, während sie die Kroaten und Slowenen ständig verdächtigten, daß sie unter deutschem Einfluß verblieben sind.

WAS DIE SLOWENEN ANBELANGT – hatten sie nach Ansicht gestrenger Beurteilender den „Umsturz" – wie die Zeit am Ende des Jahres 1918 genannt wird – „vollkommen unvorbereitet" erwartet.

Als ihren größten und auch einzigen Verbündeten in jenen schicksalhaften Zeiten erachteten die Slowenen den Präsidenten der Vereinigten Staaten, Woodrow Wilson, der in den ersten Januartagen 1918 im zehnten der insgesamt vierzehn Punkte seines „Friedensplanes" für alle österreich-ungarischen Völker das Recht auf eine selbständige Entwicklung forderte. Einen Monat danach unterstrich er in seiner Botschaft an den amerikanischen Kongreß abermals das Recht der kleinen Völker auf Selbstbestimmung und mahnte, daß man mit ihnen nicht spielen dürfe.

Die Slowenen wurden durch die Worte Wilsons ermutigt. Denn sie bedeuteten eine starke Stütze für die sogenannte Deklarationsbewegung, die nach der vom slowenischen Reichsratsabgeordneten Dr. Anton Korošec im Wiener Reichsrat 1917 verlesenen Mai-Deklaration einsetzte. In dieser Erklärung wurde gefordert, daß die Südslawen „unter dem Zepter der Habsburg-Lothringischen Dynastie" alle von Slowenen, Kroaten und Serben bewohnten Gebiete zu einem Staatskörper, „ohne fremde Oberherrschaft und nach demokratischen Grundsätzen gegründet", vereinen.

Die stufenweise Vereinigung wurde durch die begeisterte Unterstützung der Massen gefördert und führte im September 1918 auch zur Gründung des Nationalrates der Slowenen, Kroaten und Serben als der obersten politischen Vertretung aller österreichisch-ungarischen Südslawen. Das Ziel jedoch sollte ihre Vereinigung in einem gemeinsamen freien Staat sein. Schließlich gesellte sich dazu noch die „kroatisch-serbische Koalition" in Kroatien, die aber (auch weiterhin) überwiegend zu Gunsten des Groß-Serbentums agierte.

Die Geschehnisse begannen sich zu überstürzen. Mitte Oktober 1918 versuchte Kaiser Karl I. das Versäumte mit dem Völkermanifest zur föderativen Neugliederung der Monarchie nachzuholen, „in der jeder Volksstamm auf dem von ihm besiedelten Raum eine eigenständige

Staatlichkeit bilden wird". Damit wollte der Wiener Hof auf eine trialistische Staatseinrichtung eingehen, in der die Slawen als zahlreichste Völkergruppe gleichberechtigt mit den Deutsch-Österreichern und den Ungarn werden sollten.

Der slowenische Protagonist der Deklarationsbewegung, die sich für eine „stufenweise" Verselbständigung im Rahmen Österreich-Ungarns einsetzte, war der katholische Priester und Politiker Dr. Anton Korošec. Als er sich im Oktober 1918 zur Audienz bei Kaiser Karl I. einfand, überging er, angesichts der Kriegsereignisse, bereits die Erwähnung des „habsburgischen Zepters", mit dem in der Mai-Deklaration noch taktisch operiert worden war. Die Vision war ja damals schon viel klarer: „Raus aus der stiefmütterlichen Monarchie!" Der Kaiser soll ihn beschworen haben, die Slowenen mögen doch weiterhin treu zur Krone und zum Staat stehen. Doch Anton Korošec soll erwidert haben: „Majestät, es ist zu spät!" Die Audienz endete für heutige Begriffe fast unvorstellbar: Der Kaiser, der weder Slowene noch Slawe war, soll sich mit beiden Händen die Augen bedeckt und geschluchzt haben.

SLOWENIEN HÄTTE ES EIGENTLICH ÜBERHAUPT NICHT GEGEBEN, hätte es nicht bei den Slowenen zu Ende des Ersten Weltkriegs trotz des erwähnten politischen Nicht-vorbereitet-Seins einen entsprechenden politischen Willen gegeben. Das Königreich SHS war international zwar nicht anerkannt, „doch als politisches Gebilde entsprach es allen Anforderungen des internationalen Rechts hinsichtlich der Entstehung und des Bestehens von Staaten". So sah es jedenfalls die Nationalregierung in Laibach, die die „gesamte Staatsgewalt" inne hatte und sie auch „im gesamten Staatsgebiet", mit Ausnahme des Prekmurje (Übermurgebietes), ausübte. Tatsächlich begann sich erstmals „in sachlicher Form" der slowenische nationale Traum, wenn nicht gar das bereits erwähnte, im Laufe des neunzehnten Jahrhunderts herangebildete Programm des „Vereinten Sloweniens" zu bewahrheiten.

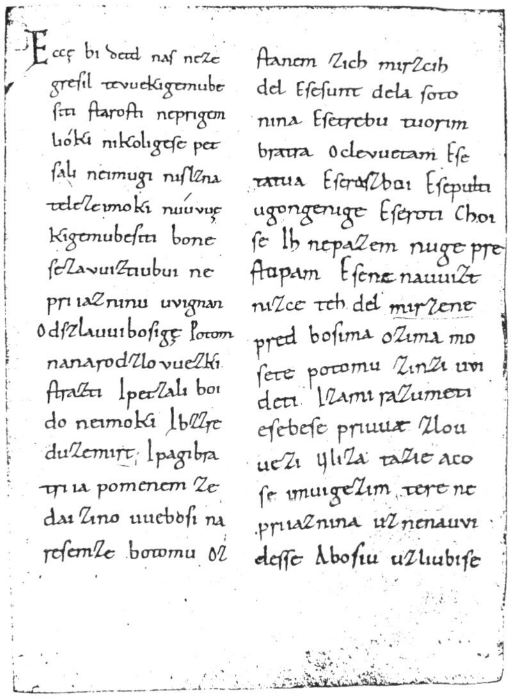
Ecce bi detd nas neze
grefil tevuekigemube
siti starosti neprigem
lioki nikoligese pec
sali neimugi nislzna
telesne moki nuuvue
kigemubesiti bone
sezauuiztiubui ne
pri iaznina uvignan
od szlauuibosige potom
nanarod zlovuekki
stradati lpetzali boi
do neimoki lbllzre
duzemirt lpagibra
tri ia pomenem ze
dai zino uuebosi na
resemzle bowomu oz
stanem zich mirzcih
del esesunt dela soto
nina esetrebu tuorim
bratra od levuetam ese
tatua eseraszboi esepulti
ugongenuge eserotti choi
se ih nepazem nuge pre
stupam esene nauuizt
nizce tch del mirzene
pred bosima ozima mo
sete potomu zinzi uvi
deti lzami pazumeti
esebese priuuat zlou
uezi ylilza tazie aco
se imuigezim tere ne
priiaznina uznenauvi
desse abosiu uzliubise

Das Faksimile der Freisinger Handschrift, der um das Jahr 1000 entstandenen ersten Aufzeichnung eines Gebetstextes in slowenischer Sprache.

Doch alles wäre beim Wunsch geblieben, hätte es nicht auch eine entsprechende Opferbereitschaft gegeben. Besonders bewährt haben sich die von General Rudolf Maister angeführten slowenischen Soldaten, die aus den nördlichen Regionen des heutigen Sloweniens die „deutschen" Soldaten vertrieben. Hätte es Maisters Soldaten nicht gegeben, wäre die Grenze des entstehenden südslawischen Staates wesentlich südlicher verlaufen – irgendwo in der Umgebung von Cilli/Celje. In diesem Falle hätten die Slowenen auf der Friedenskonferenz 1919 auch nicht den nordöstlichen Teil ihres heutigen Gebietes, das Prekmurje aus dem Gefüge der einstigen ungarischen Reichshälfte zugesprochen erhalten. Diese Aktion slowenischer Soldaten wurde von den serbischen Armeekreisen niemals anerkannt, wie sie auch stets absichtlich die Tatsache verdrängten, daß der republikanische Staat der Slowenen, Kroaten und Serben ganze dreiunddreißig Tage vor jenem 1. Dezember 1918 gegründet worden war, an dem das Königreich der Serben, Kroaten und Slowenen ausgerufen wurde.

Wer weiß, wie weit Italien im Falle einer slowenischen Unentschlossenheit vorgedrungen wäre, um sich den Lohn für seinen Kriegseintritt auf seiten der Verbündeten zu holen. Die slowenische Seite leistete jedoch Widerstand. Da die verbündete serbische Armee noch sehr weit weg war, wurden der serbische Offizier Švabić und weitere aus österreichischer Kriegsgefangenschaft über Laibach heimkehrende serbische Soldaten engagiert. Die serbische und slowenische Fahne sind seitenverkehrt identisch – und unter dieser Fahne sollten die Soldaten unter Švabić „als verbündete serbische Armee" die italienischen Truppen aufhalten, was ihnen auch gelang. Italien hat sich später sogar entschuldigt, ihre Vorhut wäre ganz „versehentlich" bis nach Laibach vorgedrungen. In den groß-serbischen Kreisen hingegen rühmte man sich stets und unentwegt, daß es die Serben gewesen wären, die Slowenien befreit hätten. Die Slowenen hatten also unmißverständlich bewiesen, daß sie aus Österreich hinauswollten. Umsichtigen Politikern war offenbar auch bewußt, daß die Slowenen, sollten sie noch weiter in diesem besiegten Staat ausharren, gemeinsam mit den Kroaten „Kriegsbeute" der serbischen Armee geworden wären, die nach der Kapitulation der österreichisch-ungarischen Armee, allerdings ohne einen Schuß abzugeben, kroatische und slowenische Gebiete „eroberte". Die groß-serbischen „Kriegsgewinnler" hatten schon Jahre zuvor alles unternommen, um als angemessenen Lohn für die Kriegsteilnahme Serbiens auf seiten der Verbündeten Groß-Serbien einzustreichen. Die Verbündeten ihrerseits bildeten sich ein, mit dem neuen Staatsgebilde den expansionistischen Wünschen Österreichs und Deutschlands Einhalt geboten und sie fern der Adria gestoppt zu haben.

Den Kampf um ihre Rechte und ihre Souveränität mußten, eben wegen dieser groß-serbischen Tendenzen, sowohl die Slowenen als auch die Kroaten wie auch andere praktisch neu beginnen. Die romantischen Vorstellungen von einer „brüderlichen Gemeinschaft der südslawischen Völker", die sie seit dem Völkerfrühling 1848 beflügelt hatten, konnten sich in der primitiven orientalischen Despotie, in die der neue Staat hineingeboren wurde, nicht bewahrheiten.

VOM REGEN IN DIE TRAUFE, so könnte man die neu entstandene Situation gelinde umschreiben. Die pränatalen Komplikationen hinterließen beim Neugeborenen gewisse genetische Folgen und Infektionsanfälligkeiten, sodaß es seit der Geburt am Widerstreit zweier Auffassungen über die Konstitution des neuen Staates laborierte, des Zentralismus und des Föderalismus.

Für den ersten setzten sich vor allem die Verfechter groß-serbischer Ideen und des orthodoxen Erlösertums ein, weiters die serbische Monarchie, die selbstverständlich kein Verständnis für föderalistische Tendenzen aufbrachte, aber auch die serbische Bourgeoisie, die sich von einem zentralistisch verwalteten Staat rasche Bereicherung erhoffte.

Alle „anderen", vor allem die Slowenen und Kroaten, waren Föderalisten und Republikaner, von denen es in Serbien selbstverständlich nur wenige gab. Angesichts der allgemein herrschenden Stimmung waren solche Ansichten damals ebenso antikonform und obendrein gefährlich, wie sie es sieben Jahrzehnte später während der serbischen Hetzkampagne und der darauffolgenden Aggression waren.

Das Königreich der Serben, Kroaten und Slowenen proklamierte Alexander I. Karadjordjević in Belgrad, nachdem die Delegation des Nationalrates der Slowenen, Kroaten und Serben als Vertreter aller Südslawen aus dem Bereich des ehemaligen Österreich-Ungarns die Anweisungen „vergessen hatte", die man ihr in Agram und Laibach gegeben hatte: „Die schlußendliche Entscheidung über die Staatsform – Monarchie oder Republik – sollte vom allgemeinen verfassunggebenden Parlament, und zwar mit einer Zweidrittel-Mehrheit und spätestens sechs Monate nach dem Friedensvertrag, beschlossen werden". Zu diesem Zeitpunkt sollte auch über „die Staatsfahne, den Regierungssitz und weitere Staatsorgane beraten und beschlossen werden". Der „Vergeßlichkeit" der Delegation halfen einige Serben aus Kroatien sowie die prinzipienlosen slowenischen Liberalen nach, aber auch der Druck von den Verbündeten, die noch ein weiteres für die Sache der Serben taten, indem z. B. einigen als Gegner der Monarchie bekannten Mitgliedern der Nationalrats-Delegation, die sich gerade in Genf aufhielten, das Reise-Visum nach Belgrad nicht rechtzeitig ausgestellt wurde.

Den Groß-Serben gelang es also durch Majorisierung die monarchistische Staatseinrichtung durchzusetzen. Während auf den Straßen in Agram kaum einen Monat zuvor der republi-

Bereits in vorgeschichtlicher Zeit besiedelt, kam Ptuj/Pettau in der Römerzeit wegen seiner Lage am Rand der Pannonischen Tiefebene eine bedeutende Rolle zu; im Jahre 452 wurde Pettau von den Hunnen zerstört. Der Kupferstich stammt aus Georg Matthäus Vischers (1628–1696) Buch „Topographia Ducatus Styriae".

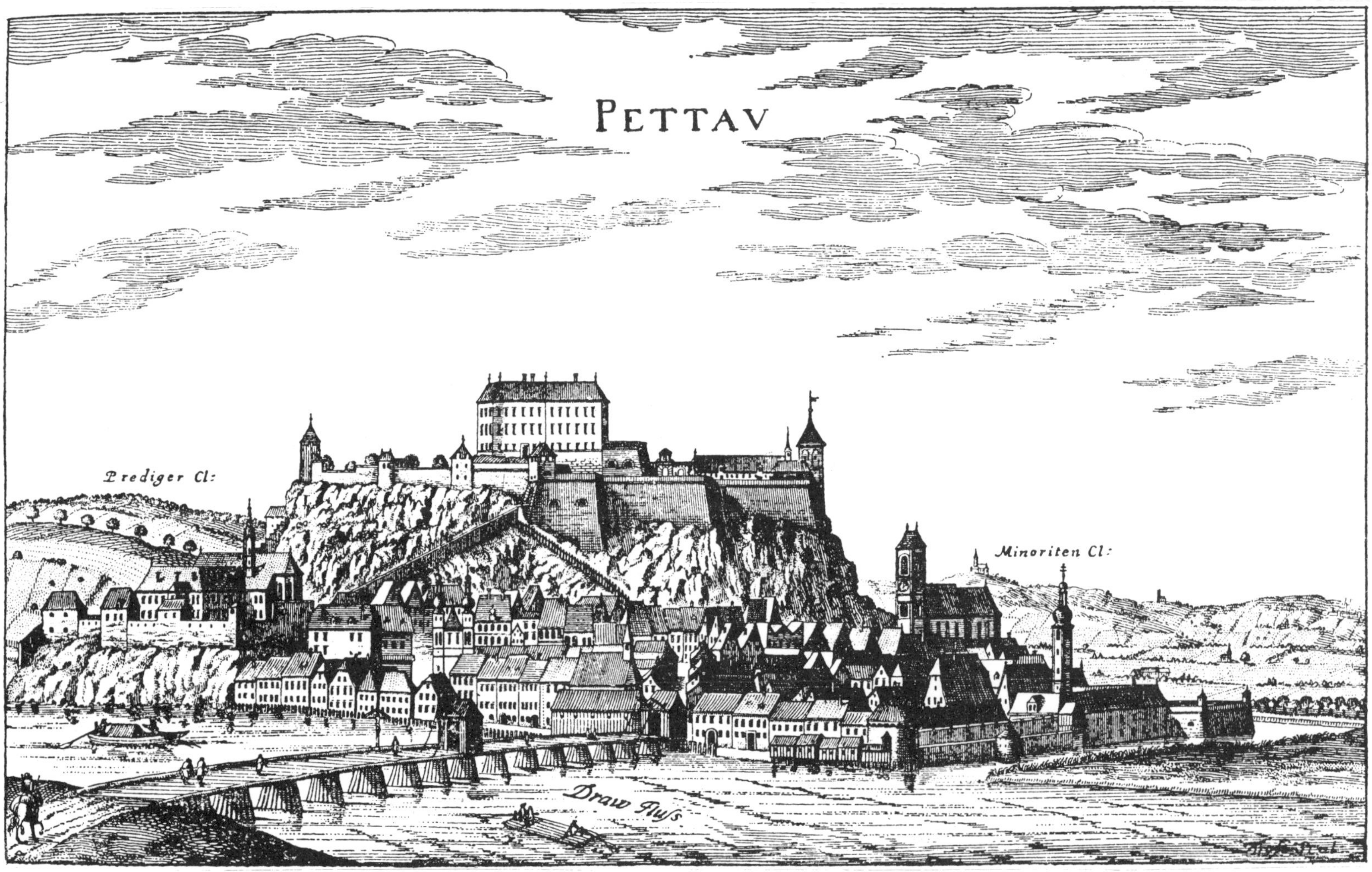

kanische Staat der Slowenen, Kroaten und Serben begeistert begrüßt worden war, war der Tag nach der „Vereinigung" mit dem serbischen Königreich, der 2. Dezember, von Empörung gezeichnet, die sich auf Barrikaden und mit umgeworfenen Straßenbahnen Luft machte.

So begann der dreiundzwanzig Jahre lange Weg in den Zerfall des ersten gemeinsamen Staates. Den serbischen Zentralisten und den unitaristischen Karrieristen, die sich – ähnlich wie heute der wohlbekannte Bürokratenschlag in Brüssel – in Belgrad oder um Belgrad zu drängeln begannen, gelang es „im Namen des einheitlichen Staates", der „dreieinigen Nation" und des „Jugoslawentums" in wenigen Jahren unitaristischer Diktatur sogar die Identitätsattribute „slowenisch" wie auch jene anderer Völker (z. B. der Kroaten) auszulöschen, die doch schließlich aus eigenem, freiem Willen dem neuen Staat beigetreten waren. Die Makedonier waren überhaupt kein Volk, ebensowenig auch die Moslime und die Albaner.

Allmählich wurden auch patriotische Lieder und Symbole verboten. So etwas hätten sich fünfzig Jahre zuvor in Österreich, im sogenannten „Kerker der Nationen", die deutschtümelnden Chauvinisten nicht ohne Folgen leisten können. Die Orthodoxie wurde zum privilegierten Glaubensbekenntnis. Kurzum, den Slowenen und Kroaten wurden keinerlei formal- und verfassungsrechtliche Grundlagen zuerkannt, die ihnen eine gleichberechtigte Partnerschaft gewährleistet hätten, sogar einige jener, die sie als „selbstverständliche" im „stiefmütterlichen" Österreich erlangt hatten, blieben ihnen versagt.

Erst knapp vor Ausbruch des Zweiten Weltkriegs versuchten die westeuropäischen Großmächte ihre Fehleinstellung zu berichtigen und intensive Kontakte mit den Kroaten und Slowenen aufzunehmen. Mit der Revision ihrer bisherigen Politik suchten sie ihre „legitimen Interessen" zu wahren und mögliche Einflüsse ihrer Rivalen, der Deutschen und Italiener, zu verdrängen und zu vereiteln.

Die Westmächte übten also starken Druck auf die Serben aus, die dann knapp vor Kriegsbeginn ein Abkommen mit den Kroaten schlossen. In der Tat bedeutete es damals den Beginn einer Föderalisierung der bislang unitären Monarchie; die Kroaten sollten im „Banat Kroatien" leben, der auch einen beträchtlichen Teil des heutigen Bosnien-Herzegowina umfaßte. Die Slowenen waren auf diesen politisch günstigen Augenblick wieder einmal nicht vorbereitet gewesen, doch auch die Groß-Serben schienen überrascht zu sein. Der Serbische Kulturklub, eine radikal-nationalistische Organisation, und die serbisch-orthodoxe Kirche begannen eine Offensive gegen die Regierung als Unterzeichnerin des Abkommens und gegen Fürst Paul Karadjordjević, der nach der Ermordung des König Aleksander I. Karadjordjević in Marseille 1934 die Regierungsgeschäfte im Namen des minderjährigen Kronprinzen Peter II. führte. Die serbische Lobby, angeführt von der orthodoxen Kirche, konnte sich keineswegs mit der Idee eines selbständigeren (katholischen) Kroatien anfreunden und auch nicht mit der Tatsache, daß einige serbische Enklaven (die dann 1991 nach der serbischen Aggression auf Kroatien und Bosnien-Herzegowina Schauplatz erbitterter Kämpfe wurden) nun Teil des Banats Kroatien geworden waren.

Den Russen und den jugoslawischen Kommunisten war dies bei ihrem Bestreben, Jugoslawien zu destabilisieren und den größtmöglichen Gewinn aus dem entstandenen Chaos zu ziehen, alles sehr dienlich.

DEN ZÄHEN UND ANPASSUNGSFÄHIGEN SLOWENEN GELANG ES DENNOCH, Slowenien, ihr Drau-Banat (eine der zehn, einem Ban unterstehenden, relativ autonom verwalteten territorial-politischen Einheiten, in die Jugoslawien von 1929 bis 1941 eingeteilt war), sukzessive zu einer kulturell und wirtschaftlich ziemlich autonomen Enklave zu entwickeln. Trotz der byzantinischen Eigenwilligkeiten und der Nichtachtung des römischen Rechtes im südlichen Teil des Staates wurde die weitere, relativ rasche und selbständige Entfaltung Sloweniens eben von der herrschenden, weil auf Privateigentum gründenden gesellschaftlichen Einrichtung begünstigt. Einen starken Auftrieb gab auch das slowenische Schulwesen mit der 1919 gegründeten slowenischen Universität sowie der später entstandenen Slowenischen Akademie der Wissenschaften und Künste. Die in Wien und anderswo ausgebildete slowenische Intelligenz – alle ihre bedeutenden Vertreter, wie Schriftsteller, Maler, Pädagogen, Komponisten usw., die bisher oft außerhalb ihrer engeren Heimat verblieben waren – suchte und fand im neuen Staat nun auch leichter „ihre Chance". Den Kärntner Slowenen blieb Wien allerdings erhalten. Die neue Metropole Belgrad hingegen war nicht einmal für Laibach eine Konkurrenz. Den neuen unitaristischen „Herren" wurde Laibach im Gegenteil recht bald zum Dorn im Auge.

Die Grundlagen eines nationalslowenischen Establishments und eines Nationalstaates wurden geschaffen.

Weiter sind die Slowenen bis zum Militär-Putsch im März 1941 mit ihrer „Vorbereitung" einer formalen Souveränität und Selbständigkeit nicht gekommen. Den Putsch hatte die serbische unitaristische Clique im Einvernehmen mit den Engländern durchgeführt, wobei sie jedoch von den Russen hintergangen wurde. Er sollte der Höhepunkt der allgemeinen Revolte gegen das Abkommen mit den Achsenmächten sein, das ja die selbe Regierung geschlossen hat, die auch das Abkommen mit den Kroaten unterzeichnet hatte. Damit sollte Jugoslawien – so Winston Churchill – seine Seele gerettet haben. Den serbischen Unitaristen bedeutete er jedenfalls die Widerrufung des „Abkommens Cvetković-Maček".

Die Slowenen befanden sich eher am Rande dieses Geschehens. Nichtsdestotrotz erwiesen sie sich beim Überfall und der darauf folgenden Zerstückelung Sloweniens durch die Deutschen, die Italiener und Ungarn, die es ein für alle mal von der Landkarte verschwinden lassen wollten, national gefestigter als je zuvor und entschlossen, Widerstand zu leisten.

KAUM ZWEI WOCHEN NACH DEM ÜBERFALL DER ACHSENMÄCHTE, am 6. April 1941, hatten die Slowenen bereits eine „eigene", vorerst noch als „antiimperialistisch" bezeichnete, bald danach jedoch slowenische „Befreiungsfront", ihre „eigene" Befreiungsarmee und ihren „eigenen" Generalstab, bei dem von 1943 an auch Vertreter der drei alliierten Streitmächte akkreditiert waren. Außerdem hatten die Slowenen ihre Vertreter auch schon im sich seit 1942 heranbildenden „Bundesparlament" und in der „Bundesregierung." Die Initiative und Durchführung der gesamten Bewegung wurde von der Kommunistischen Partei kontrolliert, die auch den bewaffneten Widerstand gegen die Okkupanten anführte.

Nach Ansicht der königlichen jugoslawischen Regierung, die nach wenigen Kriegstagen im April 1941 in den Westen geflüchtet war, sowie der königstreuen Truppen, die vorwiegend in den serbischen Wäldern untertauchten, um dort die Invasion der westlichen Verbündeten abzuwarten, war die gesamte von Tito angeführte Widerstandsbewegung „das Werk gewiefter Komintern-Agenten", die sich auf die Manipulierung überschwenglicher Patrioten verstanden. Die Schwäche dieses Konstruktes lag aber in der Tatsache, daß es in den Reihen der Tito-Partisanen so viele Patrioten gab und daß ihnen, als einer zweckdienlichen und beachtenswerten Streitmacht, Großbritannien und die Vereinigten Staaten von 1943 an, auch aus politisch-pragmatischen Gründen, eine wachsende Unterstützung angedeihen ließen.

Die Russen, die stets zehn Eisen im Feuer hatten, wurden auch „praktischer", als ihre Zeit heranreifte: an Stelle der Westmächte, die von vielen in Jugoslawien sehnlichst erwartet wurden, gingen sie lieber gleich selbst auf den Balkan. Im Herbst des Jahres 1944 drangen sie über Rumänien in Serbien ein, nachdem sie mit wahrlich bärenhaftem Feingefühl bei der Tito-Armee eine diesbezügliche Genehmigung für die Dauer der Kampfhandlungen beantragt hatten.

Mit russischer Hilfe besetzten Titos Partisanen Belgrad und gewannen allmählich die Übermacht, obwohl man ihnen in Serbien zu jener Zeit keineswegs gewogen war und noch immer von einem unitären Königreich träumte. Für Tito und die Russen eröffnete sich über Bosnien der Weg nach Westen zum uralten zaristisch-russischen Ziel: der Adria.

Den westlichen Verbündeten blieb nichts anderes übrig, als gute Miene zum bösen Spiel zu machen, als die Armee Titos weniger mit den Okkupanten, um so stärker aber mit den heimischen Widersachern abrechnete. Dies war relativ leicht zu rechtfertigen, da sie sich im Kampf ums Überleben, allesamt mit den Besatzungsmächten eingelassen hatten.

Die „geheime", „pro-westliche", „antikommunistische" Karte, die z. B. die slowenische Heimwehr (domobranci) gegen die deutschen Besatzer ausspielen wollte, nachdem sie von ihnen bewaffnet worden war, blieb sogar noch im entscheidenden „letzten" Moment im Ärmel stecken, als sie im Mai 1945 endlich die Okkupanten angreifen wollte. Noch während die Deutschen in Laibach waren, proklamierte sie den Bundesstaat Slowenien als Teil des Königreiches Jugoslawien, setzte davon die siegreichen Verbündeten und die Vereinigten Nationen „in Kenntnis", doch „vergaß" sie, den zurückweichenden Deutschen wenigstens einen symbolischen Schuß nachzufeuern.

Ungefähr zehntausend solcher Tito-Gegner, die sich nach der Kapitulation Deutschlands in Kärnten den Engländern ergeben hatten, wurden von diesen bedenkenlos den Tito-Partisanen ausgeliefert. Nur wenige entgingen der tragischen Verblendung der Sieger, allesamt wurden sie ohne Gerichtsverhandlung liquidiert. Ein Verbrechen, das jenem an den polnischen Offizieren 1940 im Katyner Wald begangenen haargenau gleicht. Es lähmte auf Jahrzehnte jedweden Widerstandswillen gegen den Kommunismus, da sich ja auch die übrigen Tito-Gegner über die ganze Welt verstreut hatten, wenn sie nicht – und dies geschah nicht einmal so selten – „mit dem Einverständnis" der Geheimpolizei erfolgreich ihr Mäntelchen nach dem Wind hängten.

AUF DEM IN JALTA GEZIMMERTEN PROKRUSTESBETT war es dann alle 45 Nachkriegsjahre recht eng und unbequem, insbesondere, da weder die Westmächte noch die Russen auf die in Jalta verabredete 50:50-Teilung Jugoslawiens verzichten wollten. Dies manifestierte sich dann in verschiedenen, sowohl vom Westen als auch von den Russen manipulierten Pogromen und Kaderaustauschen,≤ mit denen immer wieder das abgemachte „Einflußgleichmaß" auf die Geschehnisse in Jugoslawien hergestellt werden mußte.

Neben den vom kommunistischen Bettzeug übertragenen endemischen Infektionen prallten auf diesem notdürftig zurechtgezimmerten Bettgestell ständig die klassischen – bereits aus der ersten jugoslawischen Despotie bekannten – zentrifugalen und zentripetalen Kräfte aneinander. Es überwogen selbstverständlich die Vergewaltigungen im Namen des Staates, erst einmal unter der Parole „Verteidigung der Freiheit", denn als „Wahrung der Unabhängigkeit" und „für den Sozialismus".

Eine Armee gut bezahlter Apparatschiks legte bei der Erfindung möglichst überzeugender politischer und ideologischer Deckmäntel für stets neu beginnende „historische Umbrüche" oder „historische Epochen" einen bewundernswerten Einfallsreichtum an den Tag. Die attraktivste und auch vorzüglich vermarktete Erfindung war jedenfalls der „Ausbau der sozialistischen Selbstverwaltung".

Nachdem die Sowjetunion 1948 Tito und Jugoslawien aus ihrem Block ausgeschlossen hatte, trotzte das jugoslawische Regime pragmatisch „dem sowjetischen Hegemonismus". Allmählich gewann der „besondere jugoslawische Weg" an Glaubwürdigkeit. Diesem diente der erträglicher erscheinende oder, besser, der perfider gewordene Zwang in Jugoslawien, das ihre steuerten aber auch die europäischen Linken dazu bei. Enttäuscht wegen der sowjetischen Pogrome in Ostdeutschland, in Ungarn, in Polen, in der Tschechoslowakei und wiederum in Polen, entdeckten sie im „jugoslawischen Experiment" einen Ausweg aus der kommunistischen Sackgasse.

Die Verbreitung des „neuen Glaubens" an eine harmonische und menschenwürdigere Gesellschaft und an den „nichtentfremdeten Menschen" machte schöne Fortschritte. Innerhalb Jugoslawiens fanden diese Ideen ebenfalls einen gewissen Anklang, vor allem bei der Jugend aus nationalen Mischehen. Manchmal geschah dies auch mit Hilfe von „Rock" und kleinerer Mengen von „Drogen", vor allem unter den sogenannten „Jugoslawen", die relativ bequem in modernen Stadtsiedlungen mit pompösen Sportanlagen heranwuchsen. Der verhältnismäßig hohe Lebensstandard spiegelte die jugoslawische aber auch die slowenische Realität wider: niedrige Produktivität, eine privilegierte Militär-, Partei- und Polizeikaste und immense Ausgaben für das Heer. All dies ermöglichten vorerst die Hilfe des Westens, später, als die Appetite größer wurden, die Anleihen im Ausland.

Die Burg Kamen bei Begunje ist nach Meinung der Fachleute ein „schönes Beispiel einer gewachsenen Burg" – eines Bauwerks, das nicht nach einem einheitlichen Plan entstanden ist. Die erste, vermutlich im 12. Jahrhundert entstandene Anlage wurde, entsprechend ihrer Geltung und neuen Wohnbedürfnissen, weiter ausgebaut und erhielt in der Renaissance ihren endgültigen Umfang. In der ersten Hälfte des 18. Jahrhunderts wurden die Dachziegel und Werksteine der Burg für den Bau der Kirche in Begunje verwendet. Der Stich der Burg, die nun schon einige Jahrzehnte lang restauriert wird, stammt aus J. W. Valvasors „Ehre des Herzogthums Krain".

23 Gibt es also doch auch Slowenen, die den Triglav in all seiner Pracht und Würde stets nur von unten bestaunen und erleben? Auf dem Gipfel selbst ist ja die ganze Pracht nicht zu sehen.

24 Als eine Art „Vaterlandsaltar“ überragt der Triglav allein im slowenischen Teil der Julischen Alpen 165 über 2.000 m hohe Gipfel, denn die Julier setzen sich ja bekanntlich in Italien fort: im Süden mit dem langen, vom Isonzotal zwischen Tolmin/Tolmein und Kobarid/Karfreit bis nach Gemona del Friuli reichenden Rücken des Kobariški Stol und im Norden vom Oberen Save-Tal bis in das Kanaltal (Val Canale). Der Name ist alt, noch aus römischer Zeit, nach der römischen Siedlung Forum Julii. 1.000 bis 1.400 m dicke Schichten z. B. in der Nordwand des Triglavs – sie ist eine der gesuchtesten alpinistischen Ziele in Europa – bezeugen die stürmische Orogenese. Der mächtige Bergwall ist die Wasserscheide zwischen den Flüssen Drau, Save, Isonzo/Soča und dem Tagliamento. Im slowenischen Teil der Julier gibt es rund 50 Berghütten, darunter bekannte Skizentren wie Kobla, Zatrnik, Vogel, weitere im Oberen Save-Tal, im Kanaltal und an beiden Flanken des Kanins. Ein großer Bereich (84.805 ha) in Meereshöhen von 109 bis 2864 m ist ein Naturschutzgebiet mit strengen Auflagen – der Nationalpark Triglav.

25 Wo hierzulande auch in den nun demokratischen Zeiten ihre Lebensvorbilder gesucht und gefunden werden, verrät ein Besuch des Nationalparks Triglav oder eines der zehn Reservate sowie der fünf Landschaftsparke, die unermüdlich gehegt und gepflegt werden. Außer der zahlreichen Gemsen mehren sich wiederum auch die Steinböcke und mit ihnen die Mären von der Zauberkraft ihrer zu Pulver vermahlenen Herzen, Hörner und sogar ihres Mistes, die als Jugendelixiere angeboten wurden und fast zu ihrer vollständigen Ausrottung geführt hatten. Doch weitaus vorbildsträchtiger sind ihre Kämpfe. Ein Zweikampf war in den verflossenen totalitären Zeiten undenkbar. Damals durfte man sich nicht prügeln, man konnte höchstens (gefesselt) Prügel beziehen. Erst in der Demokratie kann man sich hervortun – so man dessen fähig ist.

26 An der Schönheit eines Augenblicks kann man offensichtlich auch mitnaschen.

Großes Ansehen erlangte auf internationaler Ebene das „selbstverwaltete“ Jugoslawien mit seiner Anti-Blockpolitik und als Anführer der Blockfreien. Doch auch die Gutgläubigsten konnten sehen, daß der „Dritte Block“ überwiegend in russischen Diensten stand; verzog er sich doch mit dem Staub der niedergerissenen Berliner Mauer und des gestürzten Kommunismus.

Aufmerksame und vom äußeren Glanz nicht geblendete Beobachter konnten in Jugoslawien hinter den schönen Ideen und dem zur Schau gestellten „Image“ lediglich einen erbitterten Machtkampf wahrnehmen, die ewigwährende Schlacht zentralistischer und föderalistischer Kräfte, die schließlich in den Aggressionen und Kriegszügen der jugoslawischen Armee gegen Slowenien, Kroatien und Bosnien-Herzegowina gipfelte. Ebenso ewig während ist aber auch die idealistische Vision einer zukünftigen besseren Gesellschaft, die die nachfolgenden Generationen immer wieder anstreben werden. Jede wird sich bemühen, seiner Utopie möglichst nahe zu kommen. Immer wieder wird es scheinen, daß man sie fast erreicht hat, daß sie mit Händen zu greifen ist.

ALS EINE DER ACHT VERFASSUNGGEBENDEN BUNDESEINHEITEN kämpfte sich Slowenien gemäß der Verfassung von 1974 mit mehr oder weniger Erfolg durch diese kommunistischen Erfindungen, wie immer sie auch benannt wurden: „Kampf für die Wirtschaftsreform“, „Gesellschaftsreform“, „Verfassungsreform“ usw. In jeder dieser Kampagnen verlor Slowenien „normalerweise“ einige seiner erfahrenen Kader, die in der für alle kommunistischen Staaten so typischen „negativen“ Selektion durch immer unfähigere ersetzt wurden. Zugleich festigte und verbündete sich die mafiose politisch-ökonomische Machtstruktur. Die konnte ihre Positionen auch deswegen halten, weil sich Slowenien dank des jugoslawischen Föderalismus’ zu einer immer ausgeprägteren besonderen Entität ausbildete. Entsprechend der Orwellschen Formulierung wurde sie allmählich unter den „Gleichen“ als „gleicher“ angesehen und auch so behandelt. Wer könnte behaupten, daß dies den Slowenen nicht gefallen hätte?

Seiner Größe nach befand sich Slowenien unter den Bundespartnern an fünfter Stelle. Es erstreckte sich über 7,9 % des gesamten jugoslawischen Staatsgebietes. Slowenien ist doppelt so groß wie der Libanon und fast gleich groß wie Israel und New Jersey. Sein Anteil an der jugoslawischen Bevölkerung blieb, mit leicht fallender Tendenz, ungefähr gleich. Nach der Volkszählung 1991 betrug er 8,3 Prozent. Das so „kleine“ Slowenien bestritt jedoch in den Jahren vor dem Zerfall Jugoslawiens ein Viertel der gesamten Ausfuhr, wobei sich sein Exportanteil in die Märkte mit harter Währung auf mehr als ein Drittel belief. Das slowenische Bruttosozialprodukt war zur gleichen Zeit um einige tausend US-Dollar pro Kopf größer als im übrigen Jugoslawien. Unter den zweihundert von der Weltbank betreuten Gemeinschaften reihte sich Slowenien an die 27. Stelle – zwischen Irland und Griechenland, wobei letzteres beträchtlich zurückblieb. Jugoslawien stand noch etliche Sprossen tiefer auf dieser Leiter.

Eine derartige Entwicklung ließ weitere, 1974 von der Verfassung begünstigte Umstrukturierungen innerhalb der monolithischen kommunistischen Gesellschaftsordnung zu; nach zahlreichen Zusatzanträgen konnte die bis dato lediglich scheinbare Föderation in beträchtlichem Ausmaß föderalisiert werden: Alle acht Bundeseinheiten – die sechs Teilrepubliken und die zwei autonomen Provinzen – wurden damals wenigstens auf dem Papier verfassunggebende Partnerinnen.

NAIVITÄT, SCHARLATANISMUS ODER PERFIDIE, wer weiß? Heute ist jedenfalls klar, daß der Föderalismus grundsätzlich nur unter tatsächlich demokratischen Umständen, in einer parlamentären Demokratie und mit einer freien Marktwirtschaft hätte verwirklicht werden können. Wie es sich zeigte, mußte das kommunistische Einparteiensystem einen wahren Föderalismus oder irgendeine Art von Pluralismus ablehnen, ähnlich wie ein Organismus ein unverträgliches Implantat abstößt. So scheiterte auch die beste aller Innovationen des kommunistischen Marketings, der mit großem Pomp und als scheinbar vielversprechend lancierte „Pluralismus der Selbstverwaltungs-Interessen“, bei dem alle Konflikte mit „Selbstverwaltungs-Absprachen“ ausgeräumt werden sollten.

Diesbezügliche Erfahrungen einiger „neuer Demokratien“ im ehemals kommunistischen Osteuropa – Jugoslawien inbegriffen – unterscheiden sich kaum voneinander. Alle ähneln irgendwie dem Witz, der vor dem Fall der Berliner Mauer diesseits und jenseits kursierte. Die Antwort auf die Frage, warum im Osten keine weiteren Parteien zugelassen werden, lautete: „Demokratische Wahlen wären sinnlos. Wenn sie ausgeschrieben würden, wären sowieso alle ‚anti‘ und es gäbe wiederum ein Einparteiensystem!“

Die kommunistischen Führungen nahmen den Witz offensichtlich ernst und kamen der Stimmung der Massen zuvor, indem sie überall „Antigarnituren“ einsetzten und auf diese Wei-

27 *Vier Zehntel von Slowenien werden von alpinem Mittel- und Hochgebirge und seinen Tälern eingenommen und von fast der Hälfte der gesamten Einwohnerschaft besiedelt. Obwohl nicht alle davon auch Bergsteiger sind, ist ein gewisser Alpozentrismus auch im übrigen Slowenien zu bemerken, sowohl im subpannonischen Hügelland mit dem Drittel der gesamten Einwohnerschaft als auch das überwiegend karstige und daher verhältnismäßig schütter besiedelte südöstliche Viertel des Staates. Keineswegs geringer ist die Zahl der Bergliebhaber im slowenischen Teil des Mittelmeerbeckens, der auch die tiefer gelegenen Teile des Küstenlandes einschließt und lediglich ein Zwölftel der Gesamtoberfläche ausmacht. Ganz im Gegenteil! Sollte letzteres doch nicht ganz zutreffen, wird es vom lautstarken Mitteilungsbedürfnis der Küstenländer jedenfalls suggeriert.*

28 Die Nebelschleier auf den Bergen bringen viele, oft jähe Wetterveränderungen. Slowenien liegt eben zwischen dem mediterranen und dem mitteleuropäischen Klimabereich und ist also auch klimatisch ein Durchgangsland. Elemente des einen mengen sich unter das andere: Die eisige Bora und Kaltlufteinbrüche beeinträchtigen das Mittelmeerklima, das der Küste auch im Januar eine Durchschnittstemperatur über Null gewährleistet; daher gibt es in Slowenien auch keine jener wintergrünen Pflanzen, die den Mediterran kennzeichnen, und darum wird das Klima von den Fachleuten als submediterran bezeichnet.

29 Die reichlichen Niederschläge zur rechten Zeit – von 1.600 bis zu 3.000 mm im Jahr – lassen solche, fast irreale „Ansichtskarten" auch in der Tat stattfinden.

30 Die subtilen Farbnuancen, die der Herbst in die slowenischen Berge bringt, waren schon immer ein verläßlicher Test für die Güte des Fotomaterials und der Kamera – die Fähigkeiten und die Begabung der Kameraschützen nicht mitgerechnet.

31 Wie für einen Schönheitswettbewerb zurechtgemacht erhebt sich über den Tälern von Planica, Koritnica, Bela und Zadnja Trenta einer der malerischsten Gipfel in den Juliern, der 2.645 m hohe Jalovec – ein richtiger Pin-up-Berg.

32 Allem Anschein nach, werden sich die Slowenen wohl nie satt sehen an ihren Bergen. Bereits der altsteinzeitliche Jäger fand in ihnen sein Heim: auf dem Berg Olševa in den Karawanken, in der Mokriška jama/Höhle über Kamniška Bistrica in den Steiner bzw. Savinjer Alpen und noch anderswo.

33 Im letzten Jahrtausend v. Chr. kamen die Kelten in die Ostalpen, Kärnten besiedelten die norischen Stämme sowie die Karner und Taurisker. Nach ihnen kamen die Römer und dann noch viele andere. Sie bekämpften sich, doch sie vermischten sich auch. In ihre Gene drang die Liebe zu den Bergen, die heute zu den beliebtesten Erholungszielen zählen.

se überlebten – oder sogar an der Macht blieben. Mit dem Pluralismus der Selbstverwaltungs-Interessen tappte die kommunistische Partei in Serbien und in der sogenannten Bundesrepublik Jugoslawien in jene Falle, die sie sich eigentlich selbst gestellt hatte. Im Bestreben, stets im Vordergrund zu bleiben, übernahm sie gerne die Thesen der nationalistischen Akademiker, die im Rahmen der serbischen Akademie der Wissenschaften und Künste das radikale groß-serbische maximalistische Programm, das sogenannte „Memorandum", formulierten. Dieses Memorandum leistete der serbischen Kirche bei der Belebung mittelalterlicher Heldenmythen Vorschub und wurde zum lautesten Sprachrohr des groß-serbischen Chauvinismus.

IN DEM SICH ZUSPITZENDEN KONKURRENZKAMPF DER TRAGENDEN POLITISCHEN KRÄFTE, die – im Einklang mit der Verfassung – immer mehr zu konstitutiven Föderaleinheiten wurden, kam immer stärker auch jener Geist zum Ausdruck, der das starre bürokratische kommunistische Machtsystem ablehnte und Reformen forderte – sogar um den Preis des Antikommunismus. Bei den immer aggressiveren unitaristischen Stimmen aus Serbien erhoben selbstverständlich auch jene ihre Stimme, die nur mehr an ein selbständig geschmiedetes nationales Schicksal glauben wollten.

Die Konfrontationen wurden heftiger, die Bundeseinheiten verlangten eine größere, d. h. die tatsächliche Unabhängigkeit vom Zentrum, indem sowohl im alten Jugoslawien im Namen der oktroyierten königlichen Verfassung und dann im Jugoslawien Titos im Namen der Partei stets die Groß-Serben dominierten. Ähnlich wie die Russen im zaristischen und dann im kommunistischen Imperium über so viele Völker herrschten. Die allgegenwärtige Geheimpolizei des totalitären Systems, die alles kontrollierte und dirigierte, strebte, weil sie Angst vor ihrem Niedergang im politischen Tauwetter des Kalten Krieges hatte, nach führenden Positionen und übernahm sogar die ultra-chauvinistischen Programme der radikalsten nationalistischen Bewegungen.

Unmittelbar nach Titos Tod (1980) versuchte man in Serbien die Machtpositionen des Regimes mit einer fürchterlichen Kampagne gegen die albanische Autonomie zu halten. Die Albaner wurden des Genozids an den Serben, der Vergewaltigungen von Mädchen, Nonnen und Greisinnen bezichtigt; kurz, all jene Greueltaten, die chauvinistische Serben seit den Balkankriegen zu Beginn des Jahrhunderts selbst begingen, wurden den Albanern zur Last gelegt. Angesichts der Nachgiebigkeit der übrigen Bundeseinheiten gelang es den Serben, mit Panzern und Terror die Autonomie des Kosovo mit seiner albanischen Majorität und jene der Vojvodina mit der ungarischen Minorität abzuschaffen.

Die Souveränität der Teilrepubliken griffen sie mit anderen Mitteln an. Während sie in Kroatien mittels der serbischen Minorität die Partei, die Armee und die Polizei beherrschten, gingen sie auf Slowenien mit allen übrigen Mitteln, auch mit Gerichtsprozessen und ähnlichen Machenschaften, los. Angesichts der relativ geringen, sparsamen, erwerbstüchtigen und kapitalistisch ausgerichteten Bevölkerung schien es ein leichtes Spiel zu werden.

Eine der ersten politischen Kampagnen, die das Zentrum organisierte, war der Versuch einer kulturellen Vereinheitlichung. Die serbischen politischen Kreise und Medien warfen den Slowenen ihre (gar nicht so übertriebene) Sorge für die Reinheit der slowenischen Sprache vor, die eigentlich das Einzige sei, was sie als Nation ausweise.

Die Slowenen wurden zu Chauvinisten und sogar zu Separatisten abgestempelt. Dies aber würde man durch die Definition gemeinsamer (jugoslawischer) kultureller Wurzeln zu verhindern wissen. Mit Apothekerwaagen sollten die Anteile der einzelnen Kulturen im Schulunterricht bestimmt werden und Ähnliches mehr.

Besonders übel nahmen die Serben den Slowenen ihre Sympathien für die immer ärger verfolgten Albaner. Am Beispiel der Albaner und der Unterdrückung der verfassungsmäßig zugesicherten Autonomie konnten die Slowenen deutlich erkennen, wie es ihnen ergehen würde, wenn sie aufhörten, sich für die Demokratie und für die Menschenrechte der Kosovo-Albaner, aber auch der Minderheiten in der Vojvodina einzusetzen. Nach einer solchen manifestativen Unterstützung der Albaner ordnete Miloševićs Regime den Wirtschaftsboykott gegen Slowenien an: das Verkaufsverbot für slowenische Waren in Serbien wurde eingeführt, was auch zu Plünderungen des Eigentums slowenischer Unternehmen in Serbien führte – so geschehen im damals noch immer gemeinsamen Staat. Gleichzeitig mit der Wirtschaftsblockade wurden die „untreuen" Slowenen auch noch mit dem Abbruch jeglicher kultureller Zusammenarbeit bestraft.

Die größten serbischen Hitzköpfe bereiteten unter anderem im Namen der „Brüderlichkeit und Einigkeit" einen Marsch auf Laibach vor. Am 1. Dezember 1989 – am einundsiebzigsten Jahrestag des ersten großen Coups der serbischen Dynastie gegen die Republikaner des

34 Die Begeisterung für die Berge kann jene, die ihrer nicht fähig sind, manchmal doch auch ein wenig langweilen. Die Zivilisation verhätschelt eben. Zu den wunderbaren Ausblicken auf den Höhen kann man ja heutzutage auch auf guten Straßen und motorisiert gelangen. Außerdem wird es Zeit, in ein Tal abzusteigen.

Staates SHS – wollten die Marschteilnehmer, gemeinsam mit ihren als „Gastarbeiter" in Slowenien lebenden Volksgenossen, „Ordnung" schaffen. Die im Kosovo und in der Vojvodina bewährte Methode, die lokalen und in der Tat unbeliebten Regierungen zu Fall zu bringen und die Autonomie abzuschaffen, ging in Laibach nicht auf. Slowenien schloß vor der Nase der anrückenden Randalierer seine Grenzen.

Der Demokratisierungsprozeß war danach nicht mehr aufzuhalten. Die vor allem in Slowenien und Kroatien demokratisch durchgeführten Wahlen kündigten deutlich an, daß man sich in ganz Jugoslawien ein Mehrparteiensystem, freie Marktwirtschaft, die Abschaffung von Unrecht und die Wiedergutmachung der Folgen kommunistischer Tyrannei sowie die Achtung der Menschenrechte wünschte – doch dies alles noch immer im Rahmen Jugoslawiens. Einige der Teilrepubliken erhielten 1990 auch ihre ersten demokratischen Regierungen. Doch die Sache war keineswegs einfach. Während sich z. B. das neugewählte slowenische Parlament anschickte, die neue Regierung zu bestätigen, „begrüßte" Belgrad diese Feierstunde mit Düsenjägern der gemeinsamen jugoslawischen Armee, die in demonstrativen Tiefflügen über das slowenische Parlamentsgebäude donnerten.

Auch Slobodan Milošević wurde immer deutlicher: Anläßlich des serbischen Nationalfeiertages, des St.-Veits-Tages (28. Juni 1990) drohte er ganz offen – und das in Anwesenheit des damaligen Chefs des gemeinsamen jugoslawischen Präsidiums, des Slowenen Janez Drnovšek –, daß Serbien seine Ziele, die hatten die serbischen Akademiker in ihrem bereits erwähnten „Memorandum" niedergeschrieben, erreichen würde, wenn nicht anders, dann eben mit Waffengewalt.

ALS SERBIEN SEINEN KAMPF FÜR DIE ERRICHTUNG EINES GROSS-SERBIEN BEGANN, gab es eigentlich noch niemanden, der aus Jugoslawien hinauswollte. Trotz aller Krisenanzeichen schien es irgendwie weiterzugehen, und die Bürokraten konnten mit Hilfe der Massenmedien erfolgreich falsche Tatsachen verbreiten.

Nach der Föderalisierung des Bundesstaates zur Stärkung der jugoslawischen Einigkeit, so sie überhaupt ernstlich begonnen worden war, verblieb immerhin noch ein großartiger staatlicher Parteiapparat mit Polizei und einer überproportionierten Armee. Wie alle Föderationseinheiten hatte auch Slowenien zu Beginn der neunziger Jahre ein komplettes Dreikammern-Parlament mit je 80, insgesamt also 240 Abgeordneten, einen Präsidenten der Republik mit vier Vizepräsidenten, einen Präsidenten der Regierung (des Vollzugsrats) mit drei Vizepräsidenten und 24 Ministern (Staatssekretären). Unter den letzteren waren auch der Außenminister und der Kriegsminister, die schließlich irgendwie die prägnantesten Personifikationen eines Staates sind.

All dies war, wenigstens im Sinne eines formalen Föderalismus, nicht einmal so „übel", insbesondere weil die anfallenden Kosten zum Großteil vom Westen beglichen wurden – solange dieser Jugoslawien und damit auch Slowenien als eine Art antikommunistisches trojanisches Pferd zu füttern bereit war.

Nach den (nicht vollkommen ausgereiften) slowenischen Vorstellungen sollte Jugoslawien im letzten Jahrzehnt des zwanzigsten Jahrhunderts und eventuell noch ein Jahr oder mehr danach zu einer losen jugoslawischen Konföderation übergehen. Diese Phase – wann immer sie einsetzen und heranreifen sollte – wäre nur die erste Etappe des Überganges einzelner oder aller Teilrepubliken in das Vereinte Europa. Erst letzteres wäre die „Endstation" und Erfüllung der bis vor kurzem für einen guten Teil Europas utopischen Visionen einer Vereinigung europäischer Staaten, Kleinstaaten und auch Regionen. Slowenien strebte im Rahmen der Assoziation „Alpen-Adria" diesem Ziel schon mehr als ein Jahrzehnt zwar behutsam, doch stetig und unentwegt entgegen.

Doch die Aktionen Milošević' ließen keinen Spaß mehr zu.

SO MUSSTE ES GESCHEHEN, daß die Slowenen und mit ihnen auch die übrigen Bewohner Sloweniens auf ihrem Weg vom Bundesstaat über die lose Konföderation in das kommende Vereinte Europa plötzlich eine entschlossenere und schnellere Gangart wählten: Zu Weihnachten 1990 entschieden sich fast 90 Prozent der Bewohner Sloweniens für einen selbständigen, souveränen Staat, womit jener Prozeß eingeleitet wurde, der ein halbes Jahr danach zur Ausrufung des selbständigen und souveränen Staates Sloweniens führte.

Damals hat niemand geschluchzt. Die Brüder aus Belgrad sandten Panzer. Statt eines Woodrow Wilson, der sich einst für die Selbstbestimmung der Völker eingesetzt hatte, billigte James Baker, als Außenminister des amerikanischen Präsidenten George Bush, den Militäreinsatz. So erwies sich noch eine Meinung Karl Marx' als irrig, daß sich die Geschichte höchstens als Farce wiederholen könnte – nun wiederholte sie sich als Tragödie. Der rücksichtslose Angriff der jugoslawischen Armee auf Slowenien wird auch späteren Generationen beweisen, daß sich die Slowenen nicht aus purer Selbstgefälligkeit für einen eigenständigen Staat entschieden hatten. Sie sind, angesichts der Geschehnisse in Kroatien und Bosnien-Herzegowina, einem tragischen Schicksal sozusagen im letzten Moment entronnen.

Die Todesgefahr nahte sich Slowenien mit der gleichen Geschwindigkeit, mit der Slobodan Milošević in Serbien die kommunistische Allmacht vor dem Verfall bewahren mußte. Und was die Kommunisten anderswo taten, führte auch Milošević ohne Gewissensbisse durch: Er gab sogar den Kommunismus auf, nur um an der Macht zu bleiben.

So also erwarben sich Slobodan Milošević und seine leidenschaftlichen Serben „die größten Verdienste für die Verselbständigung Sloweniens". Angesichts des kurzen slowenischen Krieges, der blutigen Tragödie, die in den Gebieten des ehemaligen Staates stattfand, des zerstörten Kroatien und des vernichteten Bosnien-Herzegowina, der Zehntausenden Toten und der drei Millionen Heimatlosen wird wohl niemand an diesem Aphorismus Gefallen finden. Doch gibt es nicht den geringsten Zweifel, daß Slobodan Milošević und seine Apassionados dereinst – denn solche Verbrechen verjähren nicht – vor dem Antlitz des Rechtes erscheinen werden müssen.

Slowenien wird dabei ein Zeuge der Anklage sein.

Die feierliche Einsetzung der Kärntner Herzöge schildert auch J. W. Valvasor. In den von ihm benutzten Quellen schien man vom Fürstenstein, einem auf den Kopf gestellten antiken Säulenkapitell, allerdings nichts gewußt zu haben – die Zeremonie aber war offensichtlich recht eindrucksvoll.

DER HIMMEL AUS DEM TETHYS-MEER

DIE GLUCKE AUF DER POLITISCHEN LANDKARTE DES ALTEN KONTINENTS, und zwar gerade in dessen zentralem Bereich, ist der selbständige und unabhängige Staat Slowenien. Eingenistet hat sich die Glucke am Berührungspunkt vierer Komplexe: der Ostalpen und der Apennin-Halbinsel im Westen sowie des Donaugebietes und der Weiten des Balkans im Osten und Südosten.

Die slowenische Landkarte installierte sich in diesem Teil Europas ein Jahr nach dem überzeugenden „Ja", mit dem sich bei der Volksabstimmung die Bewohner Sloweniens für ein unabhängiges Slowenien ausgesprochen hatten, und nachdem (am 15. Jänner 1992) die Staaten der Europäischen Gemeinschaft den neuen Staat anerkannt haben und Slowenien (am 22. Mai 1992) als ständiges Mitglied in die Organisation der Vereinten Nationen aufgenommen wurde.

Die „Glucke" ist kein von Gott gegebener, natürlicher und vom Erdrelief vorgegebener Umriß. Sie war weder die Folge eines uralten geologischen Vorganges noch späterer tektonischer, eiszeitlicher, klimatischer Einflüsse oder Verkarstungen. Auch geopolitische Momente, die sonst bei Grenzziehungen ein gewichtiges Wort mitreden, beeinflußten sie nur zum Teil, z. B. die österreichisch-slowenische Grenze auf den Karawanken. Für alle weiteren großen oder kleinen Windungen finden sich jede Menge von Gründen und Begründungen in den vergangenen Zeitläuften in Mitteleuropa, als durch Jahrhunderte und auch Jahrtausende hindurch Eigentumsverhältnisse die administrativen und politischen Gebiets- oder Staatsgrenzen bestimmten und sie daher nicht – wie etwa in Amerika, Afrika und auch anderswo – mit dem Lineal gezogen wurden.

Zur Gestalt der „Glucke" wäre es überhaupt nicht gekommen, hätte sich nicht die Nordgrenze des geschlossenen slawischen ethnischen Gebietes, die einst hoch oben in Österreich verlief, immer weiter nach Süden verlagert (im 9. Jahrhundert verlief sie noch bei Linz an der Donau, am Großglockner, an der Donau bei Wien und um den Großteil des Burgenlandes bis zum Plattensee). Bekannt ist auch, daß sich bei der Kärntner Volksabstimmung von 1920 die Mehrheit eines Teiles von Kärnten gegen den Anschluß an das Königreich SHS entschied.

Die Grenze zu Österreich wurde damals „geopolitisch" entlang des malerischen Karawankenkammes gezogen, über Strojna, Kozjak, den nordwestlichen Teil des Hügellandes Slovenske gorice und Goričko und festigte sich dermaßen, daß der Forderung des „slowenischen Mutterlandes" nach dem Anschluß des „Korotan" (des von der slowenischen Minderheit besiedelten Teiles von Kärnten) nicht einmal nach dem Zweiten Weltkrieg stattgegeben wurde. Wäre es anders verlaufen, hätte Jahrzehnte später Slowenien fremdenverkehrsmäßig nicht als das „Land an der Sonnenseite der Alpen" vermarktet werden können. Wäre es nicht jammerschade um diesen sympathischen Slogan?

Die „Glucke" wäre auch ohne Kopf geblieben, hätte man bei der Friedenskonferenz nach dem Ersten Weltkrieg Ungarn nicht dieses nordöstlichste – jenseits der Mur gelegene – Gebiet, das Prekmurje (Übermurgebiet), weggenommen und Slowenien bzw. dem Königreich SHS zugesprochen. Da es außer Fähren keinerlei Verbindungen gegeben hatte und das Übermurgebiet in jeder Hinsicht eng an Ungarn gebunden war, hatte sich neben den übrigen slowenischen Mundarten auch noch der besondere Dialekt in Prekmurje entwickelt, in dem seine Bewohner geradezu lustvoll sprechen und in dem sie lange Zeit auch ihre Schriften und Bücher verfaßt haben.

Nördlich der inmitten der Pannonischen Tiefebene liegenden Stadt Murska Sobota, im Hügelland Goričko, zeichnet sich der „Gluckenkamm" ab, und über dem Dorf Budinci erreicht die Staatsgrenze (auf 46° 53' nördlicher Breite) ihren nördlichsten Punkt. Unweit davon ist das Dreiländereck, in dem sich schon an die tausend Jahre Österreicher, Slowenen und Ungarn freundlich oder auch weniger freundlich begegnen. Die zu Beginn unseres Jahrhunderts noch nicht erahnte Kopfform der „Glucke" wurde mit dem 1919 ausgehandelten Friedensabkommen endgültig umrissen und auch das 30 km südöstlich von Murska Sobota gelegene pannonische Städtchen Lendava mit deutlicher ungarischer Majorität dem Königreich SHS zugesprochen – im Tausch für einige in Ungarn verbliebene slowenische Dörfer.

Bei Lendava/Lendva, dem heutigen Zentrum der ungarischen Minderheit in Slowenien, befindet sich der Fluß Lendava. Parallel zu ihm fließt die Mura/Mur, die sich, bald nach dem sie Österreich in einem ziemlich reißenden Strom verlassen hat, in der Pannonischen Tiefebene fast vollkommen beruhigt. Vor dem Zusammenfluß mit der Lendava wird auch sie zum Grenzfluß, und zwar mit Kroatien. Das Gebiet zwischen den beiden Flüssen wird immer schmäler und bildet so den „Gluckenschnabel". Und dort, an einer weiteren Dreiländergrenze, auf einer unbesiedelten Sumpfwiese liegt (16° 36' östlich von Greenwich) der östlichste Punkt Sloweniens.

DREIZEHN MINUTEN DAUERT DER MORGENKUSS DER SONNE vom Augenblick, in dem ihr erster Strahl an dieser Stelle im Prekmurje slowenischen Boden berührt und bevor er das gesamte Staatsgebiet überquert hat; zuletzt weckt die Sonne die Vögel auf den 240 km entfernten Hängen der Muzec-Berge über dem Fluß Beli potok, einem Zufluß der Učja/Uccea.

Hier (13° 23' östlich von Greenwich) an der slowenisch-italienischen Grenze finden wir den westlichsten Punkt Sloweniens.

Nun, dieser Zipfel Sloweniens im Bergland Breginjski kot, östlich von Kobarid/Karfreit, ist, gemeinsam mit dem übrigen Teil des slowenischen Küstenlandes, jener Teil des buschigen „Schweifes", der der Glucke erst nach dem Zweiten Weltkrieg gewachsen ist.

Nach dem Ersten Weltkrieg, als nach dem Zerfall Österreich-Ungarns die Grenzen des neuentstandenen Staates der Slowenen, Kroaten und Serben ausgehandelt wurden, fielen an die 5500 Quadratkilometer (außer Istrien und Dalmatien auch das geschlossene slowenisch-ethnische Siedlungsgebiet östlich der Linie Triglav-Kvarnerbucht bzw. westlich der Adria-Schwarzmeer Wasserscheide) an Italien, als die im voraus versprochene Liebesgabe für seinen Kriegseintritt (Mai 1915) auf seiten der Entente und gegen die österreichisch-deutsche Armee.

Die heutige Form des Gluckenschweifes entspricht den Bestimmungen des Friedensvertrages nach dem Zweiten Weltkrieg, mit denen das historische Unrecht „korrigiert" werden sollte und Slowenien (vielmehr dem zweiten Jugoslawien) ungefähr 4000 Quadratkilometer des bereits erwähnten geschlossenen slowenisch-ethnischen Siedlungsgebietes zuerkannt wurde; den Italienern verblieb danach immer noch der mit Slowenen besiedelte Küstenstreifen zwischen Triest/Trst und Duino/Devin und das Hügelland von Doberdó di Lago/Doberdob am Karst bis Malborghet/Naborjet im Kanaltal. So tunkt die Glucke ihren Schweif zwischen Koper/Capodistria und Piran/Pirano, den Zentren der italienischen Minderheit in Slowenien, ins Adriatische Meer.

Um die Gestalt Sloweniens abzurunden, soll noch der südlichste Punkt Sloweniens an der slowenisch-kroatischen Grenze erwähnt werden. Seit dem 11. Jahrhundert ist sie mit Ausnahme der Bela krajina, die wegen der einstigen feudalen Besitzstruktur den heute kroatischen Gebieten angehörte, gleich geblieben und ist auch nach dem Zerfall der Donaumonarchie sowie nach dem Zerfall des zweiten Jugoslawiens nicht wesentlich verändert worden. Der großartige, in mehreren Sprachen erschienene „Atlas Slovenije/Atlas Slowenien" loziert den südlichsten Punkt an die Schleife des Flusses Kolpa bei Damelj (45° 25' nördlicher Breite).

Die Verfasser des slowenischen Atlas stellen nüchtern fest, daß Slowenien in der nördlichen Hälfte der nördlichen Hemisphäre liegt, und zwar näher dem Nordpol als dem Äquator. Sie erwähnen dabei nicht die erstaunliche, vom Golfstrom regulierte Wärme des Meeres. Vielleicht übertreiben die Engländer und Skandinavier dennoch ein wenig, wenn sie behaupten, daß es ihnen zu warm wäre und sie deshalb lieber „außerhalb der Saison" an seinem Gestade weilen.

WIE GROSS DIE GLUCKE EIGENTLICH IST, ist eine Frage, die sich sozusagen aufdrängt. Selbstverständlich ist bereits alles vermessen und EDV-mäßig gespeichert: die Länge der Grenzen beträgt 1207 km. Slowenien grenzt an vier Staaten und an das Adriatische Meer, wobei letztere Grenze mit ihren 47 km zugleich auch die kürzeste ist. Eigentlich ist dies gar nicht so wenig, eher recht beachtlich, entsprechend des vom Verfasser geprägten Slogans: 47 Kilometer sind im Grunde genommen 47.000 Meter und somit möglicherweise ebenso viele Tausende unvergeßlich schöne Erlebnisse. Und schließlich steht fest, daß die Schweiz, Tschechien, die Slowakei, Österreich und noch einige weitere Staaten keinen Fingerbreit Meeresufer ihr eigen nennen. Kurzum, Slowenien hat mehr Küste als neun europäische Staaten und Kleinstaaten zusammen!

Die Grenze mit Ungarn (ein Teil des „Gluckenkopfes“ und der Schnabel) ist 102 km lang, mit Italien (der buschige Schweif und alles weitere unter ihm) 235 km, mit Österreich (Schweif, Rücken und ein Teil des Kopfes) 342 km und mit Kroatien (die untere Schnabelhälfte, der Kropf und jener Teil, wo die Küken unterschlüpfen könnten) 546 km.

Die gesamte Oberfläche Sloweniens beträgt nach überprüften Berechnungen 20.256 Quadratkilometer. Der Staat ist also um dreihundert Quadratkilometer kleiner als Groß-Israel; Holland, die Schweiz und Dänemark sind ungefähr doppelt so groß, Österreich sogar viermal größer. In den Vereinigten Staaten von Amerika wäre der Bundesstaat New Jersey ungefähr gleich groß, allerdings bleibt er um 50 Quadratkilometer zurück. In Slowenien hätten zwei Libanons Platz.

Unter den vor Jahren von der Weltbank erfaßten 165 Gemeinschaften müßten sich, in bezug auf ihre Ausdehnung, 66 Staaten und Kleinstaaten hinter Slowenien einreihen. Der neueste Atlas der Weltbank führt jedoch keine Oberflächen von Staaten bzw. Wirtschaftsvereinigungen mehr an. Offensichtlich ist die Ausdehnung für die Wirtschaft unwesentlich.

Den Zweifel, der angeblich einige Slowenen plagt, gibt es eigentlich gar nicht, wenn man die Fragen überlegt: Rose oder Bonsai? Mauretanien oder Kuwait? Küchenweckeruhr oder ein minutiöses brilliantenbesetztes Schweizer Meisterwerk aus Platin? Seine Größe, sei sie wie sie eben ist, sollte man stets als seine Chance betrachten. Die eigene Größe ist immer ein von Gott gegebener Vorteil, den man bestens nutzen sollte.

„EIN UNGEMEIN MANNIGFALTIGES STÜCKCHEN ERDE“ mit dem Zusatz: „vielfältiger als so manches größeres Land“ lautet die syntagmatische Beschreibung der natürlichen Schönheiten Sloweniens.

Der erste Grund dafür liegt jedenfalls in der für diesen Teil des europäischen Kontinents sehr kennzeichnenden Unbeständigkeit der Erdkruste. Bis zu den allerjüngsten erdgeschichtlichen Epochen gab es eine Unmenge von Veränderungen: einmal Meer, dann wieder Land (wobei jedesmal mehrere zehn oder hundert Millionen Jahre verstrichen sind) bei unterschiedlichen klimatischen Verhältnissen – von tropischer Hitze bis zu Tausende und Zehntausende Jahre währenden Eiszeiten.

Die Unbeständigkeit ist, wie bekannt, auf tektonische Prozesse inmitten Sloweniens zurückzuführen, die von im Erdinneren freiwerdenden Kräften beim Zusammenstoß der vier riesenhaften Komplexe mit unterschiedlicher Tektonik verursacht wurden. Einer der bekanntesten Komplexe ist der letzte, östlichste Teil der Ostalpen, der einen beträchtlichen Teil Sloweniens einnimmt. Seine über 2000 m hohen Gipfel und Gebirge sind jedoch merklich niedriger als die durchschnittlichen Erhebungen in den Westalpen. Doch auch diese relativ niedrigen Gipfel der slowenischen und österreichischen Alpen gehen allmählich in der Pannonischen Tiefebene zwischen Agram und Wien verloren.

Die Ostalpen stoßen in Slowenien auf das Dinarische Gebirgsmassiv, das man vor noch gar nicht so langer Zeit für eine Fortsetzung der Alpen gehalten hatte. Diesen „Irrtum“ erklärt Anton Melik, der Nestor der slowenischen Geografen, in seinem Buch „Slovenija“ folgendermaßen: „Die beiden Systeme sind derart fest zusammengewachsen, daß es schwierig ist, sie auf Anhieb voneinander abzugrenzen.“ Die neuere Geologie schließt in die Dinariden noch die südlichen Kalkalpen ein. Das Dinarische Gebirge ist zwar niedriger, dennoch weist es sowohl Hochgebirgscharakteristiken als auch Hochebenen und Karstflächen auf.

Die beiden Massive bilden eine Art Umwallung der weiten, bis an die Karpaten reichenden Pannonischen Tiefebene und des mittleren Donaulandes. Obwohl ihre Eigentümlichkeiten unterschiedlich sind, grenzen sie gemeinsam das Tiefland derart ab, daß es – obwohl dem mitteleuropäischen Klimabereich angehörend – in dessen Rahmen dennoch eine Sondereinheit darstellt.

Der vierte in den Bereich Slowenien „reichende“ Komplex ist das als „größere tektonische Depression“ bezeichnete Adriatische Meer. Die warmen Wassermassen und weitere vom Süden her eindringende Einflüsse gewährleisten diesem Teil Mitteleuropas ein mildes, mediterranes Klima, von dem teilweise auch der westliche Teil Sloweniens begünstigt wird, wo allerdings durch die Bora/burja das Klima auf submediterran justiert wird.

Das Aneinanderstoßen der vier Komplexe bestimmt im vorhinein die Vielfalt Sloweniens – auch in den kleinsten Alltäglichkeiten –, vom Mikroklima und den verschiedenen Balkonblumen bis zu weitreichenden ökonomischen Entschlüssen, die sehr wohl schicksalhaft für die gesamte Nation werden können.

Psal. 71.

Ne proijcias me, Domine, in tempore senectutis: cum defecerit virtus mea, ne derelinquas me.

Primož Trubar (1508-1586) der Vater der slowenischen Schriftsprache

DIE OBERFLÄCHE SLOWENIENS BEGANN AUS DEM TETHYS-MITTELMEER erst im jüngsten Abschnitt der Erdgeschichte aufzutauchen, im angeblich „erst" vor siebzig Millionen Jahren beginnenden Tertiär (dem ersten Abschnitt des Känozoikums). Wie Tethys, die Frau des Okeanos und Mutter aller Meere der griechischen Mythologie, heißt auch der vor ungefähr 200 Millionen Jahren entstandene „Trog", als der Urkontinent Pangea unseres Planeten auf Seurabia (Nordamerika, Grönland-Eurasien) und auf Gondwana (Südamerika, Antarktis mit Indien und Australien) zu zerfallen begann. Die Geschehen im Erdinneren, die Erdrotation samt den Achsenverlagerungen führten zu weiteren Entzweiungen und Wanderungen der Erdmassen. Vorerst wurden die Gesteine tief unter dem Meeresspiegel in langen und verhältnismäßig dünnen Schichten waagrecht „gestapelt". Durch mehrere zehn und hunderte Jahrmillionen erschütterten tektonische Kräfte die Erdkruste, übten auf sie ungeheuren, in verschieden Richtungen verlaufenden Druck aus und verursachten riesenhafte Aufschiebungen und Faltungen, die wiederum durch ihr Eigengewicht in verschiedenen Richtungen weiterdrängten und auf unterschiedlichste Weise aufgebrochene und zerrissene, wie aneinander- und übereinandergedrängt erscheinende Falten formten. Die auf dem Grund des Tethys-Mittelmeeres in Jahrmillionen angesammelten Sedimente hoben sich dann im Eozän verfestigt an die Oberfläche. „Erst" vor 10 Millionen Jahren schlossen die Aufschiebungen und Faltungen, die vor allem von den „Wanderungen" Indiens zu Asien hin verursacht wurden, das Tethys-Meer im Osten ab und formten das Mittelmeer ungefähr in den heutigen Umrissen.

Im Laufe der geologischen Geschehen, die zur jetzigen Zusammensetzung und Gestalt der Erdkruste in Slowenien führten, hatten einige Teile der „Grundfesten" dieses Landes schon zuvor hier und da aus dem Meer „gelugt". Dies bezeugen die ältesten, von manchen Experten sogar als präkambrisch erachteten Gesteine auf dem Pohorje-Gebirge, auf Strojna und auf dem Kozjak (im nördlichen Slowenien), die keine fossilen Überreste enthalten. Es handelt sich um metamorphosierte Sedimente und magmatische Gesteine mit vulkanischem Tuff.

ENTWEDER 590 ODER 4000 MILLIONEN JAHRE lautet die Frage, mit der sich die Geologen immer noch beschäftigen. Sollte es sich um kambrische, ordovizische oder sillurische Gesteine handeln, entstammen sie zwar alle dem Paläozoikum bzw. dem Erdaltertum. Sie sind jedoch noch ziemlich „grünschnäblig", kaum 420 bis 590 Jahrmillionen jung! Sollte es sich hingegen tatsächlich um präkambrische metamorphosierte Gesteine handeln, könnte sich ihr Alter um die genannte geologische „Kleinigkeit" erhöhen.

Wie auch immer – in den metamorphosierten Gesteinen am südlichen Fuß des Pohorje-Gebirges befinden sich Blei-, Zink- und Kupfererz-, wie auch nichtmetallische Mineralvorkommen. Die fossilen Überreste in den südlichen Karawanken sind Zeugen von Lebewesen, die im Devon im tieferen, offenen Meer gelebt hatten; sie sind also nicht jünger als 360 Millionen Jahre. In dieser Zeit wuchsen auch die bis zu 600 m mächtigen, von Korallen, Hydrozoen und Crinoideen aufgebauten Riffkalke. Beweise dafür befinden sich in den Karawanken über Zgornje Jezersko auf den Bergen Pristovški Storžič, Virnikov Grintovec und Stegovnik.

Anhand verschiedener Fossilien konnten Geologen bestimmen, daß es im mittleren Karbon (vor 360 bis 200 Millionen Jahren) mehrere zehn Jahrmillionen dauernde Epochen gab, in denen Slowenien einmal im sehr tiefen, dann wieder im seichten Meer versunken lag. Einige Teile waren längere Zeit wieder Festland, und auch Vulkane wurden aktiv. Diese Zwischenzeiten, bevor dann alles wieder im Meer versank, bezeugen Überreste von Farn- und Schachtelhalmgewächsen, Algen, Muscheln, Stachelhäutern, Armfüßlern, Korallen, Kopffüßlern und andere Versteinerungen. Eine Erinnerung an solche und ähnliche Vorgänge sind in Slowenien die an mehreren Orten vorhandenen Sideritvorkommen.

Die Enzyklopädie Sloweniens/Enciklopedija Slovenije führt an, daß die an die 250 bis 290 Millionen Jahre alten permischen Versteinerungen noch vielfältiger sind; zu finden sind sie in den Karawanken, in den nördlichen Julischen Alpen, im Posavje-Gebirge, in Unterkrain (Dolenjsko) und in der Gottschee (Kočevsko), in den Gebirgszügen um Polhov Gradec und Škofja Loka und in deren Nachbarschaft. Die Unmengen von Organismen, die sich Millionen Jahre nacheinander und aufeinander sowie auf die im Karbon (also vor 360 bis 290 Millionen Jahren) entstandenen Gesteine ablagerten, sind für die Geologen ein wahrer Festschmaus. Besonders geschätzt sind die bunten, verfestigten (Trogkofeler) Riffkalke mit Unmengen versteinerter Armfüßler (von denen allein gibt es angeblich mehr als 80 Arten) mit Foraminiferen, Seelilien und noch weiteren Raritäten. Aus diesen Kalken besteht auch die vom Fluß Tržiška Bistrica durchflossene Klamm Dolžanova soteska – ein weltbekannter Fossilien-Fundort.

In diese Epoche, wenn nicht sogar in eine noch frühere, werden auch die Vorkommen von Quarzsandstein und Konglomerat eingereiht sowie die zahlreichen Zink-, Quecksilber- und

35 Wenn wir Slowenien mit ein wenig zusammengekniffenen Augen betrachten, sehen wir es – trotz aller landschaftlicher Vielfalt – als Ganzes; der gesamte Raum des neuen Staates ist ein einziges Geflecht von Hochgebirgen und Tälern, Bergen und Ebenen, Hügeln und Flachland. Je nach Jahreszeit ist das Land eine weiße, wogende Weite oder eine prächtige Herbstpalette für die Götter, so sie Lust zum Malen verspüren sollten, oder ein unendliches Grün, in dem man sich nur schwer für die „allerschönste" Nuance entschließen kann. Im Norden und Nordwesten umrahmen verhältnismäßig hohe Bergmassive dieses Ineinanderfließen. Poetisch veranlagte Feinschmecker sehen in den schneeweißen Alpen – die nicht umsonst „Kalksteinalpen" genannt werden – auch das Sahnehäubchen auf dem mitteleuropäischen Obstsalat.

36 Sozusagen Auge in Auge mit dem Stol/Hochstuhl, dem höchsten Gipfel (2236) in den Karawanken, des Grenzgebirges zwischen dem Laibacher Becken in Slowenien und dem Klagenfurter Becken in Österreich,sollte man sich Samos Reich in Erinnerung rufen, das zu Beginn des 7. Jahrhunderts von der mittleren Elbe bis fast an die Adria reichte und nach 20jährigem Bestehen den Namen Karantanien erhielt. Über den Ursprung dieses Namens gibt es nach wie vor einige Widersprüchlichkeiten: die möglicherweise noch vor-indoeuropäische Wurzel „kar" bedeutet „Felsen", er könnte aber auch von den Kelten übernommen worden sein, die angeblich „carantos" für „Freund", Verbündeter, liebende Person verwendet haben sollen. Doch wurde nicht nur das engste Zentrum des karantanischen Staates rund um das antike Virunum, das Zollfeld, und das Herzstück, die Karnburg mit Ableitungen wie etwa Carantanum, Curtis Corontana, Carenta, Carantana bezeichnet, sondern es gibt noch viele Ortsnamen mit dieser Stammsilbe. Eigentlich stehen alle Benennungen wie Karnische Alpen, Karawanken, Krnos, Gure, Kärnten, Koroška, Karnien usw. in unseren Vorstellungen für eine felsige, jedoch auch angenehme, freundschaftliche, be- oder geliebte Bergwelt.

Antimonadern im Posavje-Gebirge, die Vorkommen von Kupfererz und Baryt in den Karawanken und das Uranerzvorkommen auf dem žirovski vrh usw. Aus der gleichen Zeit stammen auch Dolomite, darunter auch mit Zink und Blei angereicherte, unter der Petzen/Peca, im Pohorje-Gebirge und im Blei- und Zinkbergwerk Mežica.

DER ÜBERWIEGENDE TEIL SLOWENIENS LAG IM MESOZOIKUM IM „SLOWENISCHEN BECKEN" VERSUNKEN und zwar während des vor ungefähr 220 Millionen Jahren beginnenden ladinischen Zeitabschnitts des mittleren Trias. Die Geologen erachten ihn als den stürmischsten in der gesamten Erdgeschichte Sloweniens. Im Zentralgebiet von Slowenien – zwischen den Gebirgszügen Gorjanci und um Krško, dem Bohor und Boč sowie in den Bereichen der heutigen Städte Cilli/Celje, Škofja Loka (Bischofslack) und Kobarid – entstand damals ein, von den Geologen als Becken bezeichneter, langer und schmaler, jedoch tiefer Meeresgraben. Das Attribut „slowenisch" ist allerdings – um etwaigen Fehlschlüssen der Sucher von altvordersten Vorfahren der Slowenen vorzubeugen – jüngeren Datums.

In diesen „stürmischen Zeiten" geschahen angeblich wahre Wunder: die geologische „Speisekarte" wurde mit dunklen Schiefern, Tonsteinen, Sandsteinen, Grauwacken, Tuffen, Konodonten, Ammoniten, mit zu Tage quellenden vulkanischen Gesteinen, Mergeln u. a. bereichert; mit der magmatisch-vulkanischen Aktivität jener Zeit sind auch das weltbekannte Quecksilberbergwerk in Idrija und jenes in Podljubelj verbunden. Anderswo verblieben aus dieser Zeit auch Pyrite und Zink-Bleierze.

Nördlich vom Slowenischen Becken entstand die Julische Seichtmeer-Karbonatplatte; sie umfaßte die Südalpen bzw. die Südkarawanken, die Julischen Alpen und die Steiner bzw. Savinjer Alpen. Südlich des Beckens hob sich die dinarische, jetzt die äußeren Dinariden umfassende, Karbonatplatte, der Berg Matajur, die Hochebene Banjška planota, der Bergzug Trnovski gozd, der Karst, das Hochland Hrušica und jenes um Logatec, die Berge Snežnik und Krim sowie ein Teil des Posavje-Gebirges, die Karstzone in Unterkrain und Bela krajina (Weißkrain) angehören. In den weiteren Jahrmillionen wuchsen auf beiden Platten die Tonschiefer-, Mergel- und Kalkgrate, von denen sich später ein guter Teil in Dolomite umwandelte. Die jüngeren geologischen Vorgänge „versorgten" den dann noch viel später auftauchenden Menschen mit Lagern aller möglicher Erze, mit Kohle, Sandsteinen, Natursteinen u. ä. Von den Sedimentgesteinen sind jedenfalls die Karbonatgesteine interessant, vor allem die Kalksteine, die zudem auch die häufigsten sind, während die Dolomite eher selten sind.

Fachleute sind der Ansicht, daß gut ein Drittel der Oberfläche Sloweniens aus Kalksteinen besteht. Die Südalpen werden darum auch die Südlichen Kalksteinalpen genannt. Die Mächtigkeit der allesamt dem Trias entstammenden Kalksteine im Bereich des Berges Triglav beträgt 2000 m. Verfestigte Kalksteine befinden sich auch im Dinarischen Bergmassiv, hier und dort aber auch in den einstigen Buchten des tertiären Pannonischen Meeres. Aus Kalkstein- und Dolomitkarbonaten bestehen vier Zehntel der Oberfläche.

Als in der Mitte des Eozäns das Tethys-Mittelmeer endlich zurückgewichen war, bildete sich stufenweise das bis an das heute slowenische Gebiet reichende Pannonische Becken aus. Später, im Oligozän, drang das Pannonische Meer bis in das Zentralgebiet Sloweniens vor und hatte möglicherweise über Wochein/Bohinj auch eine Verbindung zu Norditalien. Aus dieser Zeit verblieben an mehreren Stellen in Slowenien – außer der mit Fossilien durchsetzten Kalksteine – auch dicke Lignitschichten. Nach den im etwas jüngeren Oligozän erfolgten starken Vulkanaktivitäten verblieben in den Gebieten des heutigen Oberkrain (Gorenjsko) und in der Steiermark (Štajerska) die aus der sich angesammelten Asche entstandenen Andesittuffe.

DIE STARKE VULKANISCHE AKTIVITÄT war eine Folge der Bewegungen der Afrikanischen bzw. davor der Adriatischen Platte. Im Miozän, vor ungefähr 17 Millionen Jahren, kam es aus denselben Gründen zu gewaltigen Faltungen und Aufschiebungen. Eine der stärksten sind die Südlichen Kalksteinalpen, die samt den Steiner bzw. der Savinjer Alpen sowie den Julischen Alpen gegen Süden aufgeschoben sind. Danach wieder überschwemmte ein seichtes Meer das heutige steirische und das Unterkrainer Gebiet, und schließlich wich das Pannonische Meer nach Osten zurück. Am längsten, bis vor ungefähr 5 Millionen Jahren, hielt sich das Brackwasser im Übermurgebiet/Prekmurje und östlich von Brežice.

Eine Erinnerung an jene Zeiten sind das Erdöl und Erdgas im Übermurgebiet sowie die Braunkohle und der Lignit an zahlreichen Orten in Slowenien. Im Lignitbergwerk Velenje ist eine einzige Lignitschicht an die 164 m dick. Aus dem Pliozän verblieben sind die für die Glasindustrie wichtigen Grundstoffe Quarzgrieß und -sand.

Den oberen Zeitabschnitt des Känozoikums – der Erdneuzeit bzw. den älteren Zeitabschnitt des Quartärs (dessen jüngerer Abschnitt ist der noch andauernde Holozän) nennen die

37 Wie sich mit dem Wortstamm „kar“ in den Toponymen die Vorstellungen über das Land verbinden, so kann man sich die slowenische Landschaft nicht ohne die Heu- oder Getreideharfen (auch -harpfen) vorstellen. Das Stichwort „kozolec“ in der Slowenischen Enzyklopädie definiert sie sachlich und nüchtern als: „... in der Regel überdachte Einrichtung zum Trocknen von Feldfrüchten, vor allem des zu Garben gebundenen Getreides, des Klees, der Bohnen und des Heus.“ Die Getreide- oder Heuharfe gilt als eine slowenische Besonderheit, wohl eher wegen ihrer Häufigkeit, denn man findet sie in verschiedenen Formen auch in den benachbarten alpinen Gegenden bis zum Ursprung der Drau und sogar in Schweden – eben dort, wo der Regen das Einbringen stören kann. Typisch „slowenisch“ ist vor allem die Doppelharfe, der „toplar“, wie dieser aus Studor bei Bohinj/Wochein.

38 Erinnerungen an alte Zeiten, wie diese Szene, werden seit der Zeit um 1880 immer seltener; damals waren 80 Prozent der Bevölkerung Bauern. In den folgenden hundert Jahren, vorerst bis zum Ersten Weltkrieg, gaben ihre „Stellung" an die 300.000 Bauern auf. Wegen der schlechten wirtschaftlichen Umstände und dem Wunsch nach besserem Verdienst wanderte ein Drittel des natürlichen Zuwachses nach Amerika und später in die westeuropäischen Staaten, nach Kanada und nach Südamerika aus. Nach dem Zweiten Weltkrieg verringerte sich der Anteil der Bauern – auch wegen der intensiven Industrialisierung – auf weniger als ein Zehntel der Gesamtbevölkerung. Im Jahre 1989 waren von der gesamten Oberfläche 49,9 Prozent Waldungen und 42,9 Prozent landwirtschaftliche Flächen.

39 Mit Ausnahme von Oberkrain (Gorenjsko) und Innerkrain (Notranjsko) gibt es keine Region, die nicht wenig stolz wäre auf ihre Weine. Seit die demokratischen Veränderungen dem Unternehmertum Tür und Tor geöffnet haben, wird das Angebot an edlem Rebensaft von Jahr zu Jahr größer und vielfältiger.

40 Im Mittelteil des Staates – im Savinja-Tal – wird die Landschaft jeden Frühling von Millionen von Fäden eingesponnen, an denen sich der Hopfen, das „grüne Gold", der Sonne entgegenrankt. Jährlich werden auf den rund 66.000 ha 3.500 bis 4.500 Tonnen dieser in den Chroniken bereits 1156 erwähnten Bierwürze geerntet.

41 Weingärten, Hopfenfelder, Rebenspaliere; überall, wo der Mensch das Land urbar machte, finden Künstler immer neue Anregungen. Jede Jahreszeit bringt neuen Genuß und neue Freuden.

42 Hoffentlich regt sich beim Anblick dieses unwiederbringbaren „Nachlasses“ der Wunsch, ihn zu erhalten, nicht nur bei Ihnen, sondern auch bei den zwar nicht gerade finanzkräftigen lokalen Verwaltungen – oder wird der Staat dafür sorgen müssen?

43 Will man nicht in Kürze über die ländliche Architektur hier am Treffpunkt des Mediterrans, der Alpen, der Dinara und Pannoniens nur mehr in Büchern nachlesen, muß so einiges „konkret“ unternommen werden.

44 Seit jeher wurden Treppen, Gänge, Balkone, Terrassen und Altanen gebaut; nicht nur um leichter von einem Ende des Hauses zum anderen zu gelangen – sondern um zu schauen. Denn wohin man in Slowenien auch blickt, so sagt man, gibt es etwas Schönes zu sehen.

45 Einen ausgeprägten Gestaltungswillen verraten die mediterran anmutenden Details . . .

46 . . . aber auch den Sinn für rational „Urbanes“ in den Karstdörfchen, die mit einer den Schwalben abgeschauten Fertigkeit an die Hänge gebaut wurden.

47 Schönheitssinn verraten auch die Farben, obwohl von einer weniger reichen Palette . . .

48 . . . sogar diese praktische „Verzierung“ des Zaunes hat ihre Reize.

49 Bescheidene Heimstätten, zerstückelter und zu geringer Landbesitz zwangen so manchen zur Abwanderung in die Industriestädte oder gar zur Auswanderung, viele blieben dennoch daheim. Man muß nur irgend eine Beschäftigung finden.

50 Auch „Öko-Mühlen" können ein Zubrot sichern.

51 Ein hübsches Detail an der Tenne läßt erahnen, daß profitsüchtige Geister für die Besichtigung der slowenischen Landschaft recht gerne Eintrittsgeld fordern würden.

52 Ungefähr die Hälfte der Gesamtoberfläche Sloweniens ist bewaldet, weitere rund 43 Prozent wurden 1989 landwirtschaftlich genutzt, doch zwei Drittel davon ist Grasland, wo nicht immer Maschinen eingesetzt werden können. Bei der Heumahd ist man meist auf die Hilfe der Nachbarn und Verwandten angewiesen, die auch die steilsten Hänge mit Schwung bewältigen.

53 Auch wenn sich die Mur, nach ihrem recht ungestümen Eintritt in den slowenischen Staat, im pannonischen Flachland recht bald beruhigt, bleibt ihr dennoch genügend Kraft für die altehrwürdigen Mühlräder – die deshalb auch kein Stromausfall stillegt.

54 Während bis zum Frühling fromme Hände den Heiland schmückten, bemühten sich dann die Störche um ein natürliches Gleichgewicht: das Heim zukünftiger Generationen bauten sie auf der Spitze des Leitungsmastes.

55 Es gibt mehrere Arten von Heu- und Getreideharfen; die häufigsten sind die gestreckten einschichtigen, deren Pfostenreihe untereinander durch Latten verbunden ist. Dem Verfall preisgegeben, rufen sie nach Hilfe. Die kommt dann leider meist nur in Form von Betonpfeilern und Eternitplatten (am linken Bildrand oben).

56 Nicht weniger schmerzlich ist der Anblick der Berghöfe, von denen sich jedes Jahr einige weitere der ohnehin schon seltenen Hausherrn verabschieden, die das fehlende Geld mit Liebe und Hingabe ersetzt hatten. Sonntagseigentümer sind da gewiß keine Lösung. Die umweltorientierte Entwicklungspolitik wird Bergbauern als Landschaftspfleger einsetzen müssen.

57 Durch den beträchtlichen Anteil an Waldflächen erinnert Slowenien noch am ehesten an Skandinavien . . .

58 . . . und mit seinem Anteil an Grasland soll es Irland sehr ähnlich sein – oder ist es gerade umgekehrt?

59 Wer die Wirklichkeit dieser Aufnahme anzweifelt, muß selbst in das Trenta-Tal kommen. Das Tal hoch oben am Isonzo ist tief in das Bergmassiv der höchsten Julier – des Triglav, Razor, Prisank und Jalovec – eingeschnitten. Wahrscheinlich wurde es erst im 16. Jahrhundert besiedelt, als das Eisenerz entdeckt wurde. Den Bergliebhabern erschlossen es Dr. Julius Kugy und Dr. Henrik Tuma. Im Winter ist es nur von Bovec/Flitsch aus zu erreichen, da die Straße von Oberkrain über den Vršič nicht geräumt wird – weil man angeblich dort die Konkurrenz fürchtet?

60 Tausende von Arbeiten lassen sich noch immer auf die alte Weise verrichten; es wäre nicht nur schade, sondern auch teurer, wenn man sie mit modernen Methoden angehen wollte.

61 Mit einigen wenigen „leistungsorientierten" Griffen wäre das Heu getrocknet und eingebracht, doch dann gäbe es auch die wunderschönen Skulpturen in der Uvala bei Loški potok nicht mehr . . . Wenn die Gemeinde nicht genügend Geld hat, diese Schönheit zu bewahren, wird es der Staat tun müssen, und wenn auch er nicht fähig wäre, wird man sich an Brüssel, an die UNESCO oder an die UNO wenden müssen.

62 Der Bildreporter Edi Masnec betitelte diese Aufnahme aus der Umgebung der photographisch so oft bemühten Logarska dolina/Logar-Tal kurz und bündig mit: „In Erwartung der Gäste . . .“

63 Zwischen zwei erfrischenden Regengüssen muß man den rechten Augenblick abpassen und seine Wäsche ins Trockene bringen.

64 – 66 Die Tatsache, daß sich die Heuharfen in Slowenien, vor allem aber in Krain, z. B. im Bereich der Steiner bzw. Savinjer Alpen, so ausnehmend zahlreich erhalten haben, während sie aus den Schweizer Kantonen, aus der Umgebung von Vorarlberg und Innsbruck, aus Nord- und Südtirol, den Dolomiten und in den Karnischen Alpen verschwunden sind, erklärt Dr. Tone Cevc in seiner Monographie über die Harfen mit der kulturellen Abgeschiedenheit Sloweniens, mit der Verbindung von Viehzucht und Ackerbau sowie mit der „psychologisch bedingten Ablehnung fremder Vorbilder und der Neigung zum Individualismus".

67 In dem zum Meer hin offenen, recht malerisch von Frühlingsnebeln verschleierten Bergland Goriška Brda kennt man die Heuharfen nicht. Auch psychologische Begründungen helfen da nicht weiter – die Leute sind einfach anders.

68 Wie jemand beschaffen ist, darüber wissen die Spinnerinnen bestens Bescheid. Bei ihren „Séancen“ wird so manches Garn gesponnen . . .

69 . . . und so sind wohl auch der Mann auf dem Bild und der Fotograf Andrej Žigon beschaffen, der das Foto zum Preisausschreiben der live-Fotografie von Slowenien und ihren Bewohnern einsandte und dafür auch prompt von der angesehenen Jury mit einem Preis belohnt wurde – ganz besonders war man von der Hand im Vordergrund angetan.

70 . . . Und wiederum Hände, die das Auge fesseln. Eigentlich würde man meinen, daß sich diese Hände Ruhe verdient hätten. Offensichtlich ist die Großmutter aber eine von jenen, die immer eine Arbeit finden.

71, 72 *Jahrhunderte und noch mehr – dank jenen, die sich Arbeit in der Fremde suchten – finden Arbeitswillige auch in diesem Lande ihr Auslangen. Wenn die Sonne ihre Kraft verliert, helfen Schnee und Eis, vermengt mit glühender Hoffnung und Glauben, den Winter zu überdauern. Noch viel eher tun es die übervollen Speicher, deren schön gemusterte Luken verheißungsvoll blinken.*

73 *Wenn der Schnee die Landschaft noch einmal in ein naives Gemälde verwandelt, ist dies ein nettes Geschenk des Himmels. Die Stille läßt noch einmal Geruhsamkeit einkehren.*

Geologen Pleistozän; er begann vor ungefähr 2 Millionen Jahren. Seine wohl interessanteste Hinterlassenschaft sind die Spuren von (wahrscheinlich) sechs Eiszeiten und der dazwischenliegenden Warmzeiten. Mehrere Gletscher in Slowenien veränderten, vor allem in den Warmzeiten, durch ihre Bewegungen die Landschaft wesentlich und lagerten zugleich Geschiebe ab. Die letzte Eiszeit soll vor ungefähr zehntausend Jahren geendet haben. Danach begann der noch andauernde, wissenschaftlich als Holozän benannte Zeitabschnitt, für dessen Dauer es keine Prognosen gibt. Die von Seen überschwemmte Laibacher Ebene, das Ciller Becken und die Ebene im Übermurgebiet waren damals mit Schotter und Sand verschüttet. Kurzum – wie die Enzyklopädie Sloweniens anführt – gestaltete sich der Großteil des heutigen Landschaftsbildes Sloweniens, den Karst wohlgemerkt inbegriffen, erst im letzten Abschnitt des Känozoikums bzw. des Quartärs aus.

DIE 20 JAHRMILLIONEN WÄHRENDE VERKARSTUNG begann bereits im Mesozoikum, im miozänisch-pliozänischen Zeitraum, und zwar – wie Anton Melik sagt – in jenen Bereichen, die sich als erste und am höchsten angehoben hatten und also unbedeckt waren; danach ging die Verkarstung (im Einklang mit der Geländeanhebung) auf immer tiefer liegende „Geschosse" über. Eine wesentliche Rolle spielt dabei die Reinheit des Kalksteins; je mehr Beimengungen im Kalkstein sind, desto weniger ist das Gelände der Verkarstung unterworfen. Auch dort, wo das Wasser rascher abfließen kann, ist die Oberflächenverkarstung geringer, als auf ebenen oder nur leicht geneigten Flächen, wo das Wasser länger steht und sich dann seinen Weg in das Innere sucht. Die Entstehung des Karst-Reliefs mit den kennzeichnenden Einbruchtrichtern, Dolinen, Talschlüssen, Uvalen, Schachtdolinen, Abgründen, Trockentälern etc. hängt vom Grad der Undurchlässigkeit der oberen Schichten ab. Das mehrgeschossige Slowenien verdankt seine Entstehung auch der Konfiguration der unteren Schichten mit ihren Überschiebungen und Brüchen. Dem etwas mehr als 20.000 Quadratkilometern großen Slowenien werden Tag für Tag neue Flächen hinzugefügt. Kurzum, es sollte nicht verwundern, wenn die Oberfläche Sloweniens eines Tages auch offiziell beträchtlich vergrößert würde, selbstverständlich nicht auf Kosten eines der Nachbarn.

Dessen waren sich die Bewohner von Lokve und Divača eigentlich schon seit dem 17. Jahrhundert bewußt und begannen für den Besuch ihrer Höhle Vilenica Eintrittsgebühr zu kassieren. Von den in Slowenien erfaßten und fachlich bearbeiteten über 6000 Höhlen sind ungefähr 20 Schauhöhlen. Am tiefsten, 253 m tief, gelangen die Besucher der Höhle Škocjan. Ein bequem angelegter Weg führt sie durch den längsten mehr als 2 Kilometer langen unterirdischen Canyon der Welt. Eigentlich bildet er eine Reihe miteinander verbundener Kathedralen von ungeheuren Ausmaßen. Außer diesen Anreizen gibt es noch viele weitere Gründe, daß die UNESCO dieses Wunder auf die Liste des kulturellen und natürlichen Welterbes gesetzt hat.

BRACHTE EIN „OZONLOCH" TROPISCHES KLIMA in das Gebiet des heutigen Sloweniens schon vor der letzten Eiszeit oder noch früher, ist eine der Fragen, die uns die geheimnisvollen Karst-Phänomene aufdrängen.

Die Erforschung ähnlicher Vorgänge und die Entstehung von Höhlen auf anderen Kontinenten bestätigte die Meinung der Fachleute, daß die Verkarstung im tropischen und subtropischen Klima begonnen hatte. Wie kam es nun dazu und warum? Wegen eines „Loches" im Ozon-Mantel?

Die Forschungen werden fortgesetzt werden müssen, da es außer den wetterkundlichen auch zahlreiche hydrologische und andere ungelöste Fragen gibt. Für die Untersuchungen zur Entstehung und Veränderung des heutigen Reliefs wird die Bedeutung aller (angeblich sechs) pleistozänischen Glaziale und Interglaziale in der letzten Jahrmillion erforscht werden müssen. Die Wissenschaftler räumen ein, daß z. B. einige ihrer bisherigen Forschungsergebnisse auch falsch sein könnten, da nicht genau feststellbar ist, welche Wirkung der Druck der sich in Bewegung setzenden Gletscher hatte. Es wäre ferner nicht von der Hand zu weisen, daß nicht die Gletscher die Täler so tief „gegraben" hätten, sondern daß sich entlang „tieferer" Alpentäler das Gebirge angehoben hätte und dies sind gebirgsbildende Vorgänge, die nicht mit Gletscheraktivitäten verbunden sind. Die Gletscher sollen die Täler nur ein wenig erweitert und teilweise vertieft haben. Gewiß ist auch bei diesen Behauptungen so manches noch strittig und wird in den kommenden hundert Jahren erforscht werden müssen. Fügen wir zu all dem noch das Klima hinzu – Niederschläge, Bewölkung, Unwetter, Winde und sommerliche Hitzen, Dürren, Flauten. All das reihte sich und reiht sich noch immer, mehr oder weniger stürmisch, aneinander; vorhersehbar in seinen Auswirkungen und Folgen, oder auch nicht. In

74 Der Morgenfrost im Frühjahr rötet so manches Näschen, läßt das Blut in den Adern schneller fließen und wohl auch den Gedanken aufkommen: Wenn vor mehr als hundert Jahren, trotz schwerer Zeiten, ein solch stolzes Gehöft entstehen konnte und es alle Unbilden, Bosheiten und Dummheiten überdauerte, dann müßte doch jetzt, mit endlich ungebundenen Händen, erst recht weitergebaut werden.

den letzten zwei oder drei Jahrzehnten überdies noch im Zeichen des bedrohlichen „Ozon-Loches".

Bei veränderlicher – empfindliche „Seelen" nervender – Witterung fragen sich viele, ob es solche Erscheinungen nicht auch schon früher gegeben hatte und was ihre Ursache gewesen war? Wenn es schon früher heiß wurde, geschah dies wegen einer zunehmenden Eisschmelze und was verursachte diese?

Könnte eine Wiederholung des Thetys-Mittelmeers stattfinden? Einst hätte man solche Ereignisse nicht aus den Massenmedien erfahren. Vielleicht sind deswegen damals auch die Menschen nicht erschienen. Es wäre wirklich unerhört, wenn wir eines Tages in einem nassen Bett erwachen würden und nicht wüßten, warum! Doch wird es uns oder unseren Nachkommen wegen des besseren Informiert-Seins auch wesentlich besser ergehen? Und was ist mit dem Wasser in den Schuhen?

Von größter Bedeutung waren jedenfalls die Ereignisse nach der letzten Eiszeit vor ungefähr 10.000 Jahren. Zu diesen gehören nämlich alle Ereignisse des noch andauernden Holozäns, dieses letzten geomorphologischen „Touchs", zu dem häufig und nicht immer zum Vorteil auch der Mensch einiges beisteuert.

Die Gesamtwirkung der erwähnten Einflüsse auf die Umgestaltung des Reliefs am Berührungspunkt der Alpen, der Pannonischen Tiefebene, des Balkans und des äußersten nördlichen Zipfels des Mittelmeers erwies sich als eine wundersame Alchimie. Der Dichter hat das Ergebnis dieses Bröckelns, Knetens, Einebnens, Mischens und Verflechtens in fünf Worte gefaßt: Der Himmel unter dem Triglav.

Da wir aber nicht alle Dichter sein können, müssen wir eben weiterforschen!

Die Neuzeit begann für Slowenien in Idrija, als dort Quecksilber gefunden wurde. (Aus J. W. Valvasors „Ehre des Herzogthums Krain")

DIE DREHTÜR EUROPAS

DIE IN EIN GANZES GEGOSSENEN RANDGEBIETE GROSSER SYSTEME, das das heutige Slowenien in seinen international anerkannten Grenzen sein soll, ist keineswegs „zufällig zusammengeleimt“. Ähnlich integral scheint z. B. die Schweiz zu sein, die wir allerdings als Ganzes zu sehen gewohnt sind.

Wenn wir Slowenien mit einem zugedrückten Auge betrachten, sehen wir es, trotz der landschaftlichen Vielfalt, als Ganzes; Das neue Staatsgebiet ist ein Geflecht von Hochgebirgen und Tälern, Bergen und Ebenen, Hügeln und Tiefland. Je nach Jahreszeit ist das Land eine weiße, wogende Weite oder eine prächtige Herbstpalette für Götter, so sie Lust zum Malen verspüren sollten, oder ein unendliches Grün, in dem man sich kaum für die „allerschönste“ Nuance entschließen kann. Im Norden und Nordwesten umrahmen verhältnismäßig hohe Bergmassive dieses Ineinanderfließen. Poetisch veranlagte Feinschmecker sehen in den schneeweißen Alpen – die nicht umsonst „Kalksteinalpen“ genannt werden – auch das Sahnehäubchen auf dem mitteleuropäischen Obstsalat. Allen Anschein nach stellte das Land seit jeher eine Welt für sich dar. Hinein oder darüber hinweg führten Güteraustausch, aber auch Eroberungsgelüste. Es war, trotz undurchdringlicher Wälder und sumpfiger Ebenen, ein verlockend offenes Durchzugsgebiet für die Bewohner der benachbarten Gebiete, die mit ihren unterschiedlichen Zivilisationen ebenfalls eigenständige Welten waren. Moderne Geographen haben diese uralten Erfahrungen folgendermaßen ausgedrückt: vom Rhône-Tal und Marseille im Westen bis Saloniki und dem Morava-Vardartal im Osten, die türkische Militärstraße von Konstantinopel bis Niš und weiter nach Bosnien inbegriffen, gibt es keinen geeigneteren Weg nach Mitteleuropa als über den Golf von Triest. Das Mittelmeer frißt sich bei Triest am tiefsten in den Kontinent und gerade dort lockert sich der feste Berggürtel in die Alpenausläufer auf, die sich am Berührungspunkt mit den Dinariden zu gemeinsamen Tälern und Becken ausweiten und vertiefen.

„DEN WEICHEN BAUCH EUROPAS“ nannte dieses Gebiet Winston Churchill, als er es zum geeignetsten Gelände für den Vorstoß in die nazistische Festung erklärte: ein kaum 600 Meter hoher Paß, die „Adelsberger Pforte“ (Postojnska vrata), trennt das Meer vom Laibacher Becken.

An seinen Rändern legten bereits die Römer eine Straße nach Nordwesten bis zum Bergpaß Atrans an, der im Laufe der Zeit zum heutigen Trojane mutierte. Nun, über diesen Paß kommt man heute nicht ganz so leicht – wegen der verführerischen Krapfen, von denen dort auf luftiger Höhe für die modernen Nomaden täglich rund zehntausend gebacken werden. Über das ebene Cillier Feld und über kaum spürbare Schwellen bei Slovenske Konjice und Slovenska Bistrica gelangt man bei Marburg/Maribor zum zweiten, nach Österreich geöffneten Tor oder zum dritten bei Pettau/Ptuj, dem einstigen Poetovio und zur Drau auf dem Pettauer Feld. Bis dorthin gelangten bereits Jahrzehnte vor unserer Zeitrechnung römische Söldner und erblickten eine einladende, bis an den Ural reichende Ebene.

Der Historiker Bogo Grafenauer erwähnt in seiner Abhandlung „Slovenski zgodovinski prostor in država/Der slowenische historische Raum und Staat“, daß einige Forscher diese Gebiete als „steirisch-krainisches Durchzugsland“ bezeichnet haben. Diese Bewertung gewann bei der Durchsetzung oder Verteidigung der augenblicklich aktuellen Handelswege und Verkehrseinrichtungen immer mehr an Geltung, wie z. B. der Verkehrsweg vom Hafen Koper/Capodistria, nahe der italienischen Grenze, nach Lendava an der ungarischen Grenze und weiter nach Osten, ein Weg, der in den Jahren nach der unlängst vollzogenen Verselbständigung Sloweniens sehr aktuell wurde. Der Grund dafür ist gewiß das Ausscheiden Ungarns aus dem sowjetischen Block und die Entstehung neuer Staaten in Osteuropa, ebenso aber auch die in Kroatien unterbrochene Verbindung mit dem südöstlichen Teil des einstigen gemeinsamen Staates

Jugoslawien und mit Griechenland. Früher, in der Mitte des 19. Jahrhunderts, als man die Südbahn baute, war die Richtung Wien–Laibach–Triest wichtig; später, zwischen den beiden Weltkriegen, die Richtung der Linie des Orient-Expresses: Paris–Laibach–Belgrad–Konstantinopel. Die sowjetischen Vorstöße im Zweiten Weltkrieg ließen eine Linie Triest–Laibach–Budapest–Moskau erahnen, als eine weitere, selbstverständlich mit der augenblicklichen Konjunktur verbundene Option.

Im zentraleuropäischen Slowenien laufen mehrere natürliche Verkehrswege zusammen: von Süddeutschland durch das Drautal und über die Karawanken, vom Norden über das Klagenfurter Becken, dann am Alpenrand entlang und von Wien über das Grazer Becken nach Marburg; von Nordosten führen mehrere Wege über Pettau und über den mediterranen Berggürtel nach Triest oder Koper oder über das Wippach-Tal nach Italien.

Der slowenische Raum ist keineswegs ein „Durchzugsland“, sondern wurde als Mittelstück Europas zum Knotenpunkt mehrerer Verkehrswege; ein riesiges, weit geöffnetes Tor, oder noch besser – um die Formulierung Bogo Grafenauers zu gebrauchen –, eine „Drehtür“. Die Durchzugsrichtungen haben sich nämlich im Laufe der Zeit immer wieder geändert; durch das Tor traten Scharen oder einzelne aus beliebigen Richtungen ein und verließen es, wie es ihnen die historische Inspiration diktierte.

DIE UNANGEFOCHTEN ÄLTESTEN RELIKTE IM SLOWENISCHEN RAUM, die uns wenigstens etwas von den Urzeiten preisgeben, sind nach Meinung des Archäologen Peter Petru zwei Steinwerkzeuge aus der Höhle in Loza bei Orehek mitten in der heutigen „Adelsberger Pforte“. Hergestellt wurden sie vor 250.000 Jahren im Mindel-Riss'schen Interglazial. Im grünlichen Flyschlehm in der Adelsberger Grotte wurden gleichzeitig auch Knochen von Flußpferden gefunden. Zum großen Leidwesen der heutigen Fremdenverkehrsexperten sind diese Tiere leider schon seit langem verschwunden, wahrscheinlich zugleich mit dem See, der in jener sehr warmen Zeit das Pivka-Becken bedeckte. Sie können also nicht mehr zum einschlägigen Angebot der Karstregion beitragen. Um etwa 100.000 Jahre jünger sind die Werkzeuge, Feuerstättenspuren und die verstreuten Reste von „Gelagen“ des Urmenschen aus der älteren Steinzeit, die in der Nähe im Betalov Spodmol entdeckt wurden. Schon sehr früh lud also dieser Teil des sich heranbildenden Kontinents die Urbewohner gastfreundlich und mit gehobenem „Karst-Wohnkomfort“, mit Ausblick auf den See oder das Meer, zum Verweilen ein. In den wechselnden Klimaverhältnissen der Warmzeiten begann das Leben mehrmals sozusagen von vorne, von den kahlen, sich aus dem Meer erhobenen Felsen, auf denen sich nach den Algen und Moosen das erste Klümpchen Erde ausbilden mußte; nach dem üppigen Wuchs des Haselstrauches, zu dem sich Weißbuche, Birke und Salweide gesellten, dann die Eichenwälder. Einer neben dem anderen, über dem anderen, gewaltsam oder in Symbiose, im ewigen Gedränge und Wechsel, stets abhängig vom Wandel des allerhellsten göttlichen Sterns. Noch ältere Spuren der Urvorfahren im heute slowenischen Raum kennt die Wissenschaft bisher nicht. So manches des Entdeckten erheischt weitere Untersuchungen und Vergleichungen mit den Entdeckungen in der Nachbarschaft und anderswo in der Welt.

DIE GUTNACHBARLICHEN BEZIEHUNGEN IN DEN ZWISCHENEISZEITEN UND DEREN WERT haben bisher noch nicht die Aufmerksamkeit der jungen kroatischen und slowenischen Diplomatie erweckt. Einer der Gründe könnte die Tatsache sein, daß sich die urgeschichtlichen Subjekte ungehindert und unerfaßt im Raum bewegen konnten, den heute die Staatsgrenze durchtrennt. Es ist jedoch nicht auszuschließen, daß gewissenhafte und karrierebestrebte Beamte dies- und jenseits der Grenze eines Tages irgendeine unbeglichene Rechnung aus der Vergangenheit entdecken werden. Die Medien scheinen auf solche „Enthüllungen“ begierig zu warten; mögliche Verwicklungen gibt es noch und noch. Es muß auch daran erinnert werden, daß bereits die längst verblichenen Vorfahren über die Grenze auf Brautschau gingen. Sogar Josip Broz-Tito, der eine Slowenin zur Mutter hatte, ist das Ergebnis derartiger Beziehungen: Er wurde im kroatischen Kumrovac dicht an der Staatsgrenze geboren. Wird er auch heute nicht mehr besonders geschätzt, kann er es morgen wieder werden.

Wie sehr schätzt man heute z. B. die nahegelegene Halbhöhle auf dem Husjak-Hang bei Krapina in Kroatien! Dort wurden um die Jahrhundertwende mehrere Skelette entdeckt, die von der Wissenschaft erst einmal unter die Neandertaler gereiht wurden. Der jüngste wäre heute 30.000 Jahre alt, der älteste hingegen, ähnlich wie der Inhaber des auf der Velika pečina auf den kroatischen Hängen der Grenzbergkette Haloze gefundenen Wangenknochens, wäre noch um rund 4000 Jahre älter. Die Entdeckung dieses Zwischengliedes zwischen dem Neandertaler und den noch älteren Vorfahren war jedenfalls epochal und beweist, daß man diese Spezies des „homo sapiens“ nicht ohne Grund mit dem Attribut „krapinensis“ ausgestattet hat.

Catechismus

In der Windischen Sprach/ sambt einer kürtzen Außlegung in gesang weiß. Item die Litanai vnd ein predig vom rechten Glauben/ gestelt/ durch Philopatridum Illiricum.

Anu kratku Poduuzhene skaterim vsaki zhlouik more vo nebu pryti.

Psalm 21

Reminiscentur & conuertentur ad Dominum uniuersi fines terre.

Der vom „illyrischen Philopatriden" (Primož Trubar) verfaßte Katechismus und die Predigt vom wahren Glauben.

Auf slowenischer Seite wurden in späteren Jahren an die zwanzig Lokalitäten mit Überresten der Kultur des Eiszeitmenschen gefunden. Die Untersuchungen der Funde beweisen, daß der „slowenische" Urmensch außer den von früheren Generationen übernommenen Fertigkeiten und Erfahrungen auch die Tradition achtete und ein gewisses Zugehörigkeitsgefühl zu seinem Lebensraum empfand.

Zugleich trat in derselben Abkühlungsphase ein weiterer, dem heutigen Menschen noch ähnlicherer Vorfahre mit längeren Gliedmaßen, breitem Kinn, glatter Stirn und geräumigerer Hirnschale auf. Die dem heutigen Slowenien nächsten Funde, deren Alter auf ungefähr 40.000 Jahre geschätzt wird, stammen aus der Höhle Veternica bei Agram. Wie die Beziehungen dieser homines sapientes, denen die Wissenschaft noch die Bezeichnung fossilis hinzufügt, zu den benachbarten Neandertalern (beiderseits der Staatsgrenze selbstverständlich) ausgesehen haben mochten, können wir nur vermuten; da alle der gefundenen Knochen von Neandertalern gespalten und angesengt waren, kann an ihrem unnatürlichen Dahinscheiden kaum gezweifelt werden.

DIE HINTERLASSENSCHAFT IM HOTEL „OLSCHEWIEN" AN DER SONNENSEITE DER ALPEN ist ungemein reichhaltig und beredt: in der Höhle Potočka zijalka, 200 m unter dem Gipfel des 1900 m hohen Berges Olševa in den Karawanken im slowenisch-österreichischen Grenzgebiet, entdeckte der slowenische Archäologe Dr. Srečko Brodar eine urgeschichtliche Stellung. Von 1928 an barg er sieben Jahre lang den Knochenfundus einer Jägerkultur, die in diese Gebiete von anderswo gelangt war und sich allmählich auf die Jagd von Höhlenbären verlegt hatte.

Die Funde von Srečko Brodar in der Potočka zijalka übersteigen mit ihrer relativen Vielzahl alle aus anderen europäischen Höhlenstellungen geborgenen Funde. Unter den 133 Beinahlen war auch eine richtige Nähnadel mit Öhr, wie sie anderswo aus diesem Zeitabschnitt (vor 35.000 Jahren) noch nicht gefunden wurde; das Original ist nun im Regionalmuseum in Cilli, die Kopie im Nationalmuseum in Laibach zu sehen.

Mit der Entdeckung von Kulturrelikten des jüngeren Paläolithikums (Aurignacien) in der Potočka zijalka erweckte Brodar großes Aufsehen in den wissenschaftlichen Kreisen. Sie bewiesen nämlich eine mehr als 10.000 Jahre andauernde Warmzeit während der letzten Eiszeit: hätten nämlich Firn und Eis den Höhleneingang verschlossen, hätte das „Hotel" Potočka zijalka wohl keinen Balkon gehabt.

Angesichts dieser Feststellungen wurde das Inventar dieser Höhle so bedeutend und eigenständig, daß man in der internationalen Archäologie eine neue Gruppe einführte: das Olschewien. Weitere Untersuchungen zeigten, daß Slowenien ein sehr wichtiges altsteinzeitliches Gebiet ist, das aus eigenständigen ostalpinen kreativen Gegebenheiten hervorgegangen war, daß aber zugleich Verbindungen mit anderen altsteinzeitlichen Kulturen in der Pannonischen Ebene und in den norditalienischen Gebieten bestanden hatten. Neue Elemente kamen mit späteren Funden in Njivice bei Radeče zutage, die jedoch dem Präolschewien zugeschrieben werden, wie auch einige weitere aus den Höhlen Mornova zijalka und der Jama bei Radlje an der Drau, in Kostanjevica na Krki usw. Der Olschewien-Mensch, der sich offensichtlich bekleidete, kannte wahrscheinlich noch andere Möglichkeiten, um sich das Leben erträglich zu gestalten.

DIE EIGENSTÄNDIGE PFAHLBAUTENKULTUR IM LAIBACHER MOOR ist nach dem Olschewien eine weitere wichtige Eigenart des heutigen slowenischen Raumes, die nach Meinung der Archäologen eine Folge von Wechsel und Zuwanderung in einem ausnehmend warmen Zeitabschnitt war. Bis 4300 v. Chr. hatte die Adria den Golf von Triest überschwemmt. Einige Jahrhunderte später, im Endstadium der Jungsteinzeit, Ende des 3. Jahrtausends, kam es zu großen Bevölkerungsbewegungen. Die damaligen Kulturen wurden von der Entdeckung des Kupfers, der Klimaveränderung mit entsetzlichen Dürren um das Schwarze Meer und im Nordgebiet des Balkans gründlich erschüttert; die Hirtengemeinschaften hinter den Karpaten bis zur Wolga machten sich auf die Suche nach Weideland gegen Kleinasien und Indien sowie in das Donauland und in das Gebiet der Save, wo sie die dortigen Bewohner weiter gegen die Adria und entlang der Mur, Drau und Save in das Voralpenland abdrängten.

Die Eroberung und Besiedlung des heutigen Slowenien wurde fortgesetzt, doch ging sie wegen des unwegsamen, wasserlosen und kahlen Karstes, der überwucherten Flußtäler und der sumpfigen Ebenen für heutige Verhältnisse recht langsam vor sich. Sie dauerte an die 2500 Jahre und wird von den Archäologen auf drei aufeinanderfolgende Kulturen eingeteilt: In die Impresso-Kultur (4300–2700 v. Chr., benannt nach der Technik des Verzierens von Tongefäßen, die darin bestand, Gegenstände in den noch weichen, ungebrannten Ton zu drücken), die Vlaška-Gruppe, benannt nach der Fundstelle Vlaška jama. Dieser Gruppe wird auch die Danilo-Kultur zugerechnet (Fundstelle Pejca v Lašči bei Aurisina/Nabrežina). Die dritte Kultur ist die jungsteinzeitliche Karststufe im Rahmen der ostadriatischen Hvar-Kultur (2000–1700 v. Chr.).

Eine ganz andere, wesentlich jüngere und verhältnismäßig höher entwickelte Zivilisation, wenigstens was die Wohnkultur anbetrifft, bekunden die Reste von Pfahlbauten und ihrer Bewohner. Dabei handelt es sich um die Übergangszeit zum Metallzeitalter, den wissenschaftlich als Aeneolithikum benannten Zeitabschnitt. Dessen Höhepunkt wird als die Kultur des Laibacher Moors bezeichnet und reicht zeitlich bis 1700 v. Chr.

DIE REVOLUTION DES SESSHAFTWERDENS könnte man all jenes benennen, was die Erbauung dieser Dauerbehausungen mit sich brachte. Nach den Worten Peter Petrus haben die Ergebnisse von Überlegungen und Arbeit „den Menschen an einen bestimmten Raum gebunden und ihm eine dem Moor entsprechende Ernährungswirtschaft aufgezwungen. Für den Weiterbestand der Siedlungen mußten mit Brandrodung, Kahlschlag und ähnlichen Methoden Felder und Weiden erschlossen werden."

Ihre Siedlungen legten die Pfahlbautenbewohner an seichten Flüssen, Seen und in Mooren, unweit der festen Ufer, an. Insbesondere wurden Stellen ausgewählt, die durch ihre Konfiguration eine Art natürliche Festung darstellten und somit gut zu verteidigen waren. Spuren dieser frühen Siedler wurden unter anderem an den Ufern des einstigen großen Sees – des heutigen Laibacher Moors – am Rande des periodischen Sees von Cerknica, des Keutschacher Sees, des Wörthersees und anderswo gefunden. Die Bewohner kleideten sich in Felle, gingen auf die Jagd und bestellten auch Felder. Die Frauen und möglicherweise auch der eine oder andere schon damals gleichberechtigte Mann kannten den Flachs, womöglich bauten sie ihn sogar an. Daß er auch gesponnen wurde, bezeugen die gefundenen Spinnwirtel und Spulen und sogar Faden- und Garnreste. Ihre Geräte und den Hausrat verstanden sie auch zu verzieren.

Zarter besaitete Archäologen kamen sogar zum Schluß, die Frauen wären „liebevolle Mütter" gewesen, was Spielzeug und Tierfigürchen aus Ton beweisen sollen. Letztere hätten also die Frauen verfertigt, wie sie auch Krüge und Töpfe und das übrige Küchengerät verziert hatten. Offensichtlich waren damals, nach nicht ausgesprochener Meinung derselben Archäologen, die Männer noch nicht vollends domestiziert. Aus diesem Zeitabschnitt sind noch einige weitere bemerkenswerte Gegenstände bekannt, wie z. B. der aus einem Stamm gehauene, fast zehn Meter lange, nahezu hydrodynamische Kahn. Auf Grund seiner vorzüglichen Bearbeitung scheint er sogar kleinserienmäßig hergestellt worden zu sein. Sehr genau und geschickt waren die Pfahlbautenbewohner auch bei der Herstellung von Wildfallen und Holzgefäßen. Von der übrigen Hinterlassenschaft erregt das in Ig am Ufer des einstigen Sees gefundene menschenähnliche Idol große Bewunderung.

Um 1300 v. Chr. soll diese Kultur von unbekannter Hand vernichtet worden sein. Die Pfahlbauten waren, wie es die Reste bezeugen, allesamt abgebrannt. Da sie gleichzeitig verschwunden sind, wird es sich wohl nicht um eine Naturkatastrophe gehandelt haben, sondern um einen Zerstörer. Werden zukünftige Forscher mehr feststellen können?

OB ES KANNIBALISMUS gegeben hatte, kann man aus den übriggebliebenen Knochen nicht genau feststellen, noch weniger kann man daraus auf die Küchenspezialitäten jener Zeiten schließen. Doch die Archäologen glauben dennoch behaupten zu können, daß sich die Pfahlbautensiedler, außer an der Wassernuß, die sie auf Reibsteinen vermahlen haben und zu einer teigigen Masse verkneteten an Ähnlichem gütlich taten, wie die Bewohner von Papua-Neu Guinea, die bis zur Mitte unseres Jahrhunderts wie in der Steinzeit gelebt haben.

Dies schilderte mir einer der Einwohner Papuas, Kiki Somare, der erste Außenminister des jungen, souveränen Staates. Er meinte, er hätte in seinem eigenen Leben zehntausend Jahre durchlebt. In seiner Kindheit, Ende der zwanziger Jahre, als man in seinem Dorf noch wie vor Jahrtausenden lebte, hat er an einem Festmahl teilgenommen, dessen Hauptgang ein anglikanischer, mit traditionellem papuanischem Gemüse garnierter Missionar gewesen war.

Dem späteren Außenminister wurde damals ein Stückchen von der Sandale des Missionars zugeteilt. Wahrscheinlich beschrieb er sie mir deshalb so genau, weil er sie überhaupt nicht verzehren konnte. Ich erinnerte mich an sie bei einem Festmahl knapp nach der Installierung der ersten slowenischen demokratischen Regierung, als ich ein ähnliches Schuhwerk an den Füßen des in protokollarischen Gepflogenheiten noch unerfahrenen Präsidenten Lojze Peterle erblickte. Sein Außenminister, ebenfalls der allererste seines Zeichens, war Dr. Dimitrij Rupel, der zur Geschichte der Diplomatie die Erkenntnis beigesteuert hat, daß dieses Amt auch Choleriker wie er versehen könnten, allerdings zeitbegrenzt. Hinsichtlich der allgemein verbreiteten

Vermutung, er hätte seinen Chef zum Fressen gern, habe ich mich etliche Zeit damit befaßt, wie wir ihn beruhigt hätten, wenn auch ihm nur ein Stück der präsidialen Sandale zugefallen wäre.

Allen Anschein nach werden wir in mancherlei Hinsicht noch immer von den Genen unserer Urvorfahren geleitet. Der bereits öfters zitierte Archäologe Peter Petru, der so begeistert die Tugenden der „slowenischen" Urbewohner aufspürte, sprach aber auch von gewissen „Beweisen", die nach seiner Meinung bei „einigen Funden in den slowenischen Gebieten recht deutlich für Kannibalismus und grausame rituelle Menschenopfer sprechen".

Seine Ausführungen, die Höhle Ajdovska jama bei Krško sei in dieser Hinsicht „der bekannteste Fall im südlichen Europa", lieferten ihn sozusagen ans Messer seiner Zunft. Seine Behauptungen wurden von zwei Archäologengenerationen mit Entrüstung zurückgewiesen: von Josip Korošec Senior und Junior, von Paola Korošec, von Milena und Martin Horvat und noch einigen weiteren. In einer umfassenden Studie stellten sie den Fundort Ajdovska jama als ein einzig dastehendes südeuropäisches kultisches Heiligtum und als Nekropole vor. Die damaligen Bewohner, die ihre Wohnstätten bereits außerhalb der Höhle hatten, haben die Felswand architektonisch zu einem Objekt mit sakraler Funktion ausgestaltet. Die Wahl der Höhle und die baulichen Eingriffe sind nach Überzeugung der genannten Archäologen ein im Urmenschen innewohnendes Erbe.

Unter den Relikten jener Zeiten scheinen jedoch auch Waffen und Geräte auf, die gemäß den Rekonstruktionsversuchen, immer mehr für den Kampf der Menschen gegeneinander bestimmt waren. Es liegt die Vermutung nahe, daß die Redewendung „er liegt mir im Magen" aus jenen grauen Urzeiten stammen könnte.

Den See von Cerknica beschrieb J. W. Valvasor sehr eingehend, doch manchmal mit ein wenig zu viel Phantasie. Jedenfalls wurde er mit dieser Arbeit korrespondierendes Mitglied der britischen Royal Society.

DAS EIN HALBES JAHRTAUSEND LANGE VAKUUM bis zu den Ringwallsiedlungen wurde noch nicht aufgefüllt. Die ersten Zeugenschaften von Bewohnern sind die Reste von Ansiedlungen, die sich von den bisherigen Höhlen und Pfahlbauten wesentlich unterscheiden. Der

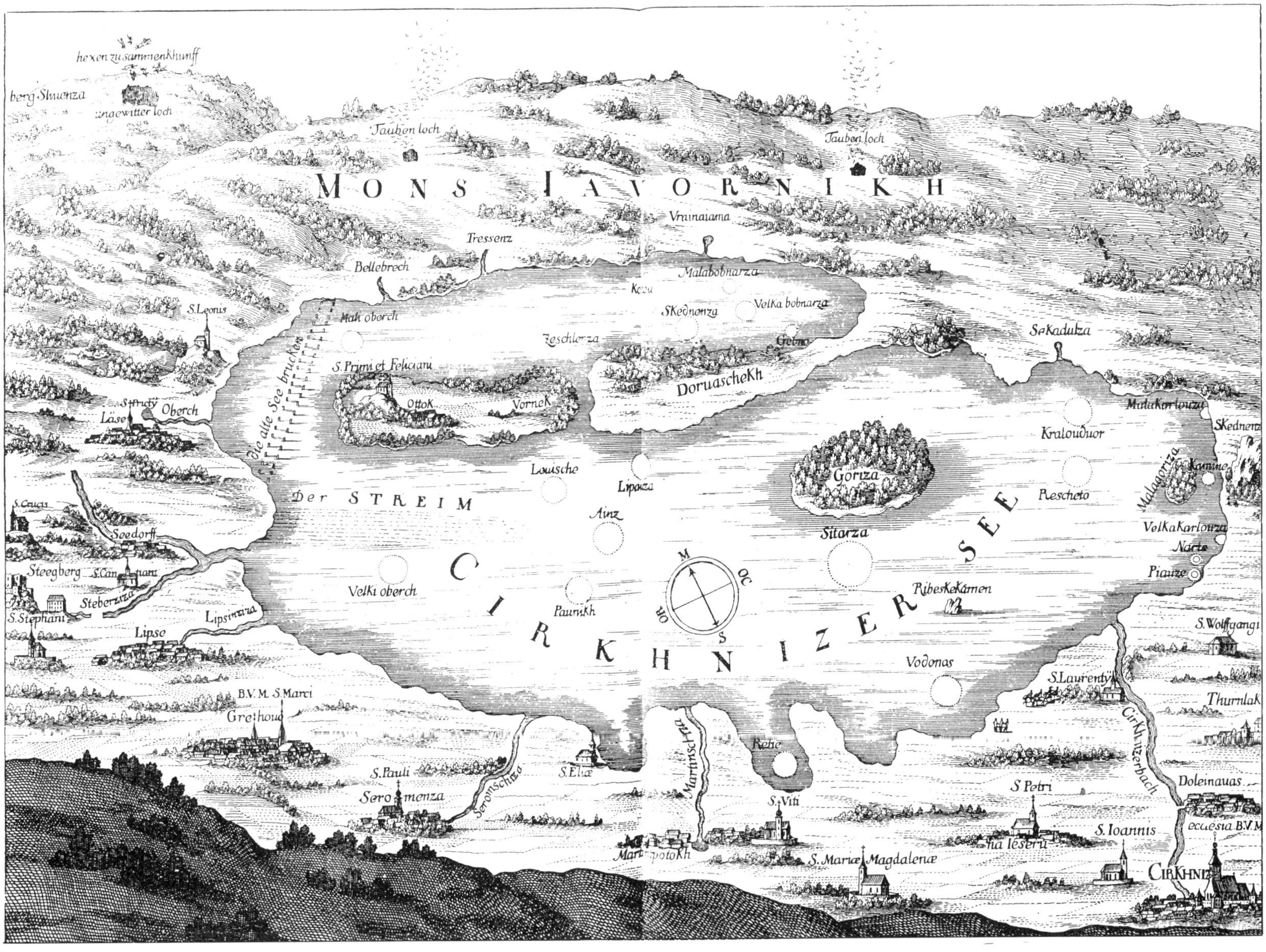

75 Solange die Heuharfen nicht besteuert werden oder, noch besser, solange den Besitzern dieser arg bedrohten Wahrzeichen der slowenischen Landschaft keine staatliche Unterstützung zukommen wird, werden wir wohl ihre genaue Zahl nicht feststellen können. Die Kirchen, die ebenfalls das Landschaftsbild prägen, sind hingegen genau erfaßt – es sind ihrer 2825. Auf eine Kirche kamen also am Jahresende 1993 rund 700 Einwohner.

urgeschichtliche Mensch wußte offensichtlich mit den neuen Waffen und Geräten aus Kupfer, Bronze und auch aus Eisen seine Feinde und auch die Natur immer besser zu beherrschen. Die Nachfolger der Höhlen- und Pfahlbautenbewohner zogen in die Niederungen, auf Waldlichtungen und offene Flächen, die sich bewirtschaften ließen. Sehr wahrscheinlich ist es auch, daß die „primitiveren" Ureinwohner von den Zuwanderern niedergemacht und „abgelöst" wurden, die aus bisher noch nicht festgestellten Gebieten und aus einer anderen Zivilisation oder auch mehreren gekommen waren und deren Wertzeichen Bronze und Eisen gewesen sein könnten.

Die Ausgrabungen zeigen, daß in den meisten der heutigen slowenischen Ortschaften auch schon die Urbewohner gesiedelt hatten. Zuerst besetzten sie die leichter zugänglichen Flächen mit lockerem Erdboden oder die fruchtbaren Flächen auf Waldlichtungen. Später suchten sie ihre Bleibe in höheren Lagen und begannen auch zu roden. Wenn sie einmal den Boden „besetzt" hatten, haben sie ihn sich auch für immer „angeeignet", und er wurde nicht nur nach einem Generationswechsel, sondern auch dann, wenn die Eigentümer oder sogar der Großteil der Bevölkerung wechselte, stets bearbeitet. Auf denselben Feldern und in denselben Siedlungen entdecken wir die Hinterlassenschaft aller möglichen „Zivilisationen".

Spuren der urgeschichtlichen Bewohnerschaft werden noch heute in den von Ringwällen umschlossenen Siedlungen entdeckt. „Meist sind es Ansiedlungen auf Hügeln", berichtet der Historiker Josip Gruden, „mit Wällen befestigt, an die schlichte Hütten angelehnt wurden. Hatten sich die Bewohner vermehrt, wurde neben der ersten Siedlung eine neue angelegt und beide mit einem neuen Wall umgeben. In Innerkrain trieben sie gewöhnlich um die Hügelkuppe zwei Reihen starker Pfähle in den Boden und schichteten dazwischen Steine, so daß Wohnhöhlen entstanden. Es gab aber auch Siedlungen auf sehr steilen Bergen. Die Hütten lagen eng aneinandergedrängt und reichten bis auf die Kuppe. An den Seiten waren sie durch Wälle abgesichert".

SLOWENIEN BEWAHRT DAS REICHE ERBE aus jenen Zeiten in seinen Museen. Nach den Funden aus den Ringwällen-Siedlungen wird jene Zeit in zwei Abschnitte geteilt: in die ältere, nach dem Fundort Hallstatt und in die jüngere nach dem Fundort La Tène benannte Eisenzeit. Es handelt sich um Waffen, Geräte, Gefäße und Schmuckgegenstände von ausnehmend hohem Wert, die uns diese frühen Bewohner und ihre Lebensumstände näher bringen. Viele dieser Kostbarkeiten sind im Museum in Novo mesto ausgestellt. Das Drama einer ganzen Epoche zeigt uns z. B. einer der Bronzehelme mit zwei klaffenden Einhieben, die von einem härteren – wohl eisernem – Kriegsbeil herrühren. Angenehmere Seiten des Lebens läßt der wunderschöne Frauenschmuck erahnen. Diese Beweise eines hochentwickelten ästhetischen Empfindens könnten für viele der heutigen Juweliere ein Vorbild sein. Früher oder später wird sich gewiß jemand finden, der mit Kopien und Nachempfindungen beweisen wird, daß wirklich Schönes eben nie veraltet. Die Forscher fanden an mehreren Orten in Slowenien auch latènezeitliche Bronzegefäße, Eisengerät, allerlei Zierat und Schmuck sowie römische Münzen. Es stellte sich heraus, daß mancherorts die vorgeschichtlichen handwerklichen Aktivitäten durch Jahrtausende bis in unsere Zeit überdauert haben. Josip Gruden erwähnte in diesem Zusammenhang zu Beginn unseres Jahrhunderts die Töpfer in Lahovče bei Kamnik, wo Tonwaren schon zwei Jahrtausende zuvor erzeugt worden waren, und auch in Bukovica bei Görz/Gorica/Gorizia, das bereits die Römer „ad fornulos" (bei den Töpfern) benannt hatten. An vielen Orten, wie z. B. in Bohinj (Wochein), wo schon vor der Römerzeit Eisenerz abgebaut und verhüttet wurde, waren Eisenhütten bis an das Ende des vorigen Jahrhunderts in Betrieb. Erst dann begann sich dort der Fremdenverkehr zu entfalten, und zwar ein richtig „grüner", so daß die Ufer der Seen im Triglav-Nationalpark so unberührt blieben, wie sie es in den „vortouristischen" Zeiten gewesen waren. Die uralten Eisenschmelzer und ihre Burg Ajdovski Gradec/Heidenburg unweit des Wocheiner Sees erwähnen die dortigen Grünen eher als eine der vielen menschlichen Verfehlungen.

Der Historiker Josip Gruden gewährt uns auch einen Einblick in das Schicksal des Ringwalls Šmihel pri Hrenovici, inmitten der Adelsberger Pforte, durch das – weiß Gott wie oft – beutehungrige Heerscharen gebraust waren: einmal in östlicher, dann wieder in westlicher Richtung. „Als erste ließen sich Leute nieder, die sich mit Eisengewinnung und Töpferei befaßten. Natürlich waren ihre ‚Schmelzöfen' sehr einfach. In eine etwas tiefere Feuermulde schichteten sie Holz und anderes Brennmaterial und das Erz. Mit Handbälgen entfachten sie das Feuer. Bei der Waffenherstellung bedienten sie sich vor allem des Hammers. Auch die Töpferei war schlichte Handarbeit. Die friedfertigen Hüttenleute und Töpfer, die ihre Ware in ihrer Umgebung vertrieben, waren keineswegs für den Krieg gerüstet und haben auch ihre Siedlungen noch nicht befestigt. Gerade dies sollte ihnen dann zum Verhängnis werden."

„Die Ausgrabungen bezeugen unmißverständlich", setzte Gruden fort, „daß die ursprüngliche Siedlung gewaltsam zerstört und niedergebrannt wurde. Die Holzhütten der Töpfer und

76 Fast jedes siebente Gotteshaus (409) ist der Muttergottes geweiht, zu mehr als einem Zehntel aller Kirchen und Kapellen wird gepilgert. „Pilger“ heißt auf Slowenisch „romar“, und das kommt von Rom, der heiligen Stadt, zu der bekanntlich alle Wege führen. Einer dieser Gnadenorte ist die schon 1435 erwähnte Marienkirche auf der Šmarna gora bei Laibach. Zur Wehrkirche ausgebaut, bot sie Zuflucht vor den Türken. Mit freizeitlichen Wanderungen oder Kletterpartien könnte man so einiges vom überflüssigen Körpergewicht abbauen, doch der Wirt dort oben kocht die heimischen Gerichte eben zu gut.

77 Der himmlische Anblick beim Verschnaufen regt zur Sammlung und zum Meditieren an. Nach und nach haben sich ja genügend Gründe für Danksagungen angesammelt. Auch wenn ein Unwetter aufkommt, findet man in der Kapelle Zuflucht.

78 Ein Ort der Besinnung ist auch die Gedenkstätte über dem Isonzo bei Kobarid; sie ist den 1,200.000 Menschen geweiht, die hier ihr Leben verloren haben. (Für die Aufnahme erhielt Anton Cimprič eine Anerkennung der Jury.) Die Gedanken beim Anblick der idyllischen Landschaft, in der im Kriegsgetümmel des Ersten Weltkriegs so viele junge Menschenleben erloschen, kann man nun, nach den vielen neuen Greueln, in ein einziges Wort fassen: Wozu?

79 Zu den Lieblingsmotiven, die Jože Hanc aus seiner „Hummel" fotografiert, gehören die Kirchlein auf den Hügelkuppen – wie etwa die Wehrkirche auf Zaklanec. Stets aufs neue begeistern ihn die zu Zeiten der Türkennot geschaffenen uneinnehmbaren Stellungen.

80 Stane Klemenc, Verfasser zahlreicher Bücher und Monographien über verschiedene slowenische Sehenswürdigkeiten, ist ein Liebhaber von Luftaufnahmen: Diesmal bezauberte ihn der Anblick der Kirchtürme von Gradišče, vormals Sv. Trojica/Hl. Dreifaltigkeit in der Prlekija.

81 Der Architekt Tone Pokorn bleibt lieber auf festem Boden. Doch so richtig wohl wird ihm erst beim Anblick einer typischen slowenischen Kirche in natürlicher Umgebung, in der auch die Heuharfe nicht fehlen darf. Für die ist er der richtige Fachmann.

82 Die Kirche bleibt auch weiterhin im Dorf, obwohl versperrt – wegen der schwer faßbaren Liebhaber und Sammler von Antiquitäten. Um die Kirche herum dreht sich noch immer „alles“, auch das Ortsgefüge gleicht Küken, die sich um die Glucke drängen.

83. Trotz seines unverkennbaren persönlichen Stils, mit dem er Laibach und den Prager Hradschin so nachdrücklich prägte, überrascht der Architekt Jože Plečnik stets aufs neue; mit Werken wie etwa der Kirche in Črna vas auf dem Laibacher Moor.

84 Die wohl am schönsten besungene Kirche in Slowenien ist die St.-Markus-Kirche in Vrba unter dem Stol, dem Geburtsort des Dichters France Prešeren.

85 Eine ungewöhnliche, dem hl. Nikolaus geweihte Kirche inmitten der Felder in Prekmurje (Übermurgebiet) – wie vorhin Jože Plečniks Werk – regt zumindest zum Nachdenken, wenn schon nicht zur wissenschaftlichen Untersuchung an: Woher die Idee, der Entschluß und der Mut, im abgeschiedenen Selo, in der Nähe von Murska Sobota, ein derart ungewöhnliches Gotteshaus zu errichten. Ist es auch wegen seiner Bauform ein so beliebter Wallfahrtsort?

86 Ein anders geartetes Zwiegespräch mit Gott und den Heiligen führten inmitten der Berge um Gornji Grad Bischof Attems und der Baumeister Mathias Persky. Mitte des 18. Jahrhunderts ließ der eine ein Gotteshaus aus der Zeit vor 1209 abtragen und vertraute dem anderen den Bau der neuen Kirche an, in der sich die Gruften und Gedenksteine verdienter Männer befinden. Inmitten der Hügel nimmt sich die weiße, barocke Fassade wie ein Spitzentuch aus.

87 Auf eigentümliche Art inspirierte die Umgebung der Küstenstadt Piran um 1600 die Erbauer der St.-Georgs-Kirche. Hoch in den Himmel, wie die Berge am Horizont, reckt sich ihr Campanile, damit der Patron St. Georg die Seeleute möglichst weit hinaus aufs Meer begleitete und sie auch bei der Rückkehr schon von weitem begrüßte.

88 Einige Jahrhunderte lang entstand die zweigeschossige romanische Kapelle in Kamnik. Erstmals im Jahr 1202 erwähnt, wurde sie dann 1511 vom großen Erdbeben arg mitgenommen. Die untere Kapelle stammt aus dem 11.-12., die obere aus dem 13. Jahrhundert. Wer die statischen Berechnungen durchgeführt hat und ob sie – im Hinblick auf die erwähnten fatalen Erschütterungen – überhaupt gemacht wurden, ist nicht bekannt.

89 *Auf der Seeinsel in Veldes/Bled wurde auf den wahrscheinlich Begräbnisriten dienenden heidnischen Heiligtümern die erste christliche Kirche bereits im 8. oder 9. Jahrhundert errichtet. Wie anhand der archäologischen Untersuchungsergebnisse den Besuchern recht anschaulich erläutert wird, ist die jetzige barocke Kirche bereits der fünfte Bau. Die sagenumwobene Wunschglocke im Dachturm soll, wenn schon nicht jeden, so doch die meisten Wünsche erfüllen. In einigen Hotels wird bereits überlegt, dies in ihr Angebot einzuschließen.*

90 *Das Kirchenäußere läßt nicht nur die Gottesergebenheit der Anrainer und den Glauben an die Schutzpatronin erkennen. Das Werben um Gäste hat auch hier schon seit langem begonnen.*

91 *Die Schönheiten des Wocheiner Sees schätzten bereits die heidnischen Slawen. Der älteste Teil der St.-Johannes-Kirche am Ufer entstand im 13. Jahrhundert. Danach wurde die Kirche mehrmals umgebaut. Bekannt sind ihre Fresken aus dem 15. und ihre reich vergoldeten Altäre aus dem 17. Jahrhundert – eine zusätzliche Attraktion zum „umweltsauberen" See.*

92 Im Volksglauben verblieb so einiges von den heidnischen Geistern, Göttern und den Toten und lebt in so manchem Brauch weiter. Zu den christlichen Bräuchen gehören die Pilgerfahrten. Johann Weichard Valvasor berichtet, daß die Slowenen schon 1057 in das Heilige Land gepilgert waren. Stets hoch verehrt wurde die Muttergottes; bereits im 8. Jahrhundert in Maria Saal in Kärnten, seit dem 12. Jahrhundert pilgerte man nach Lesce, vom 13. Jahrhundert an auf die Insel in Veldes usw. Die Sveta gora über Görz/Gorica/Gorizia, die Dr. Rafko Podobnik so meisterhaft aufgenommen hat, ist zwar eine jüngere, doch ungemein beliebte Wallfahrtskirche für die Gläubigen diesseits und jenseits der Grenze.

93 In den Wehrkirchen fand die Landbevölkerung Zuflucht vor den Türken, und in den Kirchen ganz allgemein suchte man Trost und Schutz bei allen möglichen Heimsuchungen, sagt die Volkskundlerin Zmaga Kumer. Die unter solchen Umständen entstandenen frommen Lieder und Balladen bilden einen beträchtlichen Teil des volkstümlichen Liederschatzes, so wie die Kirchen in den slowenischen Dörfern, auf Bergen und Anhöhen die Landschaft prägen. Ihre Melodien und die Romantik wurden von solchen Szenen inspiriert, wie sie Matevž Lenarčič fotografierte und wie sie fromme und gläubige Herzen stets aufs neue zu erwärmen und zu stärken vermögen.

Schmiede, ihre Werkstätten und Schmelzöfen brannten ab; woher kam der feindliche Angriff? Einige Altertumsforscher vermuten Kelten oder Gallier, die um 300 v. Chr. die Einwohner unserer Länder unterjochten. Die neuen Herren bauten die ehemalige offene Siedlung zu einer Festung um und umgaben sie mit einem mächtigen Wall. Die alteingesessenen Hüttenleute und Schmiede mußten nun als Leibeigene für sie arbeiten. Vielleicht wurden ihnen auch einige Orte um den Berg Nanos für die Ausübung ihres Gewerbes zugewiesen. In dieser Form erhielt sich der Ringwall Šmihel bis zu den Römern. Einige Wissenschaftler, denen aber zahlreiche widersprechen, sind der Meinung, daß es sich womöglich um das sagenhafte Metullum handelt, das lange den Angriffen des Kaisers Augustus widerstanden hatte."

ENDGÜLTIGE ANTWORTEN GIBT ES NOCH NICHT, weder auf diese noch auf weitere Vermutungen. Es blieben vor allem unzählige Rätsel bezüglich der „Altsiedler" und der „Neuankömmlinge" und weiters jener, die im allgemeinen Durcheinander den letzteren folgten usw. Einige sollen geblieben sein, man weiß nicht wie lange, sollen sich mit den „Altsiedlern assimiliert" haben – nur weiß man nicht genau, welche es gewesen waren. Sind sie etwa freiwillig oder gezwungenermaßen weitergezogen, oder sind sie sogar schnurstracks in die ewigen Gefilde befördert worden? Darüber werden weitere Untersuchungen befinden müssen, so es ihnen gelingen sollte.

Bis vor einigen Jahrzehnten galten die Illyrer noch als Träger der Hallstattkultur. Seit den neueren Untersuchungen werden sie von den meisten Wissenschaftlern nicht mehr als die dominierende Bevölkerung des heutigen Sloweniens bis zu den Römern und noch weit in ihre Zeit hinein erwähnt. Was die Namen der Bewohner von Istrien, des Kvarners, des Flußgebietes der Kolpa, der bosnischen Sana und noch weiter gegen Osten anbelangt, sowie jener in Innerkrain (Notranjsko), in der Adelsberger Pforte, im Laibacher Becken und weiter nach Nordwesten, sind die Forscher noch immer sehr vorsichtig. Einzelne Stämme sollen als die kriegerischen Japoden, die (als Seefahrer und -räuber bekannten) Liburner, die Taurisker (im Laibacher Becken) bekannt gewesen sein; nach 270 v. Chr. sollten es jedoch, wie auch die Noriker (nördlich der Karawanken) und die Pannonier (weiter im Osten) schon keltische Stämme gewesen sein. Denn schon im 4. Jahrhundert v. Chr. sollen durch die Drehtür vom Westen aus Gallien (dem heutigen Frankreich) die Gallier eingedrungen sein und ihre Zivilisation im Zeichen des Eisens bzw. all jenen, was die Wissenschaft als Latènekultur bezeichnet, mitgebracht haben. Die Kelten seien dann im Bereich des heutigen Slowenien zur herrschenden Schicht aufgestiegen; Doch scheinen lediglich die Latobiker in Unterkrain (Dolenjsko) mehrheitlich Kelten gewesen zu sein. Anderswo blieben die Kelten eine Minderheit und verschmolzen sich mit der illyrischen Mehrheitsbevölkerung, die ihrerseits gewiß die Vorteile der keltischen Eisenwaffen und -geräte zu schätzen wußte und sie auch übernahm.

Da in Slowenien die Kupfererzvorkommen gering waren, konnten derartige Erzeugnisse nur als „Mitbringsel" der Krieger oder als Handelsware ins Land gelangt sein. Bei einigen Siedlungen wurden in den Aschenurnen auch Gegenstände gefunden, die den Verstorbenen lieb gewesen sein mochten und sie deshalb auch im Jenseits nicht vermissen wollten. Im vorigen Jahrhundert wurde im idyllischen Dorf Vače, das heute als der wichtigste eisenzeitliche Fundort gilt und auch als der geometrische Mittelpunkt Sloweniens GEOSS (geometrično središče Slovenije) bekannt ist, auf einem Gräberfeld unter anderem auch eine wunderschöne, geradezu prunkvolle Situla gefunden. Vače war zu jenen Zeiten, wie auch die Ringwallsiedlungen bei Most na Soči, in Negova, Šmarjeta, in Šmihel pri Hrenovici, in Ruše, Rožek und anderswo, eine blühende Siedlung, in der man Eisenerz schürfte, verhüttete und bearbeitete. Der sich mehrende Wohlstand wirkte sich auch auf den Geschmack aus. Die Bronzesitula mit ihren drei Reliefzonen, in denen Szenen aus dem Leben der Krieger und ihre Feste dargestellt sind, ist nämlich überaus schön und kostbar. Als „Situla aus Vače" wird sie im Nationalmuseum in Laibach aufbewahrt und ist ein wahres Heiligtum Sloweniens. Als dann noch einige Wissenschaftler erklärten, sie sei ohne Zweifel ein heimisches Werk vom Ende des 6. Jahrhunderts v. Chr., wurde sie auch in die mythische Schatzkammer der Verfechter jener Ansicht aufgenommen, nach der sie von den Venetern, die ja Vorfahren der Slowenen sein sollen, geschaffen worden sei. Worüber gewiß noch einiges gesagt werden müßte.

94 Gewiß, der Anblick des Krn mit seinen 2244 m an der slowenisch-italienischen Grenze ist überwältigend, doch ist die Kirche in Drežnica, so wie sie Mojmir Maraž aufgenommen hat, nicht auch beeindruckend?

DIE RÖMER KONNTEN SELBSTVERSTÄNDLICH NICHT STEHENBLEIBEN vor der Drehtür Europas, zu der und von der bereits viele Wege führten. Die meisten davon hatten wohl die Händler ausgetreten, die schon seit jeher ein feines Gehör für die Wünsche ihrer Kundschaft hatten. Wenn man richtig bedenkt, drehten sich die meisten um den heißbegehrten Bernstein. Seit Urzeiten lockte er Reisende von der Adria und Oberitalien durch das Laibacher Tor und durch die Ostalpen, über die Sudeten und Karpaten bis an die Ostsee. Und dann ging es wieder zurück, damit sich jemand, der sich das leisten konnte, mit dem Bernstein die Geneigtheit einer teuren, geliebten, begehrten Person erkaufen konnte.

Seit „jeher“ waren auch noch weitere Wege durch das heutige Slowenien bekannt. Im dritten Jahrhundert v. Chr. schrieb der griechische Dichter Apollonius Rhodos das Epos vom griechischen Helden Jason, der mit seinen Kameraden auszog, um das goldene Vlies des König Aetes in Kolchis unter dem Kaukasus zu erbeuten. Mit dem Vlies und der entführten Königstochter Medea flüchtete er vor den Verfolgern über das Schwarze Meer. Mit seinem Schiff Argo fuhr er die Donau stromaufwärts, dann auf der Save und schließlich auf der Ljubljanica, an deren Ufern er sogar eine Siedlung gegründet haben sollte, die spätere römische Stadt Emona. Bei Vrhnika, die, wie Plinius d. Ä. berichtet, drei Jahrhunderte später eben deswegen den Namen Nauportus erhielt, waren die Argonauten gezwungen, ihr Schiff auf Walzen zu legen und es durch die Adelsberger Pforte bis Timavo/Timava bei Duino/Devin zu ziehen, oder doch eher bis zum Wippach-Fluß, auf dem sie bis zum Isonzo bei Görz fuhren. Und von dort war es dann nicht mehr weit bis zur Adria und nach Hause. Kurzum, wenn schon die Griechen diesen Weg kannten, umso eher mußten die verhältnismäßig leicht zu bewältigenden Wege und die schiffbaren Flüsse die Römer angezogen haben, als ihre Zeit gekommen war.

Für die Römer mußten die Illyrer und Kelten mit ihren Angriffen auf dem Seeweg und ihren Raubzügen nach Oberitalien lange eine wahre Plage gewesen sein. Ein slowenischer Historiker vom Beginn des Jahrhunderts beschrieb dies, entsprechend den damaligen Wertvorstellungen, folgendermaßen: „Daher mußte es zur Entscheidungsschlacht zwischen den herrschsüchtigen Römern und den freiheitsliebenden Stämmen der Alpenländer kommen.“ Die Römer hatten im Jahre 181 v. Christi in diesem Sinne ihre Grenze mit der mächtigen Festung Aquileia abgesichert. Dann begannen sie systematisch mit den Altsiedlern abzurechnen, die sich erbittert zur Wehr setzten, eine Schlacht nach der anderen verloren, aber doch immer wieder angriffen. Bei einer solchen Gelegenheit sollen sie sogar die römischen Bürger und Kaufleute in Emona (heute Laibach/Ljubljana) und in Nauportus (heute Vrhnika) totgeschlagen haben und fast bis nach Rom vorgedrungen sein. Doch schließlich siegten doch die Römer.

Die unmittelbar an der Grenze zu Italien liegende Burg Socerb auf dem hoch aufragenden Felsvorsprung beherrscht die Bucht von Triest. Bis weit in die Neuzeit hatte sie immer wieder ihre Besitzer gewechselt, die von hier aus den Handelshäfen Triest, Venedig, Koper recht erfolgreich das Leben schwer machen konnten. (Wie alle graphischen Darstellungen stammt auch diese aus J. W. Valvasors „Ehre des Herzogtums Krain“).

DAS HALBE JAHRTAUSEND IM RÖMISCHEN KAISERREICH begann für einen Teil von Slowenien bereits um das Jahr 44 v. Chr., als Octavianus, der spätere Kaiser Augustus, bei Piv-

ka die Japoden und Latobiker besiegte. Endgültig begann es dann im Jahre 9 n. Chr., als die Römer die letzten Aufstände der Noriker, Pannonier und Illyrer niederschlugen. Das Land hatte aber schon Julius Cäsar gefallen. Das soll übrigens den Anstoß gegeben haben, daß ein ganzer Gebirgszug – die Julischen Alpen – nach Julius Cäsar benannt wurde. Der Paß über die Hrušica bei Col, der seinen strategischen Wert noch weit in die Zukunft behalten sollte, wurde ad Pirum Summer Alpes benannt. Das gesamte heutige Slowenien (Görz/Gorizia und Tolmin/Tolmein sogar schon hundertfünfzig Jahre früher) wurde sozusagen Teil eines Staates, der in seiner Entfaltung, Ordnung und Zweckmäßigkeit bestimmt den Höhepunkt der antiken Zivilisation darstellte.

Das Gebiet von Slowenien teilten die Römer in mehrere Provinzen: zu Venetien und Istrien gehörte das Küstenland bis zur Adelsberger Pforte, später sogar bis zu den Karawanken. Zu Pannonien, das auch das heutige Ungarn bis zur Donau einschloß, zählte Unterkrain und die östliche Steiermark, zur Provinz Norikum gehörten Kärnten und das Gebiet bis zur Donau. Viele der alten Siedlungen hatten die Römer auf ihren Eroberungszügen zwar zerstört, doch wurden viele davon wieder aufgebaut und erlebten z. B. als Claudia Celeia (Cilli/Celje), Poetovio (Pettau/Ptuj), Nauportus (Vrhnika), Emona (Laibach/Ljubljana), Tergeste (Triest/Trst), Piranum (Piran) eine neue Blüte. Die Kupfer-, Eisen- und Bleibergwerke der Urbewohner wurden erneuert und weitere erschlossen.

Die Römer überspannten das Land mit einem dichten Verkehrsnetz, führten ein staatliches Postbeförderungssystem ein, bauten Wasserleitungen (zu den längsten gehörte jedenfalls jene vom Pohorje-Gebirge bis nach Pettau), schufen Bäder, wußten die Thermal- und Heilquellen zu nutzen und legten Sümpfe trocken. Latein wurde zur lingua franca. Dennoch gaben die sich allmählich romanisierenden Altsiedler ihren Kindern immer noch die althergebrachten nichtlateinischen Namen. Überall verbreitete sich der römische Glaube, und auch orientalische Gottheiten wurden verehrt; am meisten der persische Gott Mithras, dem einige Weihestätten wie z. B. in Poetovio, Virunum, Emona und Črnomelj eingerichtet wurden.

DAS CHRISTENTUM machte sich in den ersten Jahrhunderten nur langsam bemerkbar. Im 4. Jahrhundert begann es sich dann rascher zu verbreiten, so daß es zur „endgültigen Abrechnung“ mit den Heiden kommen mußte. In der Schlacht gegen den fränkischen Heerführer Arbogast, der aus Gallien herbeigestürmt war und – indem er den Heiden Eugenius zum weströmischen Kaiser ernannte – alle Heiden für sich gewinnen konnte, siegte schließlich am 6. September 394 Theodosius, Kaiser der östlichen Reichshälfte und überzeugter Christ. Mit seinen Truppen war er aus Pannonien bis Wippach/Vipava marschiert, wo zum Endsieg aber auch ein orkanartiger Wind, die für das Küstenland typische Bora/burja, beigetragen haben sollte, der so stark geblasen hatte, „daß sie den feindlichen Soldaten die Schilder aus den Händen riß und ihre Speere und andere Geschosse wendete und sie zurück zur Armee des Sünders trieb“. Dies alles geschah beim „Fluvius Frigidus“, den Josip Gruden im Einklang mit den meisten seiner Kollegen für den Fluß Hubelj bei Ajdovščina hielt, während andere meinten, es handle sich um den Fluß Vipava/Wippach. Was es damals mit dem Wetter auf sich hatte, fragt sich keiner.

Kaiser Theodosius regierte danach in beiden Reichshälften, doch das Imperium begann bereits zu zerfallen. Ein Zeugnis darüber verfaßte der „gelehrte Dalmatiner“ und spätere Heilige, Hieronymus, der in den immer häufigeren Einfällen von Barbaren über den Limes hinweg den Untergang der römischen Kultur erahnte.

HIERONYMUS' ANGST UND KLAGE hat der Historiker Josip Gruden folgendermaßen übersetzt: „Mir graut. Schon mehr als zwanzig Jahre wird zwischen Konstantinopel und den Julischen Alpen täglich römisches Blut vergossen, Skythien, Trakhien, Moesien, Makedonien, Dardanien, Dazien, Thessalonike, Ahaia, Epirus, Dalmatien und sogar das große Pannonien wird von Goten, Sarmaten, Quaden, Alemannen, Hunnen, Wandalen und Markomannen geplündert, verwüstet, ausgeraubt und vernichtet. Viele edle Frauen, Gott geweihte Jungfrauen, viele vorzügliche und geistvolle Menschen wurden diesen Bestien zum Spielzeug, Bischöfe sind gefangen genommen, Geistliche und Priester ermordet worden. Die Kirchen sind niedergerissen, Pferde werden an den Altären angebunden, die Reliquien der heiligen Märtyrer ausgegraben und verstreut; überall hört man Weinen und Wehklagen, überall erblickt man Tausende Bilder grausamen Todes. Das römische Reich zerfällt . . .“

Anderthalb Jahrtausende später tönen aus denselben Gebieten ähnliche Klagen. Hunderttausende von Toten, unsagbare Erniedrigungen für die Überlebenden, Millionen Vertriebene. Anderen überirdischen Mächten geweihte Gotteshäuser und Altäre sind entweiht und das gesamte Geschehen wird anders benannt und anders gedeutet. Die chaotischen Jahrhunderte, die dem Zerfall des römischen Reiches folgten, zwingen uns die Frage auf, ob vor der Drehtür Europas denn nicht wieder und wieder – zwar unter anderen Namen, Vorzeichen und mit anderslautenden Erklärungen und Deutungen – die „ewiggleichen" Gefahren lauern und auch die stets gleichbleibende barbarische Lust, sich fremdes Hab und Gut anzueignen?

Das römische Erbe, das diesem Teil Europas und darüber hinaus der ganzen Welt zugekommen war, bleibt ein Memento des sich immer aufs neue und in alle Ewigkeit vollziehenden menschlichen Aufstiegs und Niedergangs.

DIE VOM FREMDEN EIGENTUM UND WOHLSTAND AUSGEHENDE ANZIEHUNGSKRAFT hatte die Feinde des blühenden römischen Kaiserreiches vermehrt. Ihre Überfälle wurden immer zahlreicher und ärger. Besonders gefährlich wurden die Hunnen, die unter ihrem „die Geißel Gottes" genannten Häuptling Attila auf dem Weg über das Gebiet des heutigen Slowenien die blühenden Städte und Festungen plünderten und alles Leben vernichteten. Mitte des 5. Jahrhunderts soll dann auch Emona gefallen sein. Das eigentliche Ziel der Hunnen war jedoch Aquileia.

Das Ende bereiteten dem römischen Reich im folgenden Jahrhundert germanische Stämme, darunter auch die Langobarden. Diese hatten sich für kürzere Zeit auch im Gebiet des heutigen Slowenien aufgehalten, wie es ihre Gräber in Krainburg/Kranj bezeugen. Der Großteil der germanischen Stämme verschwand im Nordwesten oder in Italien, wo sie sich romanisierten.

Die römische Bevölkerung konnte sich nur abseits der Hauptwege erhalten, über die die Barbaren nach Westen strömten. Sie verblieben als Enklaven längs der Adriatischen Küste, während über die „Völkerstraße", wie der slowenische Raum manchmal auch genannt wird, von allen Seiten Völker strömten, die die Hunnen und Goten von ihren einstigen Heimstätten vertrieben hatten. Schließlich schlossen sich dem Völkerstrom, den wir heute die Völkerwanderung nennen, auch die Slawen an, darunter auch jene, von denen die heutigen Slowenen abstammen.

Untersuchungen zeigen, daß sich zur Zeit der westslawischen Einwanderung auf einem Gebiet von rund 70.000 km^2 an die 200.000 Menschen niederließen. Jenen, die in Slowenien verliebt sind, ist vollkommen klar, daß sich die slowenischen Ahnen hier niedergelassen haben, weil sie, als arge Sünder, lieber schon auf Erden in einem Paradies leben wollten. Skeptiker neigen eher zur Vermutung, daß die Slowenen hierbleiben mußten, weil es ihnen trotz einiger blutiger Versuche nicht und nicht gelingen wollte, weiter nach Westen und nach Norden vorzudringen. Zurück in die Urheimat hinter den Karpaten zog es sie auch nicht besonders, und selbst dorthin hätten sie sich ihren Weg teuer erkaufen müssen.

Diese Zwangslage deutete man im Laufe der Zeit zum nationalen Schicksal um. Kurzum, nachdem die Slowenen ihr erstes Wunder erlebt hatten und im Himmel unter dem Triglav angelangt waren, mußten sich die folgenden Generationen immer neue Tricks einfallen lassen, um in ihm auch verbleiben und bestehen zu können.

Das romantische Schloß Otočec, inmitten des Krka-Flusses unweit von Novo mesto wurde im Zweiten Weltkrieg zerstört. (Aus J. Valvasors „Ehre des Herzogtums Krain")

DAS WUNDER UNTER DEM TRIGLAV

WIE DIE SLOWENEN ÜBERHAUPT SLOWENEN GEBLIEBEN SIND ist eine Frage, die selbst die kühlen Engländer als „sehr interessant" bezeichnen würden, ungeachtet der Tatsache, daß sie sehr relativ ist. Sie kann sich eigentlich nur auf die noch nicht entfremdeten Slowenen beziehen, wie wir Slowenen den Umstand befinden, wenn einer von uns eine andere Sprache als seine eigene annimmt und sich damit seiner nationalen Individualität entsagt und zu einem anderen, einem „Fremdling wird". Die Sprache ist nämlich das einzige, die uns als Angehörige der slowenischen Nation ausweist, wenn wir uns nach dem 18. Lebensjahr persönlich in diesem Sinne erklären und auch als solche fühlen. Seit der massiven Einwanderung und Ansiedlung bis auf den heutigen Tag gab es stets welche – zahlenmäßig zwar nicht genau feststellbare, doch gewiß etliche – die nolens volens ihre slowenische Volkszugehörigkeit für eine andere eintauschten. Dennoch gibt es verwunderlich viele, die sich – im Mutterland verblieben oder in einer weltweiten Diaspora – durch Sprache und Rede als Sloweninnen und Slowenen ausweisen.

Wie geschah dies Wunder? Eine der Erklärungen lautet: „Noch bevor sich die Slowenen hier niederließen – doch auch danach – war der gesamte Raum an der Sonnenseite der Alpen ein riesiges Schlachtfeld und Verkehrsknotenpunkt . . . Es kamen, gingen und vergingen die illyrischen und keltischen Stämme, die Latiner, Ostgoten, Langobarden, Awaren und die Hunnen. Die Ankommenden töteten die Vorherigen, schändeten die Frauen und raubten alles was ihnen unter die Finger und die Hufe ihrer Pferde kam und ließen sich nieder – bis zum Nächstfolgenden – der früher oder später auf die gleiche Weise vorging. Wer durch Zufall überlebte, suchte Zuflucht in den Bergen – in den Refugien. Noch heute sind die malerischen Überreste eines solchen auf der 100 m hohen Spitze der Ajdna über Aßling zu sehen. Sogar auf dem abgesicherten Wanderweg gelangt man nur mit einiger Mühe ans Ziel, und dennoch haben sich ihre ersten Benützer hier Wohngebäude und eine Kirche errichtet. Hier sammelte sich dann in Generationen die Erfahrung gleicher oder wenigstens ähnlicher Schicksale und verband sich zur Überzeugung, „daß das Leben lebensgefährlich ist und daß nur jene überleben, die unbemerkt bleiben, sich besser zu verbergen wissen, die sich bemühen die Sprache der Reisenden und Zuwanderer zu sprechen, um ihnen behilflich zu sein weiterzuziehen – je früher desto besser. Zugleich kann er sich im Stillen ja das seine denken . . ."

DIE NATIONALE CHARAKTERISIERUNG, die Sie eben gelesen haben, stammt von Matjaž Kmecl, einem der vier ersten demokratisch gewählten Vizepräsidenten der Republik Slowenien. Veröffentlicht wurde sie unlängst im Buch „Slowenien aus der Vogelperspektive". Noch ein Jahr zuvor hätte sich dieser „angesehene Kenner der slowenischen Landschaft, Vergangenheit und Kultur" solche Überlegungen wahrscheinlich nicht leisten können. Der allgegenwärtigen kommunistischen Parteipropaganda war es nämlich recht gut gelungen, die selbstgefällige Überzeugung zu verbreiten, daß sich die Slowenen im Zweiten Weltkrieg mit ihrem Kampf gegen die Besatzungsmacht „aus dem Volk der Knechte – zum Volk der Helden" geläutert hätten! Die totalitäre Mentalhygiene, anderswo nennt man es Gehirnwäsche, bemühte sich – „gesellschaftlich vorbeugend" ausgerichtet, wie sie es stets war – jede Ansteckung mit virulent-skeptischen Gedankengängen hinsichtlich der Parteipläne zu verhindern. Andersartige Kritik konnte, kommentarlos und nicht vorgekaut, offiziell nur in den internen Bulletins unterschiedlicher Vertraulichkeitsgrade erscheinen, die sich nach außen durch ihre Farbe unterschieden. Das „gefährlichste" war das „schwarze" Bulletin. Herausgeber war die auf Spionage ausgerichtete Nachrichtenagentur Tanjug, die die strengstens vertraulichen Bulletins sogar auf besonderen Telekommunikationskanälen an handverlesene Adressen versandte.

In einer derartigen Atmosphäre, hätte sich bei Matjaž Kmecl höchst wahrscheinlich automatisch die Selbstzensur mit ihren wohltuenden analgetischen Wirkungen ausgelöst. Wäre dies nicht geschehen und hätte das System der totalen Bespitzelung die Schreibereien des Kmecl erst entdeckt, nachdem er sie für die Veröffentlichung übergeben hatte, hätte das mit unsäglicher Mühe anerzogene nationale Selbstbewußtsein – je nach Zeitpunkt der Entdeckung – die Zensurierungsinstinkte der Redakteure, der Setzer oder der Korrektoren geweckt. Wie tief dies in uns eingedrungen war, zeigt auch jetzt noch der, allerdings renovierte selbstkritische Sinn „für ein rechtes Maß" bei Matjaž Kmecl selbst, obwohl wir nun schon seit Jahren „demokratische Zeiten" durchleben.

„Mit einem normalen Ehrgefühl stimmt die Sache nicht ganz überein", hatte Matjaž Kmecl nämlich moralisierend hinzugesetzt und als Rechtfertigung angefügt: „Es war dies eben eine Überlebensweise . . ." Die Wissenschaft hält nicht besonders viel von einer Volks-Charakterologie, doch könnte ein derartiges Urteil, wie ich die Sloweninnen und Slowenen kenne, einige von ihnen auch verletzen. Doch bevor wir uns Matjaž Kmecls Bewertung genauer ansehen, wollen wir uns durch die anderthalb Jahrtausende slowenischen Überlebenskampfes durcharbeiten.

VON WO, WANN UND WIE KAMEN DIE VORFAHREN DER SLOWENEN in den heutigen slowenischen Lebensraum, ist immer noch nicht ganz klar. Alle mit etlichen Dilemmata verbundene Antworten, verbleiben mehr oder weniger unverbindlich und erfordern weitere Untersuchungen. Der einzigen deutlich erkennbaren Hinterlassenschaft – der römischen – wurde viel mehr Aufmerksamkeit gewidmet, als der darauffolgenden Einwanderung und Ansiedlung der slowenischen Stämme. Zugleich unterließen es die (vermutlich) slawischen Nachfahren, bei der Suche und Aufdeckung eventueller „gemeinsamer Wurzeln", ihre Forschungen gemeinsam abzusprechen und zu koordinieren.

Die meisten Informationen über die Slawen, zu denen eo ipso, stets auch die Slowenen gezählt wurden, boten die lateinischen Schriftquellen über die Kämpfe und anderen Begegnungen mit den: Sclavi, Sclavani, Sclaveni, Sclavini etc. benannten Barbaren. Es ist nicht auszuschließen, daß ursprünglich Sklaven so bezeichnet worden waren und entsprechend einigen Erläuterungen ist durch Metonymie diese Bezeichnung für versklavte Slawen allmählich auf alle Angehörige slawischer Stämme übergegangen.

Nach anderen Deutungen wurde im Englischen „Slawe" das synonym für Sklave, Sklaverei, Diener aber auch für Gottlose, Gewissenlose und Speichellecker, für alle die sich mühelos unterordnen. Websters Wörterbuch der englischen Sprache strotzt vor zeitgenössischen Anwendungen dieses Synonyms, wie folgende: „Slaves in Pentagon worked night and through the holidays to revamp the budget/Die Slawen/Sklaven im Pentagon arbeiteten nachts und an Feiertagen um das Budget umzumodeln". Die Italiener und Friulaner nannten – vom Lateinischen abgeleitet – die Slawen: Sclavani, Sclaboni, Schiavoni. Die Slowenen werden von den Chauvinisten jenseits der Grenze heute noch mit dem Schimpfwort: „s'ciavi" (Sklaven, Knechte, Tunichtgute) bedacht. Als eine Art Sprachdenkmal kann in dieser Hinsicht in Venedig die Riva degli Schiavoni dienen, zu der gefangene Slawen gebracht und als Sklaven verkauft wurden.

WAREN DIE VENETER VORFAHREN ODER NUR NAMENSGEBER, werden sich noch lange jene fragen, die gerne alle Umstände herausfinden möchten, durch die die westlichsten der slawischen Vorfahren und dann noch ganz besonders die Slowenen zu Namen wie: Vinades, Vinadi, Win(e)di, Windi, Wenden, Veneter u. ä. gelangten. Die Geschichtsquellen – die meisten schrieben damals Tacitus d. Ä., Plinius, Ptolemäus und Procopius – führen nämlich an, daß Menschen mit diesen Namen südlich der Ostsee in den Flußgebieten der Oder, Neiße und Weichsel gelebt hatten. Rund 1.200 Jahre v. Chr. sollen sie begonnen haben, in verschiedenen Richtungen abzuwandern. Beweis dafür sollte die Verbreitung der „Lausitzer Urnefelderkultur" sein, deren Anfängen in der zwischen dem heutigen Polen und Deutschland liegenden Lausitz allerdings an die hundert Jahre mehr zugeschrieben werden.

Jüngere venetische Überreste sollen im Osten im Donaugebiet bis Djerdap, am Schwarzen Meer und sogar in Kleinasien entdeckt worden sein, im Westen sogar bei den Bretonen an der Atlantikküste. Im Süden sollten sie über die Alpen bis an die Adria vorgedrungen sein und dann über den Apennin sogar bis zu den Etruskern und noch weiter bis nach Sizilien.

In Slowenien waren unter den vorgeschichtlichen Völkern die Veneter, die (vorläufig) einzige Gemeinschaft, die Inschriften in ihrer eigenen Schrift hinterlassen haben. Peter Petru berichtete von Ausgrabungen in den Höhlen von Škocjan, von undeutbaren Schriftzeichen aus Sučica bei Dolane, von Inschriften auf einem Bronzehelm aus Vače und auf den Helmen aus Negova. Das alles spricht gewiß dafür, daß sie von Schreibkundigen für Leute geschrieben wurden, die offensichtlich lesen konnten. Dies führt weiters zum Schluß, daß jene die sie schrieben, „nicht die Sprachen ihres Umfelds übernahmen, sondern einen eigenständigen Ausdruck mit den ihnen eigenen schöpferischen Ausdrucksfähigkeiten suchten".

In der slowenischen Hallstattzeit entdeckte P. Petru deshalb eine Art „Renaissance der Urgeschichte".

„DAS BETONTE WOLLEN BEI DER GESTALTUNG EINES EINGENSTÄNDIGEN AUSDRUCKES" schrieb P. Petru „offenbaren die Kulturen mehrerer urgeschichtlicher Völker unseres Raumes, die zäh auf ihrer Wirtschaftsstruktur beharrten, ein unverrückbares Gesellschaftssystem beschützten, ihre materielle und geistige Kultur bewahrten und keiner Vereinheitlichung verfielen, sondern ihre verschiedenen Sprachen und ihre andersartige Denkweise bewahrten. Ihre eigenständige Kultur führte zu hohen Errungenschaften des sich frei entwickelnden Geistes und der ihm eigenen schöpferischen Fähigkeiten."

Der Sattler aus Jost Ammans Beschreibung der Stände (1568)

Trotz dieses Hohelieds auf die überwiegend auf Weidewirtschaft, Jagd und Anbau von Hülsenfrüchten aufbauende illyrische Kultur und Zivilisation, sind es aber die Kelten, die ein Recht auf Anerkennung haben. Ihre erste Welle hatte Slowenien rund dreihundert Jahre v. Chr. erreicht. Die zweite, ergiebigere war hundert Jahre später erfolgt und auf den Widerstand der in Venetien und Aquileia und der über das Pohorje-Gebirge hinweg bis nach Unterkrain siedelnden Völker des damaligen Königreichs Noricum gestoßen. Die Kelten hinterließen – um nur die wichtigsten zu nennen – eine fortschrittlichere Kriegsausrüstung, andersartige Schmuckformen und eigenartig verzierte Töpferwaren, wie auch weitere keltische „Erfindungen" nicht übersehen werden sollten – die Seife und die Hose.

Diese zivilisatorischen Errungenschaften sollen auch die Veneter übernommen haben, die trotz allen Mischens eine (nicht)slawische Ethnie indoeuropäischer Herkunft geblieben sein sollen. Es bestehen allerdings auch Überlegungen, daß sie sich später vollkommen slawisiert hätten. Diese Annahme sollen die Wurzeln einiger Worte moderner Sprachen begründen und so die Vermutung festigen, daß es sich um „das erste Volk handelt, das in Mitteleuropa aus dem indoeuropäischen Volk hervorgegangen war." Beweise dafür böten Ortsbenennungen slawischen Ursprungs jenseits des „östlichen Limes" – der einstigen langobardisch-etruskisch-venetischen bzw. römischen Grenze, mit der auch die heutige friaulisch-italienische Sprachgrenze zu Slowenien übereinstimmt. Damit aber sind derartige Beweisführungen noch keineswegs erschöpft: besonders ergiebig und rührig argumentiert wurde während der Verselbständigung Sloweniens und unmittelbar danach. Damals begeisterten sich viele Slowenen vor allem für jene Beweise, die den Slowenen einen anderen Ursprung bezeugten, als den übrigen Völkern des einst gemeinsamen Staates Jugoslawien. In den besagten und ähnlichen Umständen wurden derartige euphorisierende Forschungen auch bei den benachbarten Kroaten angestellt. Einige der dortigen Wissenschaftler betonen gerne die indogermanisch-iranische Herkunft des Namens Kroatien und noch weitere – den augenblicklichen politischen Allianzen und Orientierungen dienliche – Mischungen. Die blühendste Phantasie in dieser Hinsicht hatten jedoch einige nationalistische Wissenschaftler aus Serbien. Schon längst haben sie in den Serben die Nachkommen der Soraben erkannt, des allerersten Volkes, des „Urvolkes" des Planeten Erde. Die Urvorfahren sollten auch den Untergang von Atlantis überlebt haben, alle indoeuropäischen Sprachen sollen aus der se/or(a)bischen „Ursprache" hervorgegangen sein; also sind die Se/or(a)ben auch die ersten Menschen!

„DER HAUPTBEWEIS FÜR DIE UNMITTELBARE VERBINDUNG ZU DEN VENETERN" sollte das „vene(t)" im Namen „Slo-vene-c/Slowene" sein! Überzeugend sollte auch der Name sein, mit dem sich die westlichsten Slowenen an der friaulisch/italienisch-slowenischen Grenze selbst bezeichnen, wo sie seit 1866 innerhalb der Grenzen Italiens leben: nämlich als Beneški Slovenci/Vene-zische Slowenen (Bene = vene) oder auch als Bene-čani/Vene-zier. Ihre engere Heimat bezeichnen sie mit Bene-čija/Vene-zien, deren Hauptstadt die berühmte Serenissima – Bene-tke/Vene-dig ist. Es bedarf keines sehr feinen Gehörs, um eine onomatopoetische Verbindung zu „Vene-ter" festzustellen.

Neuere Untersuchungen bestätigen jedenfalls die Annahme, daß während der großen Wanderung der Hauptteil der heutigen Bewohner Sloweniens über die „Bernsteinstraße" gekommen war – dem uralten Handelsweg, der die gesamte damals bekannte Welt schon lange zuvor verbunden hatte. Diesen Weg sollten sehr viel früher auch die Veneter eingeschlagen haben um dann über die Alpen bis an die Adria zu gelangen. Die ostslawischen Ethnien: die Russen, Weißrussen, Ukrainer, Ruthenen verblieben jedoch in ihren angestammten Siedlungsgebieten. Die südslawischen Völker: die Kroaten, Serben, Makedonier und Bulgaren – letztere angeblich mongolischer Herkunft – sollen im Balkan eingefallen und gegen Byzanz gezogen sein. Den Westslawen müßten neben den Tschechen, Slowaken, Polen und Wenden bzw. Lausitzer Sorben auch die Vorfahren der Slowenen zugerechnet werden, teilweise vielleicht auch die Kroaten.

Einen der Beweise hinsichtlich der Slowenen sollte der Name Wende bzw. Vende sein,

95 Die 20 Jahrmillionen währende Verkarstung begann bereits im Mesozoikum, im miozänisch-pliozänischen Zeitraum, und zwar – wie Anton Melik sagt – in jenen Bereichen, die sich als erste und am höchsten angehoben hatten und also unbedeckt waren; danach griff (im Einklang mit der Geländeanhebung) die Verkarstung auf die tiefer liegenden „Geschosse" über. Eine wesentliche Rolle spielte dabei die Reinheit des Kalksteins; je mehr Beimengungen im Kalkstein sind, desto weniger ist das Gelände der Verkarstung unterworfen. Auch dort, wo das Wasser rascher abfließen kann, ist die Oberflächenverkarstung geringer als auf ebenen oder nur leicht geneigten Flächen, wo das Wasser länger steht und sich dann seinen Weg in das Innere sucht. Die Entstehung des Karst-Reliefs mit den kennzeichnenden Einbruchtrichtern, Dolinen, Talschlüssen, Uvalen, Schachtdolinen, Abgründen, Trockentälern etc. hängt vom Grad der Undurchlässigkeit der oberen Schichten ab. Das „mehrgeschossige" Slowenien verdankt seine Entstehung auch der Konfiguration der unteren Schichten mit ihren Aufschiebungen und Störungen.

96 Zuerst wurden die Gesteine tief unter dem Meeresspiegel in langen und verhältnismäßig dünnen Schichten waagrecht „gestapelt". Durch mehrere zehn und hunderte Jahrmillionen erschütterten tektonische Kräfte die Erdkruste, übten auf sie ungeheuren, in verschiedene Richtungen verlaufenden Druck aus und verursachten riesenhafte Überschiebungen und Faltungen, die wiederum durch ihr Eigengewicht weiter in verschiedene Richtungen drängten und drückten und aufgebrochene, zerrissene und wie aneinander- und übereinandergedrängt erscheinende Falten formten. Die auf dem Grund des Tethys-Mittelmeeres in Jahrmillionen angesammelten Sedimente hoben sich dann im Eozän verfestigt an die Oberfläche. „Der versteinerte Augenblick" ist nur eines der meisterhaften Aufnahmen, für die Bogdan Kladnik bei unserem Preisausschreiben auch die meisten Anerkennungen erhielt.

wie die Germanen die Slawen genannt hatten und wie noch vor kurzem die Ungarn die als Minderheit an der Raab um Szengothard (Vende videk) lebenden Slowenen (Vende) bezeichnet haben. Der Wortursprung sei im Zeitwort weiden und im Wort Hirte zu suchen, und im Weiden/Hirten. Für die slowenische Minderheit in Kärnten wird das Adjektiv windisch gebraucht – manchmal auch als Schimpfwort.

Viele Vorfahren der heutigen Slowenen und Kroaten kamen vermutlich auch über das Donau- und Save-Gebiet sowie entlang der Adria aufwärts. Als nach dem zweiten Jahrhundert n. Chr. die Germanen aus dem Raum an der Oder und Elbe nach Westen aufbrachen, griff – nach bisher bekannten Quellen – die Auswanderungsepidemie rasch um sich. Es ist nicht ausgeschlossen, daß es Völkerwanderungen auch schon lange zuvor gegeben hat. Die Szenen, wie sie seither von der Geschichtsschreibung geschildert werden, sind zwar nicht von den CNN-Kameras eingefangen worden, sie werden aber wohl nicht weniger beredt gewesen sein, wie z. B. in Veljko Bulajić's Film: „Der Zug ohne Fahrplan". Er ist eine „Saga" über die serbische Wanderung vom steinigen Karst auf die fruchtbaren Felder in der Vojvodina, aus der nach dem Zweiten Weltkrieg Hunderttausende Deutsche vertrieben worden waren, „weil sie mit den Nazisten kollaboriert hatten." Niemand sah in dieser drakonischen Vergeltungsmaßnahme für alles von den Nazisten verübtes Leid die eigenartige Vorwegnahme von ethnischen Säuberungen und Eroberungen neuen Lebensraumes, die die Groß-Serben in Titos Reihen durchführten, nachdem es ihnen in den folgenden Jahrzehnten gelungen war demographisch zu überwiegen.

Wer hätte damals den Patriotismus der Organisatoren solcher Säuberungen angezweifelt? War nicht zu Beginn des Jahrhunderts auch der slowenische Historiker Josip Gruden, der mit seinen Schriften gewiß viele Generationen beeinflußte, seinen panslawistischen Regungen unterlegen, als er schrieb: „Die Slawen haben, ein Stamm nach dem anderen, diese Gebiete ruhig und friedlich eingenommen". So glatt war es wohl nicht gegangen. Hätte es in jenen längst vergangenen Zeiten schon das „schwarze Bulletin" der Nachrichtenagentur Tanjug gegeben, hätte es im Jahre 584 wohl folgenden Bericht des syrischen Chronisten Johannes aus Ephesos enthalten: „Im dritten Jahr nach dem Tode Kaiser Justinus macht sich das verfluchte Slawenvolk auf den Weg, durchquert Griechenland und die Landschaften Thessaliens und Thrakiens. Erobert viele Städte und Festungen, zerstört, brandschatzt und raubt; frei und furchtlos haust und waltet es im Lande, als wäre es daheim ... Sie bereichern sich durch Raub, Mord und Feuer, sie haben viel Gold, Silber, Pferdeherden und Waffen, sie beherrschen die Kriegsführung sogar besser als die Römer..."

DIE ZWEITE GROSSE VÖLKERWANDERUNGSWELLE, bei der alles auf „breiter Front" von Nordeuropa bis Kleinasien stattfand, begann um das Jahr 550. Wie es uns die Geschichte lehrt, kamen die westslawischen Vorfahren damals über Mähren bis zur Donau in Ober- und Niederösterreich und ließen sich allmählich entlang der Mur und ihrer Zuflüsse in den Ostalpen und nach Süden in Richtung des heutigen Slowenien nieder. Wahrscheinlich war es kein wohldurchdachtes und langfristig geplantes strategisches Vorhaben, die Raubzüge und Überfälle waren wohl eher die Folge augenblicklicher „Eingebungen" und taktischer Operationen für ein kurzfristiges Fortkommen.

Anton Melik stellt in seiner Monographie fest, daß sie sich vor allem an jenen Orten niederließen, die sie bei ihrer Ankunft bestellt bzw. zu Feldern, Wiesen und Weiden erschlossen vorgefunden haben; ungeachtet ob die dazugehörigen Heimstätten erhalten oder zerstört waren. In bewaldeten Gegenden sollen sie sich weder niedergelassen, noch sie durch Rodung und Bereinigung kultiviert haben. Das Fortdauern der Siedlungen war ohne Zweifel mit dem Weiterbestehen der Fluren verbunden.

Nach verhältnismäßig glaubwürdigen Geschichtsquellen sollten die westslawischen Vorfahren der heutigen Slowenen bis 580 die Gebiete an den Flüssen Savinja und der Oberen Save besiedelt haben und bis 590 jene an der oberen Drau/Drava und der Gail/Zilja. Im Jahre 593 wurden sie an der oberen Drau von den Bayern schwer geschlagen, was sie ihnen aber zwei Jahre später mit Hilfe der Awaren heimzahlten. Gemeinsam mit diesen Verbündeten sollen sie 598 in das byzantinische Istrien eingedrungen sein und nachdem sie den „weichen Bauch" entdeckt hatten, begannen sie über das Wippach-Tal nach Italien vorzudringen. Im Jahre 611 sollen sie – wiederum gemeinsam mit den Awaren – ganz Istrien ausgeraubt haben und in Friaul eingefallen sein, wo sie besonders in Cividale/Čedad in schlechtester Erinnerung geblieben sind.

DIE ENDGÜLTIGE ÜBERMACHT DER SLAWEN, die zum Unterschied zu allen anderen Migrierenden allmählich zur demographischen Mehrheit wurden, ist noch immer nicht genügend untersucht. Die Wissenschaft erklärt sie sich mit dem Umstand, daß vor allem die Hunnen vieles vor den Slawen „bereits bereinigt hatten", indem sie römische Städte und Stellungen eroberten und zerstörten. „Ein großer Teil der Bevölkerung war bereits vor ihrer Ankunft geflo-

97 Selbstverständlich erweckten die Karst-Phänomene und Prozesse schon seit langem allgemeines Interesse. Erstmals versuchte man sie gerade hier, im küstenländischen Karst zwischen dem Wippach-Tal und Triest, zu erfassen und zu deuten. Die Benennungen und Ausdrücke, die dabei aus dem lokalen Sprachgebrauch übernommen oder neu geprägt wurden, sind heute in fast alle Sprachen eingegangen, beginnend mit der Bezeichnung „Karst", wie der slowenische Kras auf (alt-österreichisch) Deutsch benannt wurde. Wo immer in der Welt verwandte Karstphänomene entdeckt wurden, werden zur Identifizierung und Beschreibung die erstmals in Slowenien erarbeiteten Feststellungen und die aus den volkstümlichen slowenischen Bezeichnungen entstandenen Ausdrücke und Benennungen verwendet, wie etwa: vrtača/dolinenartiger Einbruchstrichter, Doline, Uvala, Polje, Sicker- oder Schwindfluß, Höhle u. ä. Auf dem Bild: die „Ajdovska deklica" (die Heidenjungfrau) im Wippach-Tal.

98 Überhaupt geschehen in dieser Unterwelt zahlreiche Wunder, die man besser „vor Ort" beschreiben und erklären könnte. Aufmerksamkeit verdient das hydrologische System des Karstes sowie die drei unterirdischen Wasserscheiden, die irgendwo zwischen Adelsberg, Ilirska Bistrica und Divača, auf sehr kleinem Raum „stattfinden". Es wäre schon wissenswert, warum die unterirdischen Bächlein, Rinnsale und Flüsse, die alle als Tröpfchen beginnen, plötzlich an einer Stelle „umkippen" und sich „entschließen", entweder gegen den Golf von Triest oder die Kvarner-Bucht zu fließen.

99 Irgendwo um Adelsberg verläuft auch die „bedeutendere" Adria-Schwarzmeer-Wasserscheide. Diese unterirdische unbekannte Größe, die manche schon geraume Zeit sogar mittels eines schiffbaren Kanals zwischen den beiden Flußgebieten „bewältigen" und so die Adria mit dem Schwarzen Meer verbinden wollen, wurde schicksalhaft für einen Teil des geschlossenen slowenisch ethnischen Gebietes. Gemäß dem Londoner Geheimabkommen (1915) sollte das westlich dieser Wasserscheide liegende Gebiet Italien zufallen, als Belohnung der Verbündeten für den Kriegseintritt Italiens. Da nun die hier ihren Weg ins Schwarze Meer beginnenden Gewässer auf dem karstigen Gelände mehrmals versickern, um dann nach einigen Kilometern weiter im Osten neu zu „entspringen", suchten die italienischen Truppen, die äußerste östliche „Wasserscheide" – zwischen Logatec und Vrhnika (beide Orte waren überdies auf den Grundfesten zweier römischer Städte erbaut worden). Für den „Irrtum" hatte sich Rom angeblich später sogar entschuldigt.

100, 101 *Allen Anschein nach stellte das Land seit jeher eine Welt für sich dar. Hinein oder darüber hinweg führten Güteraustausch, aber auch Eroberungsgelüste. Es war, trotz undurchdringlicher Wälder und sumpfiger Ebenen – ein verlockend offenes Durchzugsgebiet für die Bewohner der benachbarten Gebiete, die mit ihren unterschiedlichen Zivilisationen ebenfalls eigenständige Welten waren.*

102, 103 Als „Revolution des Seßhaftwerdens" könnte man all jenes benennen, was die Erbauung dieser Dauerbehausungen mit sich brachte, die an seichten Flüssen, Seen und in Mooren, unweit der festen Ufer, angelegt wurden; an Stellen, die durch ihre Konfiguration eine Art natürliche Festungen darstellten und somit gut zu verteidigen waren. Spuren dieser frühen Siedler wurden unter anderem an den Ufern des einstigen großen Sees, des heutigen Laibacher Moors, am Rande des periodischen Sees von Cerknica, des Keutschacher Sees/Hodiško jezero, des Wörthersees/Vrbsko jezero und noch anderswo gefunden. Das Bild unten zeigt eines der Schlundlöcher.

104 Der periodische See bei Cerknica wurde durch das Verdienst von J. W. Valvasor weltbekannt und er selbst wegen der Beschreibung dieses Naturwunders in die Londoner Royal Society aufgenommen. Es gab Zeiten, wo jede Landkarte der Gebiete des heutigen Sloweniens in einem besonderen Rahmen auch das Bild dieses Sees zeigte. Das einstige Interesse, wenn auch nicht den einstigen Ruhm, sollen organisierte Besuche und Beobachtungen von besonderen Beobachtungsstellen aus wieder wecken. Das Bild zeigt noch eines der Wunder dieser Gegend, den Rakov Škocjan.

105 Um die Geschichte von der geomorphologischen Ausgestaltung der slowenischen Landschaften abzurunden, müssen noch einige Worte von den Wundern des Karstes und vom „mehrstöckigen" Slowenien hinzugefügt werden. Schließlich nimmt der Karst im geologischen Sinn des Wortes mit seinem Kalkboden einen ganz beträchtlichen Teil der Gesamtoberfläche Sloweniens ein. In seinem Bereich befindet sich auch der Eingang zur Pivka-Höhle. Der Kalkstein ist bekanntlich ein poröses, von kleinen Löchern und Rissen durchsetztes Gestein. Das Wasser fließt also nicht nur entlang der Oberfläche ab, sondern versickert auch in das kalkige Erdinnere. Der im Wasser leicht lösliche Kalkstein wird vom Wasser mittels CO_2 *angegriffen, zerfressen und als Lösung abgeschwemmt.*

106 Hinsichtlich der kalkigen Weiten Sloweniens kann ohne Übertreibung behauptet werden, daß ein großer Teil Sloweniens, seit es endgültig dem Tethysmeer entstiegen ist, dauernd „angegriffen" wird. Die Geologen entdecken in den „unteren Geschossen und im Kellerbereich"– in den Tiefen des jetzigen Reliefs – auch Einwirkungen des Wassers und des CO_2 aus den Zeiten früherer Hebungen und Senkungen des Meeresbodens. Es ist nicht auszuschließen, daß Slowenien eines Tages seiner „behördlich" ausgerechneten Oberfläche noch jene Quadratkilometer hinzufügen wird, die sich unter der Erdoberfläche befinden.

107 Bekannt wegen ihrer Schönheiten, vor allem wegen ihrer riesenhaften Tropfsteinskulptur „Kalvarie", ist Križna jama, die 8 km lange Schauhöhle auf der Hochebene Bloška planota. In ihr befindet sich auch der Stollen des Höhlenbären (Ursus spelaeus). In einer Beschreibung desselben kann man lesen, daß „dieses Raubtier dem Menschen sehr nützlich war: als Nahrung, als Bekleidung und als Grundstoff für Werkzeuge". Also war der Bär, wenigstens in zwei Fällen, dem Menschen nützlicher als der Urmensch dem Bären. Dieser Tatsache entspricht auch der Fund von mehr als hundert Bärenskeletten im Stollen, der als eine Art Metzgerei für die breitere Umgebung gedient haben mochte.

108 Der Karst milderte also die Wohnungsnot, sollte es sie überhaupt gegeben haben. Die damaligen (vorslowenischen) Bergliebhaber haben sich auch in den Alpen in recht luftigen Höhen von 1.500 m niedergelassen. Bekannt ist die altsteinzeitliche Höhle in Mokrice über Kamniška Bistrica und etliche weitere, wie bei Nevlje, wo auch das ungefähr 30.000 Jahre alte prächtige Mammutskelett gefunden wurde. Neben der berühmten Schauhöhle Škocjanske jame und den Höhlen um Adelsberg wurden noch weitere Wohnadressen des altsteinzeitlichen Menschen ausfindig gemacht.

109, 110 Die unberührte zerbrechliche Schönheit der Aragonitkristalle zeugt von der Rücksicht und Behutsamkeit der recht zahlreichen Höhlenforscher, die auf Schritt und Tritt etwas Neues entdecken. Manchmal können sie sich an ihren unerwarteten Entdeckungen gar nicht satt sehen.

111 Eines der bekanntesten slowenischen Naturwunder ist der Proteus anguinus der Grottenolm – slowenisch heißt er „močeril" auch „človeška ribica/das Fischmenschlein". Über ihn wurden schon viele gewichtige Bücher verfaßt. Auch J. W. Valvasor hat vom „Drachenjungen", wie er es nannte, gehört, doch nicht so recht daran geglaubt. Dieses einzigartige 25–30 Zentimeter lange Höhlenwirbeltier atmet durch Kiemen, die sich knapp hinter dem birnenförmigen Kopf befinden. Seinen Körper bewegt dieses seltsame Tier mit Hilfe von vier Füßchen fort, an deren Enden drei kleine Finger zu erkennen sind. Fortpflanzungsfähig wird es erst mit vierzehn Jahren, und es wird angeblich bis zu hundert Jahre alt.

112 – 114 Wieviel Zeit vergehen muß, bevor im „Gußwerk Karst" aus Sandkörnern eine solche Kugel entsteht, könnte man, wenn alle Elemente bekannt wären, natürlich ausrechnen. Jedenfalls hat es unendlich lange gedauert, und darum sind sie auch sehr kostbar – kein Wunder, daß sie Höhlenperlen genannt werden. Ein ehrwürdiges Alter haben auch die „Pfannen" in den Höhlen von Škocjan erreicht und auch der Kamm, den Mutter Natur für den Kaiser der Unterwelt gestaltet hat.

115 Im grünlichen Flyschlehm der Adelsberger Grotte wurden auch Knochen vom Flußpferd gefunden. Zum großen Leidwesen der heutigen Fremdenverkehrsexperten ist es leider schon seit langem verschwunden, wahrscheinlich zugleich mit dem See, der in jener sehr warmen Zeit das Pivka-Becken füllte, und kann also nicht mehr zum einschlägigen Angebot der Karstregion beitragen. Kaum 100.000 Jahre jünger sind die Werkzeuge, Feuerstättenspuren und die verstreuten Reste von „Gelagen" des Urmenschen aus der älteren Steinzeit, die in der Nähe im Betalov spodmol/Betal-Halbhöhle bei Adelsberg, entdeckt wurden. Schon sehr früh bot also dieser Teil des sich heranbildenden Kontinents den Urbewohnern gehobenen „Karst-Wohnkomfort": Ausblick auf den See oder das Meer.

116 Mit ein wenig Übertreibung könnte man sogar behaupten, daß der lokale Hang zur Blasmusik bis in das Olschewien zurückreicht. Sein Instrument formte sich der Urmensch aus dem Unterkiefer eines Höhlenbären, in den er Löcher bohrte, um dann an langen Abenden seiner Musikleidenschaft zu frönen. Eine solche vorzüglich erhaltene Flöte können die Besucher im Regionalmuseum/Pokrajinski muzej in Cilli/Celje bestaunen. Angeregt von solchen Funden, stellte sich der Archäologe Peter Petru ein richtiggehendes Höhlenorchester und eine urgeschichtliche „Show" vor: „Der aus einem Bärenkiefer zugerichteten Flöte konnte der altsteinzeitliche Mensch verschiedene Töne entlocken. Da es wahrscheinlich auch irgendeine Art von Schlagzeug und Rasseln gab, konnten Ensemblevorstellungen durchgeführt werden. Zugleich boten sich noch Möglichkeiten für Rhythmik und Tanz . . ."
Je nach Beschaffenheit der Höhle konnte man die Darbietungen auch direkt verfolgen, und wenn es die Höhle zuließ sogar auf mehreren Kanälen gleichzeitig und selbstverständlich live.

117 Über die jüngeren prähistorischen Menschen erfahren Archäologen viel Wissenswertes aus den Aschen- und Lehmschichten. Viele Generationen von Urmenschen suchten Geborgenheit unter Überhängen und in Höhlen, um dann bei Überschwemmungen und anderen Unbilden aus ihnen auch wieder zu flüchten und nach hundert, fünfhundert oder tausend, wenn nicht gar nach mehreren tausend Jahren sie wiederum zu besiedeln. Ein wahres Glück, daß sie nicht sehr auf Sauberkeit und Ordnung erpicht waren, aus den hinterlassenen Resten und Gegenständen können wir uns heute so einiges von den urzeitlichen Lebensweisen und -umständen rekonstruieren.

118 Der Urmensch faszinierte schon viele Forscher. Die gefundenen Tonwaren erlaubten den Schluß, daß der Homo sapiens fossilis den gesamten Produktionsvorgang beherrschte, von der Tongewinnung und -aufbereitung bis zum Formen und Brennen bei hohen Temperaturen. Überdies scheinen sich bald auch Designer durchgesetzt zu haben, die sich um Funktionalität und Formschönheit bemühten: Die Tongefäße wurden mit Henkeln versehen, oder mit Ösen, durch die man Schnüre zog, um das Gefäß aufhängen zu können. Auch Wellenlinien und anderer Zierat, wie z. B. Muschelabdrücke, wurden Teil des höhlenzeitlichen Angebots und der Nachfrage.

119 Die unterirdischen Gewässer konnten in den Höhlen von Škocjan auch auf 80 m ansteigen. Die zurückgebliebenen Lehmmassen überdeckten die Aschenschichten mit den urgeschichtlichen Überresten. In einer der dortigen „Kathedralen" wurden sogar vier solche Schichten entdeckt. In der untersten wurden Pfeil- und Lanzenspitzen, Messer, Ahlen und Mahlsteine gefunden, alle aus grobem ungeschliffenem Stein, wie auch Knochen von Raubtieren, die aber zum Leidwesen der Fremdenverkehrsvereine nun längst ausgestorben sind. In den oberen Schichten fand man Werkzeuge aus Knochen noch heute lebender Tiere, die sich heute, vor allem von betuchten ausländischen Gästen, erbeuten lassen. Auch beträchtliche Mengen von Tonwaren wurden gefunden.

120 Die Liste der unterirdischen Kostbarkeiten bereichern Kunstwerke, an denen die Natur Jahrtausende lang gearbeitet hat. Viele davon wären noch in Doktorarbeiten zu behandeln.

121 Wie und weswegen entstand der wunderbare Vorhang in der Schauhöhle bei Planina? Wie lange dauerte es? Ließe er sich vielleicht auch schneller herstellen?

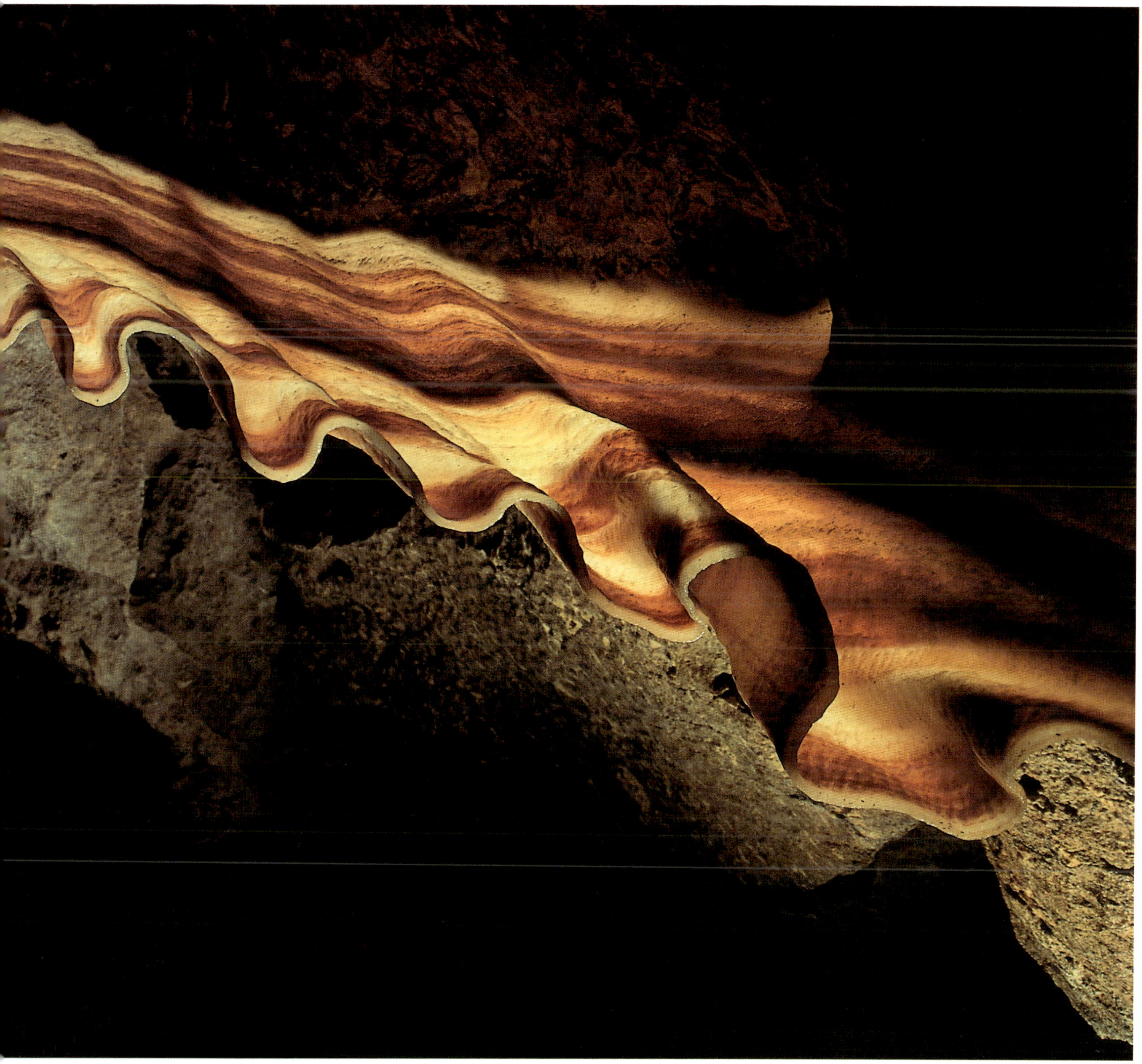

122 Der steinerne Pilz in der Höhle von Dimnica ist eine wissenschaftliche Herausforderung sowohl wegen seiner Form als auch wegen der schimmernden Farben.

123 Die „Kristalltischchen" sind eine unvergeßliche Attraktion der Schauhöhle Križna jama.

124 Die untersuchten Erdschichten lassen erkennen, daß der Mensch auch in der Jungsteinzeit, als er bereits eine wesentlich höhere Entwicklungsstufe erreicht hatte, noch immer Zuflucht in den Karsthöhlen suchte. Dies geschah lange nach der letzten Eiszeit, als zwischen 10.000 und 3.000 v. Chr. der Spiegel des Adriatischen Meeres zu steigen begann und schließlich den Golf von Triest überschwemmte. Damals ließen sich die Urbewohner der slowenischen Gebiete außerhalb der Wälder, in der Nähe fruchtbarer Flächen nieder und begannen sie zu bestellen. Unter den Resten solcher Siedlungen finden sich auch Beweise, daß Kupfer, Bronze und (wesentlich später) auch Eisen bekannt waren. Die erste offene Siedlung im nördlichen Adria-Gebiet wurde bei Žablje bei Triest entdeckt. Ähnliche Funde wurden jedoch auch in unterirdischen Zufluchtsorten und Höhlen entdeckt, wie z. B. bei Aurisina/Nabrežina, Gabrovizza/Gabrovica, Duino/Devin und noch anderswo. Es stellte sich auch heraus, daß sich der urzeitliche Gourmet seine Speisekarte mit Muscheln, Krebsen und anderen Meeresfrüchten bereichert hatte.

125 Die Enzyklopädie Sloweniens/Enciklopedija Slovenije führt an, daß die permischen Gesteine in den Karawanken, in den nördlichen Julischen Alpen, im Posavje-Gebirge, in Unterkrain und in der Gottschee, in den Gebirgszügen um Polhov Gradec und Škofja Loka und in deren Nachbarschaft 250 bis 290 Millionen Jahre alt sind. Die Unmengen von Organismen, die sich Millionen Jahre lang auf die im Karbon (also vor 360 bis 290 Millionen Jahren) entstandenen Gesteinen nacheinander und aufeinander ablagerten, sind für die Geologen ein wahrer Festschmaus. Besonders geschätzt sind die bunten, verfestigten (Trogkofeler) Riffkalke mit Unmengen versteinerter Armfüßler (von denen allein gibt es angeblich mehr als 80 Arten), mit Foraminiferen, Seelilien und noch weiteren Raritäten. Aus diesen Kalken besteht auch die von der Tržiška Bistrica durchflossene Klamm Dolžanova soteska – ein weltbekannter Fossilien-Fundort. Das Bild zeigt eine der neuen Sportarten, das Abseilen im Wasserfall im Učja-Tal.

126 Liebhaber des neuen Abenteuersportes „canyoning“ werden von den Naturwundern angezogen, wie vom „Slonček“ (Elefantchen) in Mostnica bei Wochein/Bohinj, wo man Mut zeigen und Geschick beweisen kann.

127 Hydrospeed ist eine jener Disziplinen, bei der man den tosenden Isonzo beherrschen können muß, um von den Klippen und Strudeln ganz zu schweigen. Es gibt aber auch Menschen, die von sich behaupten, – und auch überzeugt sind, richtige „Charaktäre“ zu sein, – daß sie sich solche Rennen nie ansehen würden, auch dann nicht, wenn man sie dafür bezahlen würde.

128 Viel „überzeugender“ erscheinen ihnen Kajaks im breiteren Flußbett, doch auch diese erreichen den ruhigeren Strom nur über Stromschnellen – eben mit Hilfe der menschlichen Muskelkraft.

129 Die Geschmäcker sind verschieden. Während die einen sich auf das Hydrospeed legen, entsagen die anderen auch der Paddel und durchschwimmen die Gefahren. Doch in einer Sache sind sie sich einig: den Isonzo möchte man wegen seines reinen Wassers am liebsten leertrinken.

hen“, meinen einige Historiker, „der übrige flüchtete in die befestigten Küstenstädte“. Ein Teil der Altsiedler, vor allem die romanisierten Nachfahren der Illyrer und Kelten, schien dennoch geblieben zu sein. Dies sollen neben den Grabsteinen auch die illyrisch-keltischen Orts- und Gewässernamen bezeugen. Offensichtlich hatten diese Namen auch die Römer nicht von Toten, sondern von Besiegten erfahren und übernehmen können, wie es auch schwer zu beweisen wäre, daß die Slawen diese Namen in Fremdenführern gelesen oder von Wegweisern abgeschrieben hätten. Ungeachtet möglicher, mehr oder auch weniger freundlicher Verständigungen mit den Bewohnern der eroberten Städte und Gebiete, ist eher anzunehmen, daß die Slawen überall wie die ärgsten Feinde erwartet wurden. Die beiden blühenden Städte: Celeia und Tiburnia haben die Römer leidenschaftlich und verbissen verteidigt. Ahnten sie etwa, was ihnen blühte, wer weiß? Jedenfalls steht geschrieben, daß die Slawen – unter anderem – beide Städte dem Boden gleich gemacht und für zwei Jahrhunderte alle Spuren des Christentums getilgt hatten.

„UNSERE VÄTER WAREN KEINE KNECHTE, WIE WIR ES NUN SIND“, lautete ungeachtet der mehr oder weniger blutigen Einzelheiten der gewonnenen Schlachten jene Lehre, die ungefähr 1300 Jahre später glühende Slowenen verkündeten. Zusammengedrängt auf einem Drittel jenes Gebietes, über das sie sich bei ihrer Ankunft ausgebreitet hatten, suchten sie zu Beginn des zwanzigsten Jahrhunderts Helden aus der Vergangenheit, um sich gegen Nationen zu behaupten, von denen sie bedrängt und unterdrückt wurden. Eines dieser nachahmenswerten Vorbilder soll jener slawische Stammesälteste gewesen sein, der die Tributforderung awarischer Abgesandter mit den Worten zurückwies: „Wer unter der Sonne ist so mächtig, daß er uns besiegen könnte? Wir Slawen sind gewohnt, uns fremdes Land anzueignen und nicht, daß uns unser Land von anderen genommen wird. Solange die Sonne scheint, solange es Schwerter gibt, wird sich der Slawe nicht beugen.“ „Zeigen sie das unseren Leuten“, ermunterte der Theologe und slowenische Politiker Dr. Janez Evangelist Krek die slowenischen Schriftsteller. Im letzten Vierteljahrhundert der habsburgischen Monarchie hat Krek „mit seinem organisatorischen Genie wesentlich dazu beigetragen, daß sich die Slowenen bei der Erstellung eines modern strukturierten Gesellschaftslebens den europäischen Maßstäben zu nähern begannen“. Angesichts der erbauenden Vorbilder aus längst vergangenen Zeiten entstand auch die Erzählung von den Urahnen, wie sie eigentlich jedes Volk haben müßte. Diesen „großen Text“, der den Chronisten Johannes aus Ephesos allerdings wenig berücksichtigt, schrieb in den ersten Jahren unseres Jahrhunderts der Priester Franc Saleški Finžgar. Dieser Roman wurde in mehreren Folgen in der Zeitschrift „Dom in svet“ (Heim und Welt) veröffentlicht.

Von Homer inspiriert, hatte F. S. Finžgars episch dramatische Erzählung „Pod svobodnim soncem/Unter der freien Sonne“ die Herzen von slowenischen Generationen aber auch anderer Südslawen mit Vaterlandsliebe erfüllt. Stets in feindlicher Umgebung, wie die Väter und Ahnen gelebt hatten, und nun eben die jüngeren Generationen in der ersten Hälfte des 20. Jahrhunderts – wurden die Slowenen und Südslawen durch diese Lektüre auf „heldenhafte“ Taten in den bald folgenden Kriegen vorbereitet. Dabei war auch der von Finžgar gewählte Schauplatz wichtig. Das zur Verfügung stehende historische Material war offensichtlich überwiegend römischen oder griechisch-byzantinischen Ursprungs. Außerdem waren die Slawen in den Kämpfen mit dem oströmischen Kaiserreich und anderswo auf dem Balkan im allgemeinen wesentlich erfolgreicher, und auch die Gegner waren viel interessanter und schillernder. Der orientalische Archetypus war weise aber heimtückisch, die Frauen schön aber zügellos. Sie schienen eben ganz anders zu sein, als jene, denen die slawischen Helden auf den Ruinen des weströmischen Reiches begegnet wären, z. B. die germanischen Völker oder die Awaren, die Vorläufer der Ungarn, die sich dann zwischen die Slowenen und die Tschechen und Slowaken zwängten.

Einer dieser romantisch-patriotischen Dichter, Matija Prelesnik, versuchte noch vor Finžgar eine Trilogie aus der Geschichte der Ostsee- und Elbslawen, als der vermutlichen Vorfahren der Slowenen zu verfassen. Seine betrüblichen Geschichten von Gräberfeldern, Niederlagen, Zwist und Haß in den eigenen Reihen, konnten wohl niemanden ermutigen, selbst den Verfasser nicht; er starb noch bevor er den dritten Teil begonnen hatte.

Während sich die nördliche slowenisch ethnische Grenze immer weiter nach Süden verschob, beflügelten die von Slawen besiedelten südlichen Weiten zwischen dem Adriatischen, Ägäischen und dem Schwarzen Meer zu romantischen Schöpfungen über allslawische Bündnisse, die leider eben nur Träumereien blieben.

Dem Schriftsteller F. S. Finžgar kamen die längst ausgefochtenen Zwiste in den slawischen Reihen sehr zupaß. Die Uneinigkeit zwischen den Vorfahren ostslawischer Stämme, den Wenden, und den Ahnen südslawischer Stämme, den Slawen, waren jedoch nicht nur eine reizvolle Ausschmückung seiner Fabel. Oft haben Angehörige beider Gruppen, gemeinsam mit den Hunnen und anderen Barbaren, den „Feind“ angegriffen und ausgeraubt. Nicht selten

130 Unterwelt, unterirdisches Königreich könnte man die größte Karsthöhle, die Adelsberger Grotte, nennen. Ausgestattet mit 19.555 m Wanderwegen, ist sie eigentlich eher eine unterirdische Landschaft, die die Besucher auf einer Eisenbahn befahren, bis zu einem unterirdischen Ballsaal, zu Gaststätten und Konzerthallen, von denen eine allein 10.000 Leute fassen kann. Von den in Slowenien erfaßten und fachlich bearbeiteten mehr als 6000 Höhlen sind ungefähr 20 Schauhöhlen. Am tiefsten, 253 m tief, gelangen die Besucher der Höhle Škocjan. Ein bequem angelegter Weg führt sie durch den längsten, mehr als 2 km langen, unterirdischen Canyon der Welt. Neben diesen Anreizen gibt es noch viele weitere Gründe, warum die UNESCO dieses Wunder auf die Liste des kulturellen und natürlichen Welterbes gesetzt hat. In Slowenien gibt es auch hunderte tiefer Abgründe, von denen drei in den Julischen Alpen mehr als tausend Meter tief sind. Früher oder später wird wahrscheinlich auch noch von einem „Aufzug“ zu hören sein! Die wirklich Geschäftstüchtigen, die selbstverständlich nicht der „Unterwelt“ angehören sollten, müssen im Karst ihre eigenen Wege in die unterirdische Welt erst ausfindig machen.

bekriegten sie sich aber auch untereinander, besonders nachdem die Awaren ihren Bund zerstört hatten.

In der für die Doppelmonarchie so unheilsträchtigen Zeit wollte F. S. Finžgar sein Volk und die kommenden Generationen vor der verderblichen Zwietracht warnen, indem er einem Stammesältesten folgende Worte in den Mund legte: „Wehe dem Volk, das sein Weideland mit eigenem Blut düngt. Der Feind kommt und weidet darauf seine Herden. Doch wenn der Slowene mit seinen Brüdern in Eintracht leben wird, wird er stark sein, friedlich in seiner Heimstätte leben, seine Herden werden wohlgenährt sein und eine freie Sonne wird ihn Jahr und Tag Licht spenden. Sonst kommt der Fremde, setzt ihm den Fuß in den Nacken und macht den Freien zum Sklaven".

Andere Stammesgemeinschaften, die sich durch Jahrhunderte in denselben Räumen umherzogen, beurteilten die Slawen und Wenden ungefähr so, wie sie im sechsten Jahrhundert der byzantinische Historiograph Prokopius beschrieben hatte: „Fast in allen Dingen sind sich diese Stämme ähnlich und haben ähnliche Gepflogenheiten. Die einen wie die anderen sprechen die gleiche rauhe und grobe Sprache ..." Angesichts solcher Schilderungen war es wenig verwunderlich, daß Angehörige anderer Stämme mit den Slawen des öfteren auf rassistische oder sogar genozide Weise verfuhren. Einzelne slawische Stämme und auch schon herangereifte Völkerschaften legten in mißlichen Situationen ein gewisses historisches Gedächtnis an den Tag: in den vergangenen Jahrhunderten versäumten sie nur selten eine Gelegenheit, sich einander in den Rücken zu fallen.

Der Papiermacher aus Jost Ammans Beschreibung der Stände (1568)

DIE ANNAHME, die mit seiner Schilderung über die kriegerischen und selbstverständlich ritterlichen Slawen am südlichen Balkan auch F. S. Finžgar verbreiten half, daß die Vorfahren der Slowenen aus dem Süden nach dem Nordwesten vorgedrungen waren, erwies sich als ungenau. Gewiß waren die Slawen auch die Donau und die Save aufwärts gezogen und sollen – wie besonders Eifrige behaupten – nachdem sie sich im „Himmel unter dem Triglav" umgesehen hatten, umgehend beschlossen haben, hier auf immer und ewig zu bleiben, da es „ein solches Land sonst nirgendwo auf Erden gibt". Dennoch waren sie wohl zum Großteil aus dem Flußgebiet der polnischen Warthe, von den Karpaten, aus Siebenbürgen, der Slowakei und vielleicht Tschechien „geradewegs" über die Ostalpen in das Flußgebiet der Soča/Isonzo gelangt. Um den durch Kämpfe mit den germanischen Bayern und Langobarden sowie den Awaren gefestigten Kern entstand der Bund der alpenländischen slawischen Stämme: die von einem Fürsten gemeinsam mit reichgewordenen Honorationen – den Stammesältesten verwaltete „Marca Vinedorum", „die Windische Mark". In den ersten Jahrzehnten des 7. Jahrhunderts lebten sie in einer Waffengemeinschaft mit den Awaren. Nachdem sie diese nach dem Jahre 626 abgeschüttelt hatten, schloß Fürst Valuk sein Land, heute würde man sagen, er hätte es „konföderiert", einem anderen Bund slawischer Stämme an, den jenseits der Donau in Böhmen und Mähren wenig zuvor Fürst Samo (623–658) gegründet hatte. Er soll angeblich ein fränkischer Kaufmann oder sogar ein „organisatorisch begabter Jude" gewesen sein, oder er wollte selbst als solcher erscheinen. Die Tatsache, daß es bisher einzig und allein ihm „gelungen ist", als slowenischer Fürst und König in die Geschichte einzugehen, erweckt angesichts einiger Eigenschaften, die sich die Slowenen selbst zuschreiben, den Verdacht, daß die Slowenen etwas derartiges einem aus ihrem Stamm nie und nimmer gegönnt hätten. Wird ja angeblich in Slowenien das Sprichwort: „Homo hominis – lupus" in: „Ein Slowene ist dem anderen Slowenen – ein Slowene" abgewandelt. Daher hätten sie sich ihren König lieber anderswo gesucht und gefunden, da sie ja sonst nicht einmal diesen (bisher) einzigen gehabt hätten.

Samos Reich, das von der mittleren Elbe fast bis an das Adriatische Meer reichte, erhielt nach ungefähr 20 Jahren den Namen Karantanien. Über den Ursprung dieses Namens gibt es nach wie vor einige Widersprüche: die möglicherweise vor-indoeuropäische Wurzel „kar" bedeutet „Felsen", er könnte aber auch von den Kelten übernommen worden sein, die angeblich „carantos" für „Freund", Verbündeter, liebende Person verwendet haben sollten. Doch wurde nicht nur das strengste Zentrum des karantanischen Staates rund um das antike Virunum, das Zollfeld und das Herzstück, die Karnburg mit Ableitungen wie etwa Carantanum, Curtis Corontana, Carenta, Carantana bezeichnet, sondern es gibt noch viele Ortsnamen mit gleicher Stammsilbe. Eigentlich stehen alle Benennungen wie Karnische Alpen, Karawanken, Krnos, Gure, Kärnten/Koroška, Karnien usw. in unseren Vorstellungen für eine felsige, jedoch auch angenehme, freundschaftliche, be- oder geliebte Bergwelt.

Als nach Samos Tod der Bund zerfiel, schied Karantanien ohne schwererwiegender Folgen aus, es „dekonföderierte" sich sozusagen und bestand noch an die hundert Jahre selbständig und auch einigermaßen unabhängig. In einem einst größeren dann wiederum geringeren Umfang bestand es in seinem Kernland – den von Bergketten beschützten Tälern und Kesseln im oberen Drau- und Murgebiet bis zum 11. Jahrhundert und vereinte dementsprechend mehr oder minder alle Slowenen unter einem Dach.

EINEN SCHICKSALHAFTEN UMBRUCH BRACHTE DAS CHRISTENTUM. Mit wechselndem Kriegsglück haben die Karantaner die ewig währenden Konflikte mit den alten, schon aus der Urheimat bekannten, aber auch mit neuen Rivalen ausgetragen, mit den noch verbliebenen Römern, mit den Awaren, mit den germanischen Stämmen und mit anderen Barbaren, deren Raubzüge sie hier vorüber führten. Sie schlossen je nach Bedarf Bündnisse und brachen sie wieder, erwiderten erbittert hinterrücks versetzte Schläge, wenn sie sie nicht selber versetzten. Es waren dies eben die, von Historikern als das frühe Mittelalter definierten, von Überfällen und Plünderungen kriegerischer Barbarenhorden gezeichneten Zeiten.

Die Zeitläufte brachten gewisse Veränderungen mit sich. Soll man der Unterteilung der Historiker glauben, folgten dem frühen und dem hohen noch das späte Mittelalter und die Neuzeit. Nun befinden wir uns im allerneuesten Zeitalter, das von einem noch wesentlich neueren abgelöst werden wird, wann immer es die Historiker beschließen werden.

Der Drucker aus Jost Ammans Beschreibung der Stände (1568)

Um das Jahr 740 begann, wenigstens für die Slowenen, eine neue Epoche: um die Awaren und Franken abzuschütteln, verbündeten sich die Karantaner mit den Bayern. Was die Awaren betrifft, hatten die Karantaner Erfolg; die Franken jedoch erwiesen sich als übermächtig und beide Verbündeten mußten sich ihnen beugen. Die Niederlage war von historischer Bedeutung; nicht nur, weil sich die Bayern bald mit den Franken einig wurden, sondern weil letztere keine „einfachen" Gegner waren. Die Franken brachten nämlich mit ihren Feudalherren und mit ihrer Verbundenheit mit der katholischen Hierarchie eine neue Gesellschafts- und Staatsordnung, der sich die slowenische Gemeinschaft immer mehr unterordnen mußte. Die Schicksalhaftigkeit des Dilemma „Christentum oder Tod" zeigte sich immer deutlicher. Von den Awaren, die sich hinsichtlich dieser Wahl nicht rechtzeitig ins reine gekommen waren, blieb nur das drastische Gleichnis: „Er verschwand wie der Aware", mit dem man hierzulande spurloses Verschwinden veranschaulichte.

DIE TAUFE AN DER SAVICA heißt das Geschichtsepos oder die „Erzählung in Versen" des größten slowenischen Dichters France Prešeren (1800–1849). Sie führt uns in diese schicksalhaften Zeiten, „als das in Krain und Kärnten vergossene Blut einen See gefüllt hätte". Die brudermordende Schlacht, in der christianisierte Slawen mit ihren bayrisch-germanischen Verbündeten ihre heidnischen Brüder besiegten, überlebt nur der junge heidnische Kriegsführer Črtomir. Alle seine Krieger, die versucht hatten den Belagerungsring zu durchbrechen, waren gefallen und hatten die ersehnte Freiheit nicht erlangt und auch er wollte ihnen in den Tod folgen.

Der selbstmörderische Gedanke wich der Sehnsucht nach seiner Braut Bogomila, die im „alten Glauben unserer Väter" Priesterin der Liebesgöttin Živa war. Ihr Heiligtum sah der Dichter auf der idyllischen und geborgenen Insel inmitten des Veldeser Sees. Ausgrabungen bei der heutigen Barockkirche bestätigten einen kultischen Zwecken vorbehaltenen Bereich, der zeitlich vom heidnischen Tempel bis zur ersten im 9. Jahrhundert errichteten christlichen Kirche reichte. Doch Bogomila hatte sich, um Črtomir bangend, zum Christentum bekehrt: sie hatte Gott gelobt, sollte Črtomir am Leben bleiben, allem irdischen Glück zu entsagen. Als Črtomir, besiegt und verzweifelt zu ihr flüchtet, ist es für sie eine Fügung Gottes. Doch muß sie ihn erst überzeugen, daß sie ihr Glück nur im Jenseits und nur mit Entsagung erlangen können. Črtomir widerspricht ihr, doch schließlich fügt er sich: am tosenden Wasserfall Savica, der unweit des auch heute noch kristallklaren Wocheiner Sees aus einer steilen Felswand hervorbricht, läßt er sich taufen. Anstatt sich auf Erden glücklich zu vereinen, beginnen die unglücklich Liebenden ihren Weg zum himmlischen Glück getrennt: „Zum Vater heim ging Bogomila segnend, nie mehr auf Erden Črtomir begegnend", Črtomir als Priester des neuen Glaubens „wo fern ihn die Slowenenbrüder riefen, ist er des Irrtums Nacht erhellend gekommen".

Den dramatischen historischen Konflikt bei der Christianisierung slawischer Stämme schildert der Dichter mit der psychologisch tiefgründigen Schicksalskrise eines jungen Paares. Liebesbedürftig bringen sie dem Unergründlichen, der über sie zu verfügen beginnt, ihr größtes Opfer. Für ihren Glauben an ihn geben sie ihre Freiheit und ihr irdisches Glück hin „und sehen sich auf dieser Welt nie wieder". Die skeptische Frage: Haben die beiden damit ihre „Eintrittskarte für Europa bezahlt", ist hier gewiß fehl am Platz.

France Prešeren beginnt seine Dichtung von der „letzten Schlacht" zwischen den slowenischen Brüdern – den Heiden und den Christen – dramatisch in Terzinen. Den besiegten Črtomir führt er als schwermütiger Chronist zu Bogomila – in Stanzen. In dieser Schilderung spricht er, der selbst zweimal den Freitod erwogen hatte, selbstverständlich von sich selbst und zeichnet zugleich auch das Schicksal seines Volkes. Die Dichtung ist die Offenbarung eines unglücklich Liebenden, von romantisch-freigeistigen (den Idealen der Französischen Revolution verbundenen) Visionen beflügelten und sich im (vom Metternichschem Absolutismus beherrschten) grauen Alltag dahinquälenden ländlichen Advokatsanwärter. Die Dichtung bietet weiters Einblick in das Wesen dieses zartbesaiteten Patrioten, Angehörigen eines kleines Volkes ohne Identität, mit dem die Großen ihr böses Spiel treiben. Dennoch wies er die Idee einer Vereinigung der Slowenen mit anderen südslawischen Ethnien zu einem einzigen großen „Illyriervolk" entschieden zurück. Arg waren die Qualen und Zweifel dieses überdurchschnittlichen Intellektuellen, den Zensur und der Konformismus einer ungebildeten, (stets) den augenblicklich aktuellen „Gott, Vaterland und Kaiser" ergebenen Umgebung erdrückten. Prešeren hat sich mit der „Taufe an der Savica" als feinfühliger Künstler bewiesen, der ungeachtet der Gefahren und Zweifel auch weiterhin bestrebt war, für sein Völkchen ein eigenes Plätzchen unter der Sonne zu finden.

Dies geschah indem er neben allen anderen herrlichen auch den in Deutsch verfaßten Dichtungen sein „Trinklied" schuf, das keineswegs nur ein Liedchen für Zechbrüder war, als das es die oft mißgünstigen Rationalisten abtun wollten. In dieses Lied brachte er, trotz verderblicher Gedanken, die auch heute die Slowenen immer öfter in den Freitod treiben, inmitten der allgemeinen Finsternis, die nur für einen Augenblick vom Licht der Revolution 1848 aufgehellt worden war – ein erstklassiges politisches Programm ein:

Ein Lebehoch den Völkern,
die sehnend nach dem Tage schau'n
an welchem aus dem Weltall
verjaget wird der Zwietracht Grau'n

wo dem Freund
Freiheit scheint
und wo zum Nachbarn wird der Feind.

Prešeren hat mit seinem universalen und dennoch als slowenisch erkennbarem Meisterwerk, der sublimen Schöpfung einer eigenständigen Mythologie, das Volk unter dem Triglav mit wunderbarem, wenn auch gefährlichem – va banque Glauben an sich selbst erfüllt. Es gibt viele, die damit zu überleben wissen. Was Prešerens wahre Größe anbelangt, so blieb sie noch lange nach seinem Tod, wie es eben Dichtern und ihren Werken so ergeht, beim eigenem Volk unerkannt. Seit der slowenischen Unabhängigkeit hingegen wird er jedoch fast zu oft bemüht.

Sein „Trinklied" ist nämlich die Nationalhymne des jungen Staates Slowenien an der Sonnseite der Alpen geworden.

Bled war wohl immer anziehend – für die Heiden ebenso wie für die Christen

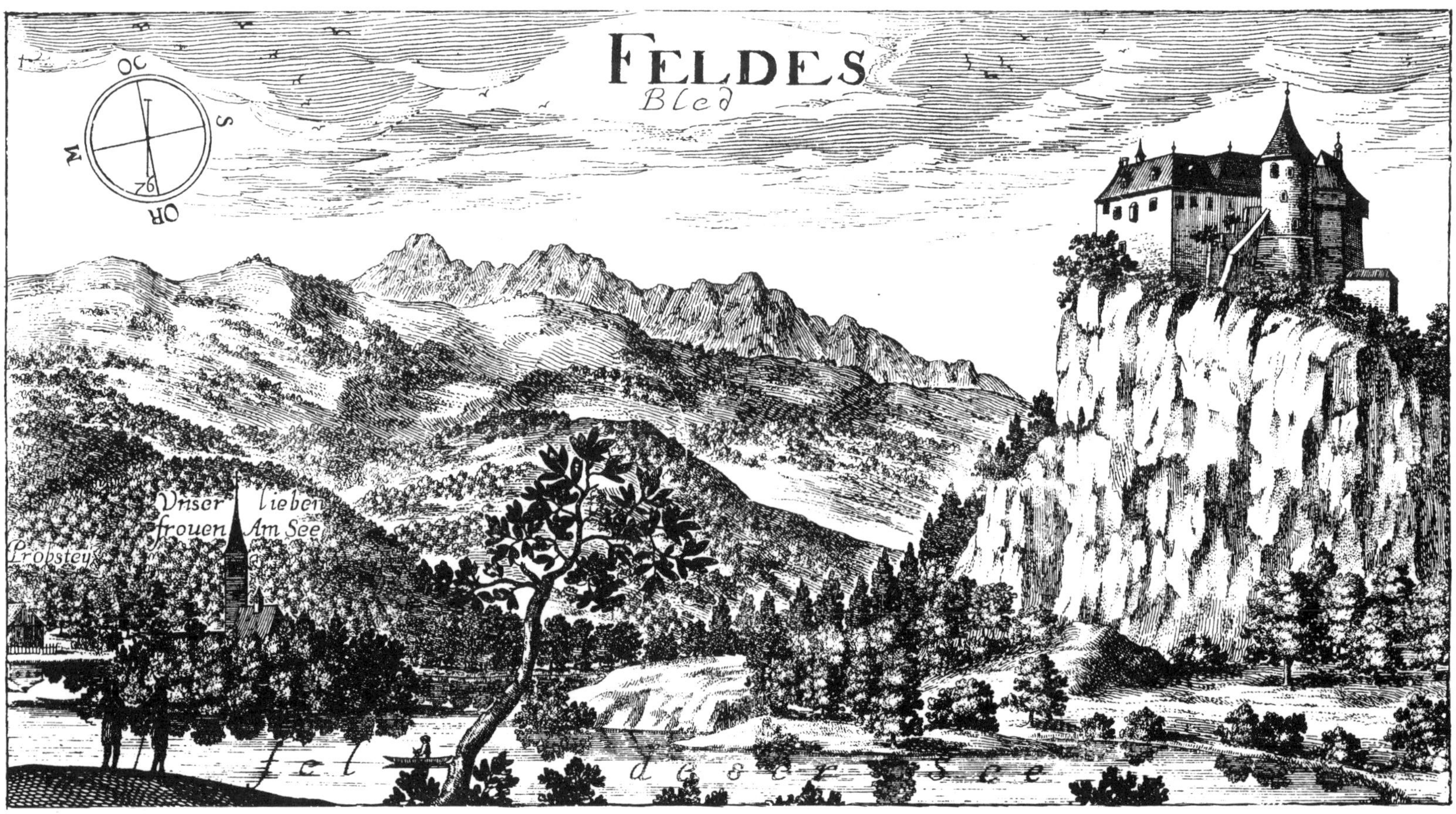

IM ZWIELICHT NEUER MORGENRÖTEN

ZUR ZEIT DER SCHICKSALHAFTEN BEGEGNUNG mit dem Christentum, die eigentlich den Anfang des noch immer andauernden Ideologienkonfliktes darstellt, sollen im Bereich von Karantanien ungefähr hundertfünfzig- bis zweihunderttausend Angehörige slawischer Stämme gelebt haben. Sie lebten in Dorfnachbarschaften; die Grundgemeinschaft war die Großfamilie und die Sippengenossenschaft. Diese entsprach der damals ausgeübten Bestellung der Felder, der Brandkultur, die sich aber im bergigen Gelände der neuen Heimat nicht bewährte.

Die Nachbarschaften vereinten sich in der von einem Suppan oder Gespan/župan angeführten Suppaneien/župe. Alle Angehörigen der Nachbarschaften waren gleichberechtigt und sollen auch niemandem gewährt haben, sich ungestraft hervorzutun. Im Laufe der Zeit konnten sich dennoch einzelne mit einem eigenen gerodeten Feld und sonstigem Eigentum oder durch besonderes Geschick absondern, vermögender werden als die übrigen. Weniger zahlreiche Familien begannen sich ihren Weg „nach oben“ zu bahnen. Eine Sonderstellung mit größeren Rechten als das gemeine Bauernvolk erlangten die Freisassen, die Edlinge, wohl auch wegen übernommener Wehrpflichten. Die Wissenschaft führt die Tatsache, daß sich bei den Slawen keine Adelsschichte ausbilden konnte, auf die kurzwährende Selbständigkeit Karantaniens sowie die häufigen Herrscherwechsel zurück. Womöglich aber spielte auch der traditionelle Hang der Slawen zum Egalitarismus oder, besser gesagt, zur Anarchie eine Rolle. Die von slawischen Stämmen besiedelten Gebiete wurden für die immer kühner werdenden fremden Emporkömmlinge, die die Feudalisierung als Rückenwind zu nutzen wußten, zu freien Jagdgründen.

Sie wie auch ihre Herren brauchten Geld und Krieger, um sich einerseits der einfallenden Barbaren zu erwehren, andererseits für die Befriedung aufsässiger Stämme, die keine Abgaben entrichten wollten oder sich der Christianisierung widersetzen, die ja eigentlich ein Synonym für Verpflichtungen gegenüber der Herrschaft war. Die Herrscher verteilten den Boden – einen Teil vergaben sie als Lehen, die Grundherren behielten davon einen Teil als Dominikalland, als Eigentum, das übrige, sogenannte Rustikalland, überließen sie ihren hörigen Bauern, die einen Teil der Fechsung an den Feudalherren abgeben mußten. Bei der Herausbildung dieser neuen Gesellschaftsordnung waren die ideologischen Auswirkungen der Christianisierung sehr dienlich. Die Kirche selbst wurde durch Mehrung ihres Besitztums zu einem mächtigen Feudalherrn.

DAS ENDE DER „FREIHEIT“ verlautbarte Karl der Große – nach dem sich die Slawen durch Buchstabentausch (-ar- zu -ra-) ihr Wort „kralj/König“ geschaffen haben – als er 791 in einer Schenkungsurkunde festhielt: „Alle auf diesem Boden Lebenden, die ihren Grund behalten wollen, müssen Abgaben entrichten, so sie dies nicht wollen, mögen sie frei abziehen . . .“ Der entstehende europäische „Kulturkreis“ war also bestrebt, sich zu organisieren und zu dominieren, d. h. andere nach seinem Gutdünken zurechtzubiegen. Vor allem jene, die kindlichen Gemüts die Aneignung fremden Eigentums durch Übertölpeln noch immer als ihr natürliches Recht empfanden.

Das von Karl dem Großen zentralistisch geordnete riesige Frankenreich benötigte viele Beamte, die aus irischen, englischen, spanischen und italienischen Klöstern „eingeführt“ wurden. Die fränkische adelige Jugend erhielt so Lehrer für alle der „Sieben freien Künste“ in Diensten der Kirche: Grammatik, Rhetorik, Dialektik, Geometrie, Arithmetik, Astronomie und Musik. Für Karl den Großen wurden nach römischen und byzantinischen Vorbildern mächtige Pfalzen und Kirchen gebaut, doch hatte zu seinen Lebzeiten die gesamte „karolingische Renaissance“ auch weltliche Züge. Die gewissenhafte Erfüllung der christlichen Herrscherpflichten trug sehr wesentlich zur Christianisierung der slowenischen Vorfahren bei. Seine Gesetze „zur Verwirklichung des Gottesstaates auf Erden“ die zu den ersten slawischen Übersetzungen von Religionslehren und Gebeten und weiterer Religionstexte führten, verhalfen den Slawen aus dem heidnischen Fegefeuer und sogar aus der drohenden Hölle – in den christlichen Himmel. Zugleich diente die Kirchenlehre, „daß alle irdische Macht von Gott stammt“, auch dem weltlichen Adel und den Grundherrn. Je besser sie verstanden wurde, desto leichter gewöhnten sich die neuen Schäflein daran, treu und gewissenhaft ihre Arbeit im Dienste ihrer Herren zu verrichten oder sogar für sie zu kämpfen und sich darüber hinaus auch noch das Himmelreich zu verdienen.

DIE GEWÖHNUNG DER SLAWEN AN EUROPA verlief keineswegs reibungslos, ähnlich wie es derzeit mehr als ein Jahrtausend später einige von ihnen abermals zu spüren bekommen. Sie wehrten sich, mußten Haare lassen, zugleich aber gewöhnten sie sich – gewiß nicht alle – die angehäuften Erfahrungen zu schätzen und im Geiste der Feudalordnung zu arbeiten und zu produzieren. Die Slawen haben ihre Lagerfeuer endgültig gelöscht, als sie im 9. Jahrhundert von den Franken die Dreifelderwirtschaft übernahmen. Die für die damaligen Verhältnisse sehr intensive Bewirtschaftung mit besseren Erträgen hatten die Franken als kondensiertes Erfahrungsgut aus Nordgallien übermittelt, wo sie schon seit dem 6. und 7. Jahrhundert bekannt war.

Doch ohne Zwang hatten sich die slawischen Stämme gewiß nicht an diese Neuheit gewöhnt: die Bewirtschaftung der in drei Schläge aufgeteilten Flur im Wechsel von Winterfrucht, Sommerfrucht und Brache, auf der das Vieh bis zum Herbst weidete und auch die Düngung besorgte, bis dann wiederum die Winterfrucht ausgesät wurde. Die hölzernen Schare wurden bald durch Pflüge und anderes Ackergerät ersetzt.

Über die Abfolge von Aussaat und Viehweide beschloß die Nachbarschaft. Diese Absprachen und Verpflichtungen galten fast ein ganzes Jahrtausend bis in das 18. Jahrhundert, als die Stallfütterung, neue Futterpflanzen und fortschrittlichere Anbaumethoden eingeführt wurden. Doch den Leuten blieben die gemeinsamen Absprachen irgendwie in Erinnerung. Vielleicht traten sie deswegen den Genossenschaften und anderen sozialen Bewegungen so willig bei, die um die Jahrhundertwende der bereits öfters erwähnte Janez Ev. Krek, eine der zentralen Persönlichkeiten in der slowenischen Geschichte, förderte. Es ist sein Verdienst, daß die Slowenen damals im wesentlichen die europäischen Standards einzuholen begannen.

Es war also recht „natürlich“, daß nach dem Zweiten Weltkrieg eben in Slowenien die Idee des selbstverwaltenden Sozialismus ausgeheckt wurde und in mancher Hinsicht eine Erfindung slowenischer Kommunisten war. Angesichts der von den Blöcken verübten Beschneidungen blieb die Idee zwar steril, doch es ist keineswegs gesagt, daß „die altslawischen Gene“ sie nicht in irgend einer Form wieder aufleben lassen werden.

DIE KOLLEKTIVE GEWÖHNUNG AN NEUE STANDARDS war durch Jahrhunderte hindurch ein Anliegen der Missionare, vor allem der Mönche. In der slawisch-heidnischen Umgebung wurde es ihnen wohl alles andere als leicht gemacht. Außer der Sprachbarriere hatten sie noch eine ganze Menge guter und böser Geister und Götter zu bewältigen. Die polytheistischen Slawen sahen diese übernatürlichen Wesen überall, in den Menschen, den Tieren, den Pflanzen, aber auch im Wasser, in den Felsen und in den Wolken . . .

Im 6. Jahrhundert wunderte sich der byzantinische Geschichtsschreiber Prokopius, daß die Slawen „an einen donnernden und blitzenden allmächtigen Gott glauben“. Vielleicht wird auch ein Besucher der Thermalquellen in den Moravske Toplice oder anderswo im östlichen Slowenien verwundert sein, wenn er während eines Gewitters die Heimischen, sich der alten Gottheiten erinnernd, hört: „Ha, wie Perun dreinhaut!“

Die katholischen Missionare übergaben Peruns Rolle umgehend dem heiligen Elias, der in anderen slowenischen Landstrichen den Donner rollen läßt, wie auch die Rollen anderer Götter und guten Geister von Heiligen übernommen wurden. Da sie die Anwesenheit und das Eingreifen übernatürlicher Wesen in verschiedenen Grenzsituationen des menschlichen Daseins – bei Geburt, Tod oder Heirat – nicht vollkommen kannten, gaben sie diesen Geschehnissen einen anderen Rahmen und führten neue Bräuche ein.

Im Gedächtnis des Volkes blieben dennoch alle möglichen, je nach Landstrich unterschiedlichen Anleitungen haften, daß böse Geister, Krankheit, Taubheit, Blindheit und anderes Übel durch Formeln, Blicke oder mit einer besonders energischen Handlung, wie etwa dem dreimaligen Spucken über die linke Schulter, zu bannen seien. Das Vertrauen der Leute gewannen sich die Glaubensverkünder jedoch vor allem durch ihre Opferbereitschaft, ihr persönliches Vorbild und ihr Wissen. Kurzum genau so, wie es ein Jahrtausend später die Kommunisten tun sollten – hätten sie nicht zu früh aufgegeben.

Übertüncht vom Christentum, überdauerten die heidnischen Aberglauben, Bräuche, Gewohnheiten und Zeremonien, in denen sich derartige Erfahrungen in Jahrhunderten und Jahrtausenden angesammelt hatten, bis auf den heutigen Tag. Fast alle haben auch die fünf roten

Jahrzehnte überdauert, und einige erhielten dabei hier und da sogar einen leicht rötlichen Schimmer, gewiß keinen starken; die Leute und Nachbarn konnten ja auch gemein sein, besonders, weil sie von der Obrigkeit intensiv mit erhabenen Ideen manipuliert wurden. Die Schlaueren fanden bald heraus, daß die guten Götter (alias die „richtigen" Ideen) gewöhnlich nie die Seite der Regimegegner einnehmen. Warum sollten es dann sie tun?

RABATTE BEIM EINTRITT IN DEN EUROPÄISCHEN KREIS sollten die Anpassung der Slawen und auch anderer Barbaren an europäische Gegebenheiten beschleunigen. Die Schwierigkeiten der heidnischen Slawen verstanden nämlich nicht nur die Missionare und Mönche, sondern auch die Obrigkeit. Auch die Feudalherren erwiesen ihnen eine besondere Aufmerksamkeit, indem sie den Slowenen „das slawische Zehent" zubilligten, eine Besonderheit, die um ein Drittel geringer war als die üblichen Abgaben. Die Herren berücksichtigten u. a., daß die Slawen die in fremden Sprachen erteilten christlichen Lehren nicht verstanden und deshalb – modern ausgedrückt – für eine beschleunigte Produktivitätssteigerung kaum motiviert waren. Dementsprechend paßten sie sich auch nicht rasch genug an die neue, feudalistische Gesellschaftsordnung an. Außer solcher Konzessionen, die an das verständnisvolle Entgegenkommen einiger westlicher Demokratien den bosnischen Serben und einigen weiteren weniger anpassungsfähigen „Ossis" gegenüber erinnern, kam es auch zu weiteren Initiativen, wie etwa, daß die Missionare Gebete und Religionsformeln in slowenischer Sprache niederschrieben. So entstanden im 10. Jahrhundert auch die bisher ersten bekannten, die sogenannten „Freisinger Schriftdenkmäler der slowenischen Sprache". Den Slowenen bedeuten sie den Beginn ihres Anfangs.

Der Laternenmacher aus Jost Ammans Beschreibung der Stände (1568)

Ungeachtet einer solchen lobenswerten Ausrichtung, die auch der heilige Glauben energisch befürwortete, war man im Salzburger Erzbistum und im Patriarchat von Aquileia, diese hatten sich das einstige Karantanien untereinander aufgeteilt und dorthin ihre Missionare entsandt, keineswegs zufrieden mit dem Anpassungstempo der slawisch-heidnischen Arbeitskraft. Immer öfter siedelten sie daher in diesen Bereichen Angehörige deutschsprachiger Stämme an. Auf die Konflikte, von denen noch heute kein Ende abzusehen ist, mußte man nicht lange warten.

EINGEFANGEN VOM oder, schöner ausgedrückt, eintretend in den europäischen Kulturkreis, wurden die Slowenen, nachdem sie ihr selbständiges Fürstentum und später auch den Status eines slowenischen Vasallen-Fürstentums und einer fränkischen Grafschaft verloren hatten, schließlich ein Herzogtum des deutschen Reiches. Sie teilten wohl oder übel das Schicksal des Fränkischen Reiches: ohne eigenen Adel waren sie zwar nicht direkt, jedenfalls aber indirekt auch in die dynastischen Kämpfe verwickelt, z. B. nach dem Tod Karls des Großen, als der Aufstand der vorwiegend kroatischen Stämme unter der Führung des Ljudevit Posavski blutig niedergeschlagen wurde. An diesem Aufstand hatten auch viele Slowenen teilgenommen. Zugleich standen sie vor allem bei awarischen, bulgarischen und byzantinischen Angriffen auf das fränkische Königreich in den Reihen der Verteidiger und wurden als solche auch ihre Opfer.

Die Angelegenheiten spitzten sich besonders zu, als der mährische Fürst Rastislav in Byzanz einen Verbündeten gegen die Franken und Bulgaren suchte. Er sandte folgende Botschaft: „Unser Volk hat dem Heidentum abgeschworen und hält sich an den christlichen Glauben, doch haben wir keine Lehrer, die uns den rechten christlichen Glauben in unserer Sprache offenbaren würden . . ." In Byzanz ließ man sich dies nicht zweimal sagen, und so wurden die zwei „ehrwürdigen und ungemein gebildeten Brüder aus Saloniki – die Philosophen Methodius und Konstantinus" entsandt. Letzterem „hatte Gott die Buchstaben eurer Sprache offenbart": er hatte das glagolitische Alphabet erarbeitet und Kirchenbücher in die Sprache der slawischen Stämme in Makedonien übersetzt.

Die Urvorfahren von ethnischen Genoziden und Säuberungen klagten die beiden Gelehrten aus Thessaloniki, die später sogar heiliggesprochen wurden, bald nach ihrer Ankunft in Großmähren im Jahre 836 der Häresie an. Daraufhin mußten sie nach Rom, um sich zu rechtfertigen, wo Konstantinus auch bald darauf starb.

Unmittelbar nach einem neuerlichen erfolgreichen Aufstand gegen die Franken ersuchten die drei souveränen slawischen Fürsten Kocelj, Rastislav und Svetopolk den Papst, er möge Methodius wiederum zu ihnen entsenden. Als der Papst später Methodius sogar zum Erzbischof von Sirmium in Unterpannonien ernannte, wo sich damals zahlreiche Slawen angesiedelt hatten, hatte Fürst Kocelj seine politische und kirchliche Unabhängigkeit erreicht und träumte von einer ganz besonders glanzvollen Zukunft für die slawischen Stämme. Allerdings nur für eine kurze Zeit. Die fränkischen Feudalherren konnten dies, dank des Verrates eines der slawischen Fürsten, damals Svatopolk genannt, ein für allemal verhindern. Den Fürsten Rastislav warfen sie in den Kerker und blendeten ihn, Fürst Kocelj wurde 874 beseitigt, und Methodius wurde eingesperrt. Als er durch die Vermittlung des Papstes endlich freikam, lehrte er noch einige Jah-

131 Strategisch und natürlich gut abgesichert, entstanden an den Rändern steiler Felswände, auf schwer zugänglichen Bergrücken, über tiefen Felsschluchten in den slowenischen Gebieten nach dem 11. Jahrhundert etwa 800 bis 900 Burgen. Mit all diesen Attributen ausgestattet ist z. B. die Burg Jama/Luegg in der Nähe von Adelsberg. Sie entstand vor einer Höhle, die den Menschen schon in der jüngeren Steinzeit Obdach gewährt hatte. Als erste werden in den Urkunden (1274) die Patriarchen von Aquileja als Eigentümer angegeben, im 14. Jahrhundert wurde sie Eigentum der Habsburger, die sich damals ihren Weg zum Meer bahnten, später erhielten es die Familie Luegg. Einer von ihnen war der gefürchtete Raubritter Erasmus. Bei einer sehr langen Belagerung konnte er nicht und nicht ausgehungert werden, weil er sich über einen geheimen Stollen stets Nachschub besorgen konnte. Doch schließlich wurde er verraten und mußte sein Leben lassen. Die romantischen Geschichten über den Erasmus von Luegg und seine Zeit haben viele Schriftsteller und Künstler angeregt. In neuester Zeit widmete ihm der Schriftsteller und Publizist Saša Vuga eine Trilogie.

re, doch nach seinem Tode 885 mußten alle seine Schüler – rund 200 Mönche – das Land verlassen. Sie gingen in die südslawischen Länder, in die Gebiete längs der Adriatischen Küste, nach Bulgarien und Makedonien. Die Karantaner hatten im Bündnis mit Fürst Kocelj ihren letzten Aufstieg erlebt. Rechnet man die ungefähr sechs Jahrzehnte dauernden Ungarnstürme weg, bis auch die Ungarn 955 von ihren Herrschern Geza und Hl. Stefan in die Christenheit eingeführt wurden, begann die ein Jahrtausend lange „Okkupation", an die sich die Slowenen und Ungaren erst einmal gemeinsam gewöhnen mußten. Im ungarischen Wortschatz sind Spuren zu finden, die darauf hinweisen, daß die Ungarn von slawischen Lehrern nicht nur in die damalige westliche Zivilisation eingeführt wurden, sondern von ihnen auch die verbliebenen Reste des slawisch-heidnischen Glaubens übermittelt bekamen. Der Herrgott aber war sowohl in Karantanien als auch bei den Ungarn viele Jahrhunderte ein Deutscher.

ALS DIE KARANTANER VON DER POLITISCHEN LANDKARTE MITTELEUROPAS VERSCHWANDEN, wurden aus den von den fränkischen Königen an Adlige und Bischöfe geliehenen oder geschenkten Grafschaften, Herzogtümer und Fürstentümer allmählich Länder, deren Bewohner sich Krainer, Steirer, Görzer, Kärntner, Triestiner und Istrier nannten . . . Dennoch verblieb ihnen als gemeinsame Erinnerung und als Mythos die einstige „Freiheit" erhalten, in der sie nach altslawischem Brauch in Dorfgemeinschaften gelebt, gemeinsam den Boden zur Bestellung verteilt und über den Flurzwang entschieden hatten. Die Gerechten wurden auch weiterhin vom uralten Grundsatz geleitet, alle Streitigkeiten auf öffentlichen Versammlungen auszutragen. Das wurde so überzeugend getan, daß man dasselbe auch im 20. Jahrhundert im sogenannten Selbstverwaltungssozialismus versuchte. Natürlich kann erwartet werden, daß sich mit solchen Erfahrungen auch zukünftige Generationen beschäftigen werden.

Im kollektiven Gedächtnis ist der ausnehmend hartnäckige Mythos vom Recht der Karantaner, d. i. der Slowenen, sich die Herrscher frei wählen zu dürfen, erhalten geblieben. Das ist wohl das Verdienst von nationalen Erweckern in den letzten Jahrhunderten. Es gibt heute keinen Slowenen, der nicht über das Einsetzungsritual der karantanischen Herzöge vom 7. bis zum 15. Jahrhundert Bescheid wüßte. Im freien Fürstentum Karantanien, sowohl vor als auch nach dem Beitritt zu Samos Königreich, wurde die Herrschergewalt dem neu gewählten Herrscher, dessen Herrscherrecht zwar erblich war, durch vermögende und einflußreiche Stammesälteste und Freisassen im Beisein des Volkes übergeben. Dieses Ritual gab es sonst nirgends in Europa. Schade, daß die Einsetzung abgeschafft wurde, bevor sie die Eurovision übernehmen konnte.

EINE AUF DEN KOPF GESTELLTE VERGANGENHEIT, symbolisch dargestellt mit dem „Fürstenstein", einer umgedrehten römischen Säulenbasis aus einem nahen römischen Tempel, war der Mittelpunkt der Zeremonie auf der Karnburg und nicht auf dem Zollfeld. Der Installierende war ein Bauer aus der näheren Nachbarschaft, der, umgeben von Beisassen und Volk, im Alltagsgewand den zukünftigen Herzog erwartete. Auch dieser mußte zuvor bäuerliche Kleider anlegen und, einen scheckigen Stier und eine scheckige Stute mit sich führend, vor dem Bauern erscheinen.

Dann wurde „sein Gewissen befragt": ob er ein gerechter Richter sein wolle, ob er um das Wohl des Landes besorgt sein wird, ob er den wahren Glauben achten und verteidigen wird? In den ersten hundert Jahren des karantanischen Staates wurden diese Fragen, die selbstverständlich stets bejahend beantwortet wurden, an den zukünftigen Herrscher wahrscheinlich direkt gerichtet. Später, als die Herrscher vom fränkischen König eingesetzt wurden und sie die Sprache meist nicht verstanden, antworteten andere in ihrem Namen.

Das „Recht", den Fragenden am Fürstenstein abzulösen, erwarb sich der Herrscher mit den beiden Tieren, mit Geld, mit dem Gewand, das er trug, und indem er ihm versicherte, sein Haus werde frei von Abgaben und Steuern sein. Der Freisasse ermahnte nun den Herzog, indem er ihm leicht auf die Wange schlug, daß er ein guter Richter sein solle. Danach bestieg dieser den Stein und schwang sein Schwert in alle vier Himmelsrichtungen. Es folgte ein feierlicher Gottesdienst in der Kirche von Maria Saal, und erst nachdem der Herzog vom Bischof, dem die Kärntner Prälaten und Äbte assistierten, gesegnet wurde, durfte er das Bauerngewand ablegen und sich für das Festmahl umkleiden. Danach wurde die Feierlichkeit auf dem Zollfeld fortgesetzt, wo unter freiem Himmel der aus antiken Steinplatten gefügte ungewöhnliche doppelsitzige Herzogstuhl noch heute steht. Auf diesem Thron sitzend teilte er, gemeinsam mit dem Richter, Lehen und damit auch Recht aus. Dem gesamten Geschehen wurde auf breiter Szene mit Gesängen und einstudierten feierlichen Handlungen ein glanzvolles Gepräge verliehen. Für diese Zeremonie würden auch heute gute Regisseure von Nöten sein, und sie würden eine gewichtige Summe aus dem Staatsbudget vereinnahmen.

Gewiß war dies nicht der Grund, daß im Jahre 1414 Ernst der Eiserne der letzte von einem slowenischen Bauern eingesetzte Herzog von Kärnten war. Die Einsetzung der Herzöge,

132 Spuren der urgeschichtlichen Bewohnerschaft werden noch heute in den umwallten Siedlungen, den Ringwällen, entdeckt. „Meist sind es Ansiedlungen auf Hügeln, die man mit Wällen befestigte, an die dann die schlichten Hütten angelehnt wurden. Hatten sich die Bewohner vermehrt, wurde neben der ersten Siedlung eine neue angelegt und beide mit einem neuen Wall umgeben. Im Gebiet von Innerkrain trieben sie gewöhnlich um die Hügelkuppe zwei Reihen starker Pfähle in den Boden und schichteten dazwischen Steine, so daß Wohnhöhlen entstanden. Es gab aber auch Siedlungen auf sehr steilen Bergen.

133 Wie ein Schwalbennest klebt Koštabona an der Hügelkuppe. Die Geschichte dieses Ortes ist sehr stürmisch. Jeder Fußbreit zeugt von den historischen Ereignissen in diesem Durchzugsgebiet. Als erste ließen sich Leute nieder, die sich mit Eisengewinnung und Töpferei befaßten. Die friedfertigen Hüttenleute und Töpfer, die ihre Ware in ihrer Umgebung vertrieben, waren keineswegs für den Krieg gerüstet und haben auch ihre Siedlungen noch nicht befestigt. Gerade dies sollte ihnen dann zum Verhängnis werden. Auch die Ausgrabungen bezeugen, daß die ursprüngliche Siedlung zerstört und niedergebrannt wurde.

134 Der Hügel von Štanjel wurde schon in der Bronzezeit besiedelt. Heute interessiert sich ganz Europa für diese Gegend und auch für Štanjel, denn es ist noch immer ein gutes Beispiel einer mittelalterlichen Terrassensiedlung, obwohl es mehrmals schwer beschädigt wurde, das letztemal im Zweiten Weltkrieg. Seit „jeher" führten hier Wege vorüber. Einen davon erwähnt der griechische Dichter Apollonius Rhodos (3. Jhd. v. Chr.) in seinem Epos vom griechischen Helden Jason, der mit seinen Kameraden auszog, um das goldene Vlies des König Aetes in Kolchis unter dem Kaukasus zu erbeuten. Mit dem Vlies und der entführten Königstochter Medea flüchtete er vor den Verfolgern über das Schwarze Meer. Auf seinem Schiff Argo fuhr er die Donau stromaufwärts, dann auf der Save und schließlich auf der Ljubljanica bis Vrhnika, von wo die Argonauten ihr Schiff auf Walzen durch die Adelsberger Pforte bis zum Timavo/Timava bei Duino/Devin zogen. Oder war es doch eher der Wippach-Fluß, auf dem sie dann bis zum Isonzo bei Görz/Gorica/Gorizia gelangten? Von dort war es dann nicht mehr weit bis zur Adria und nach Hause.

135 Die Burg in Žužemberk, die trotz der Renovierungsarbeiten im großen und ganzen noch immer eine Ruine ist, wird zu den fotogensten Burgen gezählt. Das erste Mal wurde die Burg 1295 erwähnt, sie spielte jedoch „keine besondere historische Rolle" bis sie zum Stützpunkt der antipartisanischen Bewegung während des Zweiten Weltkriegs wurde und man sie deshalb zerstörte. Nun wird die Burg langsam erneuert. Sie wird bald auch eine der Schlüsselburgen in der Burgentransversale: Višnja Gora, Turjak (Auersberg), Hmeljnik, Soteska, Otočec, Stari grad, Preček, Gracarjev Turn, Brežica im Krka-Tal.

136 Eine sehr wichtige Rolle hatten bei der Christianisierung, bei der Verbreitung und Verteidigung des Glaubens die Klosterorden, die mit ihrem Wissen und ihren Erfahrungen der Bevölkerung auch halfen, ihr tägliches Leben zu meistern. Von den elf in Slowenien wirkenden Orden waren die bedeutendsten die Benediktiner, die als erste gekommen waren, die Zisterzienser mit ihren Handschriften und die Karthäuser, die nur mehr in Pleterje, der jüngsten ihrer Niederlassungen (Žiče, Jurklošter, Bistra), verblieben sind. Das Bild zeigt die Karthause Pleterje; sie ist eine Stiftung des Grafen Hermann II. von Cilli aus dem Jahre 1407.

137 Inmitten der Hügellandschaft Goriška Brda an der Grenze zu Italien steht das Schloß Dobrovo. Sein Äußeres wirkt nun nach den Umbauten zu einem Kulturzentrum recht modern, gewiß auch durch die Fenster, zu denen die einstigen Schießscharten erweitert wurden. Das Schloß gehört jedenfalls zu den jüngeren, obwohl Untersuchungen besagen, daß es einen Vorgänger aus der Zeit vor dem österreichischen Krieg mit Venedig zu Beginn des 16. Jahrhunderts gehabt haben könnte.

138 Zu den Burgen, die wenigstens in unseren Augen noch am stärksten mittelalterlich wirken, zählt die bereits 1263 erwähnte Burg Kamen/Stain bei Begunje. Mit den 1959 aufgenommenen Restaurierungsarbeiten wird versucht, den Ruinen etwas von der einstigen Mächtigkeit wiederzugeben. Eigentümer waren u. a. auch die Grafen von Cilli. Später ging die Burg in den Besitz der Familie Lamberg über, deren berühmtestes Mitglied war Kaspar Lamberg, der in fünfundachtzig Turnieren gesiegt haben soll. Einen seiner Kämpfe besingt auch das Volkslied vom Pegam/Böheim und Lambergar.

139 Auch beim Schloß Bogenšperk/Wagensberg, 8 km von Litija entfernt und erstmals im 16. Jahrhundert erwähnt, fand man Reste vorgeschichtlicher Gräberfelder. Heute ist es eines der am schönsten restaurierten und meistbesuchten Schlösser. All dies zu Ehren seines ehemaligen Eigentümers Johann Weichard Valvasor. Hier hatte er auch sein größtes Werk geschaffen: „Die Ehre des Herzogtums Krain", die bisher unbestritten beste Promotion der slowenischen Gebiete. Diesem Werk hatte er seine ganze Kraft und Habe gewidmet und sich, um es zu Ende zu führen, so stark verschuldet, daß er vereinsamt und in Armut starb. Ein ähnliches Schicksal befürchtet auch der Verfasser dieses Buches, um so mehr, da er kein Schloß besitzt.

140 Über das Schloß Brdo/Egg bei Krainburg weiß man eigentlich recht wenig, weil es von den Medien nach 1935 meist nur als Residenz des Regenten Fürst Pavle Karadjodjević und nach dem Zweiten Weltkrieg als Residenz von Josip Broz-Tito erwähnt wurde. Schriftliche Urkunden, die sich auf mehrmalige Besitzerwechsel beziehen, sind seit 1510 bekannt. Seit dem 18. Jahrhundert besaßen es die für die slowenische Aufklärung ungemein verdienstvollen Freiherrn v. Zois. Die fast 500 ha Land, die zum Schloß gehören, bieten Raum für verschiedene Aktivitäten. Ein Hotel wurde gebaut, Sport- und Freizeitanlagen eingerichtet und auch ein international angesehenes Managementinstitut hat heute hier seinen Sitz.

141 Über dem Dorf Branik, an der Straße Sežana – Nova Gorica, steht Rihemberg, eine der größten und ältesten Burgen in Slowenien. Ausgrabungen bezeugen, daß sich bereits die vorgeschichtlichen Einwohner in der späteren Eisenzeit hier eine Stellung eingerichtet hatten. Der mächtige runde Turm mit seinem 3 m dicken Mauerwerk soll im 15. Jahrhundert auf römischen Grundmauern errichtet worden sein. Die im Zweiten Weltkrieg schwer beschädigte Burg Branik-Rihemberg wird nun restauriert.

142 Über dem mehr als tausendjährigen Škofja Loka/Bischofslack, das von vielen als die schönste mittelalterliche Stadt angesehen wird, thront das Schloß mit seinen drei Trakten. In dieser Form wurde es von den Freisinger Bischöfen nach dem großen Erdbeben 1511 neu errichtet, wobei sie nicht vergaßen auch die dunklen Kerker zu erneuern, die noch nach dem Zweiten Weltkrieg verwendet wurden. Seit 1959 jedoch beherbergt das Schloß ein Regionalmuseum.

143 Eines der schönsten Schlösser – das barocke Štatenberg in der Nähe von Makole – ließ zwischen 1720 und 1740 Baron Dismas Attems bauen. Die Fassaden, die Bauplastik, reich wie nirgendwo sonst in Slowenien, die allegorischen und anderen Wandgemälde sind eine wahre Augenweide, an denen sich außer den vielen Touristen alljährlich auch die slowenischen Schriftsteller und Dichter bei ihrem Treffen mehr oder minder verdientermaßen ergötzen.

144 Die meisten Schlösser und Burgen in Slowenien werden aber leider noch dem Verfall preisgegeben. Nun, da die Rückerstattung an ihre rechtmäßigen Eigentümer oder deren Erben geregelt ist, jetzt, da auch einem Ankauf nichts mehr im Wege steht, wird sich doch diese oder jene Bank oder eine andere kapitalkräftige Anstalt finden lassen, die dieses oder jenes Schloß für den eigenen Gebrauch, Genuß oder für eine einträgliche Verpachtung erwerben und restaurieren wird.

145 Das 5 km von Pettau/Ptuj entfernte barocke Schloß Dornava wurde schon um 1700, als es an der Stelle des einstigen Meiergutes errichtet wurde, recht großzügig geplant. Als es drei Jahrzehnte später Graf Dismas Attems erwarb, ließ er es von italienischen Architekten – nach den Worten des Kunsthistorikers Ivan Stopar – zu „einem einzig dastehenden Gesamtkunstwerk der Schloß- und Gartenarchitektur“ ausgestalten.

146 In Veldes/Bled wird man bald nach der Jahrtausendwende, entweder im Jahre 2004 oder spätestens 2011, das tausendjährige Bestehen der Burg feiern, die hoch über dem See aus dem Felsen zu wachsen scheint. Die um zwei Höfe angelegten Wohn- und Wirtschaftsgebäude waren einst das Verwaltungszentrum der Herrschaft Veldes, die sich die Brixener Bischöfe aus dem Lehen des Kaisers Heinrich II. in einigen Jahrhunderten schufen. Heute wird es von unzähligen Besuchern bestaunt, die ganz besonders die wunderbare Aussicht vom oberen Hof genießen.

147 Eines der abgelegensten, aber doch imposanten Schlösser ist das nach dem Berg Snežnik in seiner unmittelbaren Umgebung benannte Schloß im Gebiet Innerkrain/Notranjsko. Bereits im 13. Jahrhundert erwähnt, ist es jedoch in seiner heutigen Form erst im 16. Jahrhundert entstanden. Es ist heute der Treffpunkt von Interpreten klassischer Musik und neben den Schlössern Strmol und Brdo eines der protokollarischen Objekte des slowenischen Staates.

die nun endgültig von einem fremden Herrscher bestimmt und nach der beschriebenen öffentlichen Befragung vom Volk „genehmigt" wurden, war allmählich zu einer leeren Zeremonie verwässert worden, ungefähr wie jene, nach der Jahrhunderte später die Nachfahren im Sozialismus aus einem einzigen Kandidaten den vertrauenswürdigsten wählen mußten. Die Einsetzung des Herzogs begann nicht nur die Untertanen zu langweilen, sondern auch die Machthaber. Außerdem gab es damals auch anderswo etwas zu sehen: die Hörigen wurden, angesichts des wachsenden Appetits ihrer Herren, immer unzufriedener. Die Türken rückten auch immer näher, und bereits ein Jahr nach der letzten Herzogseinsetzung auf dem Fürstenstein verwüsteten sie die Bela krajina und die Cillier Umgebung. Ebendort erwuchs mit den Grafen von Cilli/Celje den Habsburgern eine starke Konkurrenz. In den tatkräftigen Herren von der Cillier Burg, deren längst erloschenen drei Sterne im jetzigen slowenischen Staatswappen neu erglänzen, sehen nationale Romantiker noch heute die „letzte vertane Chance" für ein bodenständiges „heimisches" Adelshaus, das eines Tages Herrscher über ein Land werden könnte, in dem ein großer Teil der Bevölkerung slawischer Herkunft war und durchaus zur Mehrheit werden könnte. Das Aussterben der Cillier beweinen sie deshalb noch heute. Die Habsburger hingegen hatten mehr Glück; Schritt für Schritt rückten sie an die Adria vor, Triest mit seiner Umgebung erhielten sie bereits 1382. Und als sie nach ungefähr hundert Jahren auch die Grafschaft Görz und Gradisca übernahmen, befanden sich innerhalb ihres Kaiserreiches eigentlich alle Slowenen, die – nun nach den einzelnen Ländern benannt – mit den Habsburgern auf einen gemeinsamen, ungefähr vierhundert Jahre langen Weg aufbrachen.

DIE EINSETZUNG DER KÄRNTNER HERZÖGE ALS EINER DER ECKSTEINE DER EUROPÄISCHEN DEMOKRATIE ist – dank vieler schriftlicher Aufzeichnungen – in die Schatzkammer der Menschheit eingegangen. Die Rituale waren festgelegt, nur Einzelheiten wurden den wechselnden Regierungsformen und dem jeweiligen Status Karantaniens angepaßt. Der Verlauf der feierlichen Handlung wird recht ausführlich in einem besonderen Teil des deutschen Rechtskodex aus dem 13. Jahrhundert, im „Schwabenspiegel", aber auch in Ottokars Österreichischer Reimchronik geschildert. Bekannt sind ferner die Berichte des Abtes Johann von Viktring (Johannis abbatis Victoriensis liber certarum historiarum) aus dem 14. Jahrhundert und die Beschreibung in der Österreichischen Chronik des Landpfarrers Jakob Unrest aus dem 15. Jahrhundert.

Das wesentliche und von keinem der Berichte über die Einsetzung Übersehene war die Tatsache, daß die Herzöge erst dann in Amt und Würden eingesetzt wurden, nachdem sie dem Volk in der ihm verständlichen Sprache feierlich gelobt hatten, das Land gegen Feinde zu verteidigen, den Frieden zu bewahren und den Witwen und Waisen beizustehen. Diese lupenreine Demokratie, so stellt Edward Gobetz/USA in seinem Buch „Slovenian Heritage" fest, kannte zum Unterschied zu den antiken griechischen Stadtstaaten und zu den Vereinigten Staaten (bis 1863) keine Sklaven. All dies geschah, so Gobetz weiter, schon einige Jahrhunderte bevor 1215 in England die Magna Charta libertatis entstand, die für einen der bedeutendsten Grundsteine der westlichen Demokratie gilt.

Das karantanische Einsetzungsritual beschrieb auch der berühmte Geschichtsschreiber und Philosoph des 15. Jahrhunderts, Aeneas Silvius Piccolomini, der spätere Papst Pius II., der in seiner Cosmographia Pii Papae festhielt, daß „nirgends sonst auf der Welt ein weiteres Beispiel einer derart symbolträchtigen demokratischen Zeremonie bekannt sei". Der ein Jahrhundert später lebende französische Philosoph Jean Bodin meinte in seinen sechs Büchern über die Republik, „daß das karantanische Ritual nirgends auf der Welt seinesgleichen hat". Bodins Werk hatte auch Thomas Jefferson, der Vater der amerikanischen Unabhängigkeitserklärung, studiert und alle jene Stellen, die über die Einsetzung der karantanischen Fürsten handeln, unterstrichen. Kenner meinen, daß Jefferson mit diesem historischen Beleg der Theorie des Gesellschaftsvertrages, gemäß der die Herrscher ihre Macht vertraglich und bedingt unmittelbar vom Volk erhielten, nachdem sie gelobt und ihre Verpflichtungen auf sich genommen haben, die amerikanische Auflehnung gegen den englischen König rechtfertigte, da dieser „den Vertrag mit dem Volke gebrochen hatte".

Obwohl die Zeremonie auf der Karnburg im Laufe der Zeit zu einer formalen Vorstellung wurde, blieb sie im nationalen Gedächtnis fest verankert und erlangte, vor allem wegen der Anwendung der slowenischen Sprache, fast mythisches Gepräge. Um so mehr, als Kärnten für die meisten Slowenen, die nach 1918 in Jugoslawien lebten, als die „Wiege des Slowenentums" galt, das „wegen des grausamen Schicksals vom Mutterland getrennt wurde". Jene Optanten und auch ihre Kinder, die beim Plebiszit 1920 für Österreich stimmten, widersprechen jedoch sie seien „sowohl Wiege als auch Mutterland". Es wären die „anderen" und nicht sie, die im falschen Staat geblieden sind.

148 Hinter der hohen Wehrmauer in Hrastovlje im Rižana-Tal, 17 km von Koper entfernt, würde man eher eine Burg als einen der größten Kunstschätze Sloweniens vermuten: die dreischiffige romanische Kirche aus dem 12. Jahrhundert, die im 15. Jahrhundert von Meister Johannes aus Kastav mit Fresken der Passion Christi und einem Totentanz ausgeschmückt wurde, deren spätgotischen Realismus zahlreiche Liebhaber und Kenner bewundern und schätzen.

Eine gemeinsame Zukunft sieht man nur im Europa der Regionen. Gewiß können das Zusammenleben von mehreren Gemeinschaften in einem Gebiet verschiedene Verwicklungen trüben, insbesondere wenn sie für einander keine richtige Zuneigung aufbringen können. So gab es hinsichtlich des Fürstensteines, der schon lange im Kärntner Landesmuseum als ein „Kärntner Denkmal" verwahrt wird, einige Komplikationen, als sein Abbild jene Geldscheine zierte, die 1991 von der Regierung des neuen unabhängigen Staates Slowenien als Übergangsstufe zur eigenständigen slowenischen Währung – zum „tolar" – eingeführt wurden. Österreich hatte damals angeblich protestiert, da ein Kärntner Symbol auf österreichischem Staatsgebiet als Symbol des slowenischen Staates verwendet wurde.

Angesichts der positiven Einstellung Österreichs gegenüber den slowenischen Unabhängigkeitsbestrebungen hatte dieser Eklat nicht jenen gefährlichen Inhalt, wie etwa die Streitereien zwischen Griechenland und Makedonien. „Es überwog die Erkenntnis, daß der Fürstenstein ein Symbol zumindest zweier Gemeinschaften ist – des Landes Kärnten und der Slowenen, die ihn aus der gemeinsamen Vergangenheit der Völker in diesem Raum übernommen hatten." Jenen, die befürchteten, daß eine solche Beurteilung sich irgend einmal in der Zukunft als zu optimistisch erweisen könnte, können wir nicht beipflichten – zum Glück.

DIE ERSTEN FÜNFHUNDERT JAHRE DES ZWEITEN JAHRTAUSENDS haben die Physiognomie der slowenischsprachigen Länder sozusagen in den heutigen Einzelheiten geprägt. Auf den Relikten längst vergangener keltischer, illyrischer oder römischer und auch jüngerer Vorfahren und Ankömmlinge wuchsen, erneuerten und entfalteten sich die heutigen Dörfer, Märkte und Städte. Ihr Wachstum beschleunigten auch die zu immer größeren Lastern neigenden weltlichen und kirchlichen Herren, die sich bis ins 15. Jahrhundert untereinander erbittert befehdeten.

So brachten die acht Kreuzzüge (1059 – 1291) zwar keine „Befreiung" der heiligen Stätten der Geburt, des Lebens und Sterbens Jesu Christi aus moslemischen Händen, sie festigten aber ohne Zweifel das „Hinterland", vor allem das mitteleuropäische. Die Anwesenheit von Kriegsscharen und ihres „Rechtes" trug vermutlich etliches dazu bei, daß die Feudalherren und die kirchlichen Würdenträger an Geltung gewannen, sich verbündeten, Heere ausrüsteten sowie allerhand Ritterorden und ähnliche Vereinigungen stifteten und so – trotz zeitweiliger Niederlagen – die Einbrüche barbarischer Horden aufhielten oder wenigstens abschwächten. Zugleich kam es am multinationalen Berührungspunkt, das das slowenische Gebiet „seit jeher" war, zu einem immer ärgeren Gedränge: die bei den Kriegszügen gewitterten Wohlgerüche des Orients, die Verdienst- und Bereicherungsmöglichkeiten bewirkten „Umstellungen" in den Hinterländern.

Die feudalen Grundherren hatten mit den Slawen auch nach deren Christianisierung ihr liebes Kreuz, daher behalfen sie sich mit der Ansiedlung arbeitsamer Hände. In diesem Zusammenhang hört man öfters, daß ethnische Unterscheidungen damals noch nicht in Mode gewesen waren: die Ansiedler gehörten diesem oder jenem Herren, allmählich auch dem Herrscher über eine Region oder einen Staat, und ihr Idiom, ihr Dialekt oder ihre Sprache spielte dabei (noch) keine wesentliche Rolle. Den Interpretationen, wie etwa: das Nationalbewußtsein und die Nationen hätten sich erst später herausgebildet, kann gewiß nicht widersprochen werden. Den Gedanken, daß die Missionare, die gemeinsam mit den germanischen Siedlern von Salzburg entsandt wurden, nicht die gleichen Sympathien für die anderssprachigen Hörigen aufbrachten, wie für „ihre eigenen", wird man dennoch nicht ganz los. Aquileja war nicht etwa wegen seines milden mediterranen Klimas in dieser Hinsicht milder gestimmt als Salzburg, sondern eher deswegen, weil es keine „eigenen" Stämme hatte. Und schließlich haben es nicht etwa die bereits erwähnten slawischen bzw. slowenischen Fürsten mit Aufständen versucht, weil sie dabei mit den „eigenen" Untertanen rechneten?

Vom 10. bis zum 12. Jahrhundert rodeten die Zuwanderer die Wälder in der unmittelbaren Nähe der alten Siedlungen. So entstanden vor allem in den Tälern verschiedene „vas" oder „ves" genannte Dörfer, die allmählich kennzeichnende Adjektive wie „stara/alt" „nova/neu", „gornja/ober", „dolnja/unter oder nieder" und „črna/schwarz" erhielten.

Die Besiedlung förderten auch die Klöster, z. B.: Stična, Kostanjevica, Gornji Grad, Jurkloŝter bei Laško, Bistra bei Vrhnika, wobei sich die Mönche auch als Lehrer und Erzieher einsetzten und das kreative Potential aus den slowenischen Gebieten in das Gefüge der europäischen Klöster und Werkstätten einbrachten. Nach dem 12. Jahrhundert mußten Neuankömmlinge ihre Fluren schon in den allerhöchsten, über 1000 m gelegenen Lagen erschließen. Die dort entstandenen „Rute" oder „Rovte/Gereut" genannten Siedlungen wurden zu Synonymen für ein idyllisch abgeschiedenes, jedoch leidgeprüftes Leben guter Christen. Die urwüchsigen und ein wenig kauzigen Bewohner nannte man „rovtarji/Gereutler". Als dann einige derartig veranlagte Leute in der Politik und im Parlament erschienen, war diese Benennung keineswegs ein Kompliment.

Die Besiedlung verlief, vor allem in den nördlichen, damals noch von Slowenen besiedelten Gebieten, einigermaßen systematisch. Die Slowenen verblieben vorerst noch als Sprachinseln im deutschen Raum, doch nach dem 15. Jahrhundert gab es gemischte Gebiete nur mehr in Kärnten. Die Abgrenzung zwischen den beiden Völkern war dennoch nicht so ausgeprägt, wie sie es verhältnismäßig früh an der mit Schützenlehen gefestigten ungarischen Grenze geworden war.

DIE ETHNISCHEN KRISTALLISATIONEN infolge dieser Verschiebungen werden auch „Germanisierung" genannt. Wie Branko Božič in seiner „Zgodovina slovenskega naroda/Geschichte des slowenischen Volkes" feststellt, „verschwanden im 14. und 15. Jahrhundert endgültig die slowenischen Siedlungen in Osttirol, in der Obersteiermark und in Oberkärnten. Die slowenisch-deutsche Sprachgrenze verlief bis zum 19. Jahrhundert von Hermagor/Šmohor im Gailtal/Zilja über die Gailtaler Alpen bis zum Dobratsch/Dobrač, an Villach/Beljak vorüber auf die Ossiacher Tauern/Osojske Ture, nördlich von Maria Saal/Gospa sveta, weiter auf die Saualpe/Svinška planina mit Diex/Djekše, über das Lavanttal auf die Koralpe, am nördlichen Fuß der Slovenske gorice/Windischen Büheln bei Radkersburg und von da gegen die Raab bis Szentgothard an der deutsch-ungarischen Staatsgrenze". Deutsche Siedlungen innerhalb des um 36.000 Quadratkilometern geschrumpften slowenischen Siedlungsgebietes verblieben im Kanaltal, in der Gottschee und im Tal der Selška Sora um den Berg Ratitovec. Die mit Tirolern und Bayern besiedelte größere Enklave zwischen Kranj/Krainburg und Škofja Loka verschmolz als erste mit ihrer Umgebung. Schon im 17. Jahrhundert berichtet der Verfasser der „Ehre des Herzogtums Krain", Johann Weichard Valvasor: „Im Dorf Feichting/Bitnje sprechen sie drunter und drüber halb deutsch halb krainisch und zwar so verdorben, daß sie der Mensch nur schwer versteht, obgleich er beide Sprachen beherrscht."

Die mittelalterlichen Kolonisierungen wurden allmählich von den Kündern neuer Zeiten eingedämmt: von dem sich entfaltenden Gewerbe, vom Handwerk, von den Vorläufern der Industrie – den Eisenhütten –, wie auch von den Städten selbst. Es gab immer weniger Grund und Boden zum Verteilen. Die Viehzüchter brauchten Weideland zur gemeinschaftlichen Nutzung, doch die Wälder mit Erzvorkommen wurden immer wichtiger für das Hüttenwesen. Die aufblühenden Städte eröffneten, insbesondere den flüchtigen Leibeigenen, neue Perspektiven.

Die von den leibeigenen Bauern geforderten Leistungen erreichten Ausmaße, die die Ansicht begründen, daß der Feudalismus gewisse Züge von Sklavenhalterei aufwies, obwohl diese der zu dieser Zeit erreichte allgemeine Fortschritt in Sachen Menschlichkeit eigentlich schon langsam abbauen sollte. Als die Grundherrn dann erkannten, daß sie größeren Nutzen von Renten haben würden als von Frondiensten und Naturalabgaben, überließen sie die Fluren ihren Hörigen zur Bearbeitung und holten sich das Entgelt dafür durch ihre Fronboten. Die immer größeren Forderungen wurden von immer mehr Eintreibern eingelöst. Das ihrige verlangten auch die Dorfschulzen, die den Slowenen nach dem „Abhandenkommen" der Freisassen im 15. und 16. Jahrhundert, als „Ranghöchste" bzw. als Dorfälteste verblieben waren. Nach und nach mußte mehr Frondienst geleistet und von den Erträgen mehr Abgaben entrichtet werden, als sie von der stetig anwachsenden herrschaftlichen Bürokratie in Urbarien festgeschrieben worden waren.

Die Untersuchungen dieser Güter- und Abgabenverzeichnisse zeigen, daß ihre Verfasser nach eigenem Gutdünken schalteten und walteten und dementsprechend auch mit den Leibeigenen verfuhren. Die nicht erfüllten Verpflichtungen wie auch die übrigen Vergehen: Diebstahl, Wegelagerei, Vergewaltigungen ahndeten sie, als von Gott bestellte Richter, für die sie

Die Burg Turjak, die Stammburg des ruhmvollen Geschlechts der Auerspergs wurde im zweiten Weltkrieg schwer beschädigt.

sich hielten, mit aller Strenge. Die kommunistischen Regierungen haben nach dem Vorbild ihrer großen Lehrmeisterin, der Sowjetunion, die Zwischenphase des Kapitalismus überspringend, mit aller Kraft die Ausbeutung des Menschen durch den Menschen ausgemerzt, um ein System mit genau entgegengesetztem Grundprinzip einzuführen. In anderen Teilen der Welt setzt man, vor allem nach dem Niedergang des Kommunismus, mit größerem oder geringerem Erfolg die Bestrebungen in jenen Richtungen fort, die die Finanzpolitik den Steuerzahlern in einer Art und Weise nahebringen, daß sie sich beim Steuerzahlen immer wohler fühlen . . .

An dieser Stelle unserer historischen Rekonstruktion muß dennoch festgestellt werden, daß die ethnischen Kristallisationen im Mittelalter immer deutlichere Anzeichen einer Konfrontation der slowenischen Knechte mit den deutschen Herren und ihren Scharwenzlern aufwiesen.

DIE TÜRKEN UND ANDERE STÜRME waren im Zwielicht der von der Christianisierung und der zugleich einsetzenden fortschrittlicheren Gesellschaftsordnung – dem Feudalismus – verheißenen neuen Morgenröte, ein zusätzliches Unglück. Auch Pest, Hunger und Kriege setzten der Bevölkerung zu. So lebte die Fürbitte, Gott möge sie vor alledem bewahren, bis in das zwanzigste Jahrhundert weiter. Der schwarze Tod, wie diese Epidemie auch genannt wird, wütete in unseren Landen sehr oft. Johann Weichard Valvasor berichtet von elf Epidemien, die in der Zeit von 1230 bis 1649 das Land heimgesucht hatten. Anderen Quellen zufolge soll sich diese Krankheit, deren Erreger (yersinia pestis) meist von Ratten übertragen wurde, bei uns in der Mitte des 14. Jahrhunderts am verheerendsten ausgewirkt haben, als sie sich von Dalmatien aus, wo sie erstmals im 6. Jahrhundert erwähnt wird, bis nach Koper und Piran ausgebreitet hatte. In Europa und Asien soll sie damals in sieben Jahren an die 50 Millionen Menschen dahingerafft haben.

Abgesehen von Erdbeben und Hungersnöten nach Heuschreckenplagen, die es damals häufig gab – nur daß sie den Regierungen noch nicht als Ausrede für ihr schlechtes Wirtschaften dienten –, wurden die Türken zum Staatsfeind Nr. 1. Nach 1341, als sie Makedonien besetzten und nach dem St.-Veits-Tag 1389, nach der Schlacht auf dem Amselfeld/Kosovo polje, die laut einer Legende die besiegte serbische Armee mitsamt ihrem Heerführer, dem Fürsten Lazar, direkt in den Himmel beförderte und die Serben so zum Himmelsvolk wurden, näherten sich die Türken stückchenweise den slowenischen Gebieten. Der erste größere türkische Überfall ereignete sich 1415 – kaum ein Jahr nach der letzten Einsetzung des Kärntner Herzogs auf dem Zollfeld. Damals wurden die Cillier Umgebung, die Länder Bela krajina (Weißkrain) und Unterkrain sowie die Laibacher Umgebung ausgeplündert, während es der Stadt selbst gelang, den Angriff abzuwehren.

Nach dem Fall Konstantinopels und nachdem im sechsten Jahrzehnt des 15. Jahrhunderts Serbien für weitere 350 Jahre dem türkischen Staat einverleibt wurde, tauchten türkische Heerscharen immer häufiger in unseren Gebieten auf. Auf ihren Beutezügen drangen sie bis nach Friaul und nach Kärnten vor. Pfarrer Jakob Unrest aus St. Martin am Techelsberg/Šmartin na Dholici am Wörthersee hat in seiner Chronik von Österreich, Kärnten und Ungarn die türkischen Greuel folgendermaßen beschrieben: „Sie vienngen yeden Mann, alt und chindt haben sie getodt und ander volckh alles mit inn gefuert, die kind an die zewn gespist undd in die lackhen vertretten, frawen in den kindlpetten verfuert, die kirchen all verprannt und perawbt, gotzleichnam unmaslichen geschmacht, frawen und junckfrawen zwtodt geprawt und daselbs in dem landt 14 tag pelyben und gewuest haben, dasels getodt und verfuert mer dan 20 tausent menschen." Später widmete die slowenische Literatur auch den Türken und anderen Katastrophen die entsprechende Aufmerksamkeit. Der Verfasser des ersten slowenischen Romans Josip Jurčič schrieb nach dem Vorbild von Walter Scott die Erzählung über Jurij Kozjak, einen von den Türken geraubten und zum Janitscharen erzogenen slowenischen Knaben, der bei einem türkischen Beutezug in Slowenien das heimatliche Dorf wiedererkennt. Auch die Pest hinterließ in den Werken der Schriftsteller Ivan Pregelj, France Bevk und Vladimir Kavčič ihre Spuren. Als die Not ganz arg wurde und sich das damalige „Europa" nicht und nicht einig wurde, wie man dem Angreifer Einhalt gebieten sollte, ging mit dem ungarischen König Matthias I. Corvinus unversehens ein Hoffnungsstern auf. Nicht nur, daß er sich im eigenen Land gegen die Türken behaupten konnte, er drang auch nach Nordbosnien ein, von wo er seine Truppen bis weit in das türkische Hinterland aussandte. Die Kunde vom Retter und Beschützer begann sich rasch zu verbreiten. Da er einige Zeit (von 1479 bis 1490) auch Herr über den Großteil der Herzogtümer Kärnten, Krain und Steiermark war, blieb er den Slowenen als sagenumwobener „kralj Matjaž/König Matthias" in bester Erinnerung.

Und da er angeblich gütig und gerecht gewesen sein soll, gütiger und gerechter als alle anderen, wurde ihm auch eine glanzvolle Zukunft zugedacht.

DAS WARTEN AUF KÖNIG MATJAŽ

DEN SLOWENISCHEN UND KROATISCHEN LÄNDERN müßte man ein Denkmal errichten, da sie fast dreihundert Jahre lang auf dem „Vorwerk des christlichen Europa" ausharren mußten. Ihr Leidensweg begann unmittelbar nachdem die Türken den Großteil der Balkanhalbinsel besetzt hatten und 1391 zum ersten Mal im Srem/Sirmien über die Save setzten. Mit ihren schnellen Reiterscharen und dem wendigen Fußvolk schlugen sie die schwerfälligen „Ritterheere", die unfähig waren, die türkischen Raubzüge zu verhindern. Als schwerwiegender erwies sich jedoch die Uneinigkeit der Balkankleinstaaten, die sich jeder für sich nicht erfolgreich zur Wehr setzen konnten.

Die Türken hatten das Kriegshandwerk gut erlernt, seit sie aus Mittelasien aufgebrochen waren und zu Beginn des 10. Jahrhunderts an den Aralsee und das Kaspische Meer gelangt waren, wo ihnen der Islam neuen Antrieb verlieh. In den ersten Jahrzehnten des 13. Jahrhunderts griffen sie, von Armenien aus, bereits Byzanz an und entrissen ihm eine Provinz nach der anderen.

WAS NUN WIRKLICH GESCHEHEN WAR UND WO DIE MYTHEN BEGINNEN, ist bei so empfindlichen Angelegenheiten, wie es die Geschichte kleiner Völker ist, stets schwierig festzustellen. Im Schatten der Großen wurden sie von den Geschichtsschreibern und Chronisten nicht wahrgenommen, selbst dann nicht, wenn sie ihre Vergangenheit nach eigenem Gutdünken zurechtrückten. In Abwesenheit verläßlicher Quellen gewannen solche nationalen Schöpfungen an historischer Glaubwürdigkeit. Dies kam im vorigen Jahrhundert vor allem bei den Serben zum Ausdruck, wo sie, vor allem durch den Einfluß des Volkskundlers Vuk Karadžić, kultischen und unumstößlichen Wert erlangten. Die Folgen wurden im gesamten ehemaligen Jugoslawien spürbar. Sie verzerrten wahre historische Gegebenheiten und führten vielfach auch zu Wertverschiebungen.

Von den bösen Zeiten, die dann folgten, z. B. die Schlacht an der Marica, blieb hingegen im kollektiven Gedächtnis, vor allem aber in den Volksliedern viel Schönes und Erhabenes hängen, z. B. über Vukašins Sohn, dem König Marko aus Prizren. Bis auf den heutigen Tag ist er auch im slowenischen Volkslied als „kraljevič Marko (Königssohn Marko)" bekannt. Dieser Volksheld war in Wirklichkeit jedoch ein Vasall der Türken und somit – nach den strengen Maßstäben aus dem Zweiten Weltkrieg – ein Kollaborateur; doch in den Volksliedern schlug er die Türken unentwegt und tapfer. Niemand hat ihm je sein Vasallentum vorgeworfen, nicht einmal dann, als er in der Schlacht gegen den walachischen Herzog Mirče – auf türkischer Seite – fiel. In Erinnerung verblieb er nur als Beschützer vor den Türken.

Weder in der Überlieferung noch in der offiziellen Geschichtsschreibung findet man eine Erwähnung des Vasallentums, in das nach der Schlacht an der Marica die serbischen und andere Kleinstaaten nach und nach verfielen. „Im Mittelalter", meinen die serbischen Historiker, „war das Vasallentum keineswegs tragisch. Zeitweise waren selbst die Nemanjas Vasallen, während einige benachbarte Kleinstaaten wiederum Vasallen der Serben waren". Über die Schlacht auf dem Amselfeld/Kosovo polje gibt es, beeinflußt von der Überlieferung, heute noch erhebliche Ungereimtheiten. Es bestehen mehrere Versionen über den Verlauf und Ausgang der Schlacht, von denen in den letzten Jahrzehnten allerdings nicht viel zu hören war. Nach einigen Ansichten sollen sogar die Serben gesiegt haben, nach anderen soll die Schlacht unentschieden geendet haben, da in der Schlacht beide Herrscher, Zar Lazar Hrebeljanović und Sultan Murat I., den Tod gefunden hatten. Unter dem Einfluß der Volksüberlieferung, der Legenden und der von der orthodoxen Kirche verbreiteten Mythen gilt jedoch bis in letzter Zeit die Version von der fürchterlichen serbischen Niederlage, zu der außer der Vasallen aus Kleinasien auch jene aus Serbien beigetragen haben – auch König Marko soll unter ihnen gewesen sein.

Es geschah am St.-Veits-Tag, am 28. Juni 1389. Gemäß der Legende, die serbische Kinder mit der Muttermilch eingetrichtert bekommen, soll der gefallene serbische Zar Lazar seine 200.000 Heldenmänner geradewegs in den Himmel geführt haben, wo sie in einem eigenen Himmelreich weilen und seither Tag für Tag Zuwachs von aufrechten Serben erhalten. Einige (Quasi) Demographen haben sogar schon errechnet, wie viele Serben bereits dort oben weilen. Jene, die dem Haager Kriegsverbrecher-Tribunal entrinnen konnten, mit einbegriffen.

Im Unterschied zu den Serben, für die angeblich nach der Schlacht auf dem Amselfeld der „fünfhundertjährige Freiheitskampf" begann, wie später die Zeit des Vasallentums, der sporadischen europäischen Vorstöße und Befreiungen benannt wurde, begann unmittelbar nach dem schicksalhaften St.-Veits-Tag für die Kroaten, Ungarn und Slowenen ein wahrer Veitstanz. Während die Schlacht auf dem Amselfeld für die Serben noch heute eine schmerzhafte Frustration darstellt und sie zutiefst betroffen sind, daß sonst niemand zu Tränen gerührt ist, war sie für die drei genannten Völker in der vordersten Linie und die übrige Christenwelt eben nur eine verlorene Schlacht in dem darauffolgenden fast dreihundertjährigen Krieg. Bereits zwei Jahre nach der Schlacht auf dem Amselfeld wurden die serbischen Gebiete mit ihren Vasallen für die Türken eine wichtige Ausgangsstellung für ihre Beutezüge. Unter den Vasallen befand sich auch Milica, die Witwe des Zaren Lazar – eine angeblich überaus kluge Frau –, die ihre Tochter Olivera in den Harem von Bajazid I., des Nachfolgers von Sultan Murat I., sandte.

Der Schmied aus Jost Ammans Beschreibung der Stände (1568)

Bei der Einlösung dieses Gelübdes, das er und seine Nachfolger verbissen einzulösen versuchten, halfen indirekt und auch als Verbündete christliche Fürsten und Feudalherren auf dem Balkan und in Ungarn mit. Dies erwies sich bald nachdem die Türken 1408 zum ersten Mal in Slowenien, in der Umgebung von Metlika, eingedrungen waren und als sie 1411 wiederkehrten und Črnomelj ausraubten. Auf christlicher Seite begann man schließlich, genau wie sechs Jahrhunderte später, umständlich über Abwehrmaßnahmen zu verhandeln. Alarmsysteme mit Höhenfeuern, Böllerschüssen und Meldereitern wurden ausgearbeitet. Als es dann ans Bezahlen ging, gab es allerdings einige Schwierigkeiten. Die Habsburger, die Grafen von Cilli und noch einige weiter entfernte Fürsten beteiligten sich dennoch an der Finanzierung. Es wurde auch dafür gesorgt, daß kostbares Gut in die Festungen verbracht wurde. Die Bauern hingegen überließ man einfach ihrem Schicksal.

DIE SCHRÖPFTECHNIKEN entwickelten die Grundherrn, angesichts ihrer wachsenden Bedürfnisse, bis zur Virtuosität. Beim Tod eines leibeigenen Familienoberhauptes brachten sie die Hinterbliebenen durch immer neue Forderungen – den „Todesfall" – buchstäblich um alles. Auch die Pfarrer suchten einiges herauszuschlagen, indem sie für das Begräbnis nicht nur ein Stück Vieh aus dem Stall forderten, sondern darüber hinaus den Hinterbliebenen ein Bußgeld auferlegten, wenn der Verstorbene ohne Sterbesakramente dahingegangen war. Ganz besonders erfinderisch waren die Grundherren bei der Eintreibung ihrer Rechte auf das in den Urbarien überhaupt nicht vermerkte sogenannte unbemessene Scharwerk. Sie entzogen den Leuten die Zehrung, vergrößerten die Abgaben und erhöhten die Geldstrafen. Es wurde immer mehr gefordert und erpreßt, ungeachtet der geringeren Erträge infolge von Unwettern oder inneren Fehden wie z. B. bei der Erbfolge nach den Cillier Grafen nach 1456 sowie der vielen türkischen Beutezüge. Später wirkten sich auch die Bauernaufstände ungünstig auf die Produktion aus. Doch die Herrschaft scherte sich recht wenig um all dies und auch nicht um die in den Städten niedriger angesetzten Preise für die landwirtschaftlichen Produkte. Immer öfter verließen daher die Bauern ihre Höfe. Im 15. Jahrhundert waren um Pettau 15 Prozent der Höfe verödet, rund 30 Prozent auf dem Karst und im Wippach-Tal; weiters beinahe 50 Prozent in der Umgebung von Ormož und von Slovenj Gradec sowie im Posavje-Gebiet. Da die Grundherren den Verlust von den verbliebenen Leibeigenen rücksichtslos eintrieben, wuchs die Zahl der aufgelassenen Gehöfte noch weiter an. Um Brežice verödeten sogar drei Viertel der Höfe. Besonders häufig kam es zur Landflucht, nachdem die Städte mit ihrer „freimachenden Luft" die Landflüchtigen aufzunehmen begannen und als es auch immer mehr „Keuschler" gab, die sich als eine Art Vorläufer des Industrieproletariats in Hütten – „Keuschen" – in der Nähe der Eisenhütten ansiedelten, um mit Holzfällen, Köhlern und ähnlichen Arbeiten für diese Betriebe ihr Auslangen zu finden. In jener Zeit erarbeiteten sich die höheren Schichten die Grundlagen jener Fähigkeiten, mit denen man heute mittels Geldpolitik, Fiskalismus und ähnlichem Gebaren tüchtig absahnen kann.

Die Grundherren versuchten mit allen Mitteln jene Prozesse zu bremsen, die zur Entfaltung der Städte, des Gewerbes und des Hüttenwesens beitrugen. Ihren Bauern verboten sie, zu anderen Grundherren oder in die Stadt abzuwandern. Auch ihre Gerichtsbarkeit wußten sie skrupellos und räuberisch zu nutzen: Unter dem Vorwand, die Bauern hätten das herrschaftliche Vorkaufsrecht umgangen bzw. mißachtet, beschlagnahmten sie z. B. Fechsung, Vieh und Geld.

Das ohnehin schon harte Leben machten seit dem siebenten Jahrzehnt des 15. Jahrhunderts die Türkeneinfälle noch unerträglicher. Bei nahender Gefahr verschanzten sich die Grundherren in ihren Burgen oder zogen in die befestigten Städte. Die Bauern, die zwar mit Geld und Waren zur Aufrüstung und Erhaltung des Heeres beitragen mußten, wurden sich selbst überlassen; sie flüchteten in die Wehrkirchen oder verbargen sich, wie in vorgeschichtlichen Zeiten, in Höhlen. Trotzdem waren die Verluste ungeheuer. Bogo Grafenauer, der sich auf die Schätzungen der krainischen, steirischen und kärntnerischen Stände beruft, spricht von 200.000 Menschen, die bis 1508 von den Türken in diesen Ländern getötet oder verschleppt worden waren.

Unter den Bauern begann es zu brodeln. Widerstand breitete sich aus, und Bauernbünde wurden gegründet. Aus „Bund" entstanden die slowenischen Begriffe „punt/Aufstand" und „puntar/Aufständischer". Ihr Ziel war, die Grundherren zu zwingen, ihre Forderungen auf das „alte" bzw. auf das in den Urbarien niedergeschriebene „Recht" zu beschränken. Hinsichtlich der schon erwähnten Homogenisierung der bäuerlichen Schicht, und eine andere gab es bei den Slowenen nicht, könnte man ohne Übertreibung behaupten, daß bei den Bauernaufständen erstmals nach Jahrhunderten die gesamte slowenische Ethnie mit Immergrün am Hut antrat.

Der Spengler aus Jost Ammans Beschreibung der Stände (1568)

Schwierigkeiten gab es jedoch mit den Anführern, die es in Folge des schon zitierten (allerdings vollkommen unwissenschaftlich festgestellten) leicht anarchischen slowenischen Charakters nicht gab. Da man sich so etwas nur ungern eingesteht, half man dem kollektiven nationalen Gedächtnis mit der kollektiven nationalen Phantasie nach. Die Slowenen erhielten somit noch einen weiteren König, dem diese Ehre leider nie zu Ohren kommen sollte.

DIE NEUESTEN BEITRÄGE ZUR BIOGRAPHIE DES SLOWENISCHEN NATIONALHELDEN NR. 1 weisen auf die Entstehung jenes Mythos hin, der es Generationen leidender Höriger erleichterte, den „Feudalismus" zu überstehen – wie der Übergang von der Sklavenhaltergesellschaft zu all jenem, das den Armen späterhin bevorstand, genannt wird. Die historischen Tatsachen verbinden den ungarisch-kroatischen König Matthias I. Hunyadi, der sich selbst jedoch lieber nach dem Familienwappentier, einen Raben (corvus), Corvinus nannte, mit dem Gebiet des heutigen Slowenien lediglich für eine verhältnismäßig kurze Zeitspanne vor seinem plötzlichen Tod. Außer mit den wirklichen Geschehnissen wurde die Überlieferung in den slowenischen Erzählungen und Liedern auch mit den Sagen der benachbarten und anderer Völker angereichert. In der universalen Schatzkammer entstand so eine Königsfigur, den die Slowenen zu den ihrigen machten, obwohl er nie ihr unmittelbarer Herrscher gewesen war.

Die Slowenen und ihre Heimat waren für Matthias I. Corvinus irgendwie prädestiniert. Als Matthias elf Jahre alt war, nahm der serbische Fürst Georg/Jurij Branković, dem die Türken den Ehrentitel Despot verliehen hatten, als türkischer Verbündeter seinen Vater, den ungarischen Statthalter und verschworenen Türkenfeind Johann/Janosz Hunyadi, gefangen. Der hatte zuvor versucht, eine Liga gegen die Türken zu gründen. Allerdings war seiner Aufforderung nur der albanische Volksheld Georg Kastriotis-Skanderbeg nachgekommen, während sich Despot Georg Branković entschieden geweigert hatte, ungeachtet der Tatsache, daß seine Tochter Katharina die Frau des (letzten) Grafen von Cilli, Ulrich II., war. Johann Hunyadi – für die Kroaten ist er „ihr" Held Janko Sibinjanin – war damals weit nach Serbien bis in den Kosovo eingedrungen. Dort wurde er in einer dreitägigen blutigen Schlacht von den Türken besiegt, die von Kollaborationisten, wie man sie heute nennen würde, tatkräftig unterstützt worden waren. Einer davon war Despot Georg Branković. Er nahm Johann Hunyadi gefangen, bezichtigte ihn der Plünderungen und verlangte ein hohes Lösegeld. Bevor er ihn freiließ, schloß er mit Hunyadi noch einen Ehevertrag. Seine Enkelin Elisabeth von Cilli sollte Hunyadis Sohn Matthias heiraten.

ÜBERFLÜSSIG IST DIE FRAGE, was den Slowenen eine Heirat Elisabeths mit Matthias tatsächlich gebracht hätte. Das bedauernswerte Mädchen ist jedoch zu früh gestorben, wie kurz vor ihr auch ihre beiden Brüder, und so sind die Grafen von Cilli ohne Nachkommen geblieben.

Die christliche Welt war 1453 von der Nachricht über den Fall von Konstantinopel erschüttert worden, was Johann Hunyadi abermals zum Versuch bewegte, die Türken über den Bosporus zurückzudrängen. Doch er erreichte nur Belgrad, wo er den türkischen Belagerungsring zwar durchbrach, jedoch zwei Jahre später in Zemun an der Pest starb. Stadthauptmann von Belgrad wurde dann sein Erstgeborener Ladislaus/Laszlo Hunyadi. Wer weiß, wie sich das weitere Schicksal der Slowenen gestaltet hätte, wäre Ladislaus Hunyadi nicht so übel auf Ulrich II. von Cilli, den nicht beschiedenen Schwiegervater seines Bruders Matthias (den späteren sagenhaften König Matjaž) zu sprechen gewesen. Angeblich hatte er einst Ladislaus Vater Johann arg verleumdet. Als Ulrich II. von Cilli nach Belgrad kam, um dem Habsburger Friedrich III. beizustehen, lauerte ihm Ladislaus Hunyadi am 9. November 1456 auf und spaltete ihm den Schädel. Dieses äußerst überzeugende Beweisstück vom Ende der verhinderten „slowenischen Dynastie" ist heute im Regionalmuseum/Pokrajinski muzej in Cilli ausgestellt und wird bis auf den heutigen Tag von den nicht belehrbaren Volksromantikern beweint.

149 Das Symbol der Hauptstadt Laibach ist ein gräßlicher Drache. Doch scheinen sich die Bürger recht gut an ihn gewöhnt zu haben.

Der Vorfall war so skandalös, daß außer Ladislaus Hunyadi auch sein jüngerer Bruder Matthias in Ungnade fiel. Doch schon zwei Jahre später verhalfen ihm die alten Feindseligkeiten zwischen seinem verstorbenen Vater und den Habsburgern auf den ungarisch-kroatischen Thron.

Die „offizielle" Geschichtsschreibung erachtet ihn, nicht nur was die Slowenen betrifft, als einen fähigen und klugen Herrscher. Er schuf den ersten zentralistischen Staat in Mitteleuropa und zügelte so gewissermaßen die feudalistische Anarchie, die jeden ernsthaften Widerstand gegen die Türken vereitelte. Sein Verdienst war es auch, daß er das weitere Vordringen der Türken verhinderte. Er befreite das bosnische Jajce und gründete mit den neu geschaffenen Banaten Jajce und Srebrenica eine Art Militärgrenze, die ein halbes Jahrhundert lang die Türken am Vordringen über die Save hinderte. Bis an das Ende der sechziger Jahre des 15. Jahrhunderts blieben Slowenien und die weiteren westlichen Gebiete von türkischen Überfällen verschont.

IM ZEICHEN DER TÜRKISCHEN SCHRECKENSHERRSCHAFT waren dann die siebziger Jahre. Über Lika und Istrien drangen sie bis an den Tagliamento und die Piave in Friaul vor, um auch der Serenissima eines auszuwischen, deren dalmatinischer Besitz für die Türken schon lange ein Anreiz war. Matthias I. Corvinus setzte sich den Türken tapfer zur Wehr, obwohl er sich manchmal auch als ein wenig wankelmütig erwies, da auch die Venezianer seine Rivalen waren. Es kam sogar vor, daß bei den türkischen Feldzügen gegen Venedig das gesamte, sonst gut funktionierende Warnsystem der Höhenfeuer und Böllerschüsse in den Corvinischen Ländern (mit seinem stillen Einverständnis) außer Betrieb blieb. Als die Venezianer, die über ein eigenes, gut funktionierendes Nachrichtennetz verfügten, 1478 die Türken trotz dieser „Störfälle" gut gerüstet erwarteten, zogen diese den Isonzo aufwärts über Kärnten hinweg und machten dort einen Monat lang ausgiebige Beute, ohne daß die Slowenen erfahren hätten, was die Türken in ihr Land geführt hatte. Bis 1483 kamen die Türken noch mehrmals nach Slowenien. Corvinius Truppen konnten die Leiden der Bevölkerung nur zum Teil mildern. Die acht ruhigen Jahre danach, die Matthias I. Corvinus den Türken abringen konnte, haben ihn, vor allem in Slowenien, mit ewigem Ruhm bekränzt.

Matthias I. Corvinus, der zwar stets die Teilnahmslosigkeit der europäischen Höfe und des Papstes anprangerte, kam diese friedliche Zeit dennoch zupaß, um seine ständigen Zwiste mit Friedrich III. zu bereinigen. Er verwickelte sich mit ihm in einen zehnjährigen Krieg, in dem es ihm (1487) sogar gelang, das kaiserliche Wien zu besetzen. Seine Truppen besetzten von 1479 bis 1490 auch den Großteil der slowenischen Gebiete. Obwohl sie da und dort auch einiges verwüsteten, blieb Matthias I. Corvinus selbst in bester Erinnerung; wohl auch, weil zu dieser Zeit die türkischen Überfälle ausblieben. Eher noch war es aber sein Gehör für die Rechte der Bauern, das zu seinem Ansehen beitrug.

Sein Hof war der Wirkungskreis berühmter Humanisten. In Preßburg/Bratislava gründete er die Universität, in Buda die theologische Fakultät; seine Bibliotheka Corvina mit ihrem Schatz an Handschriften und Erstdrucken wurde weltberühmt. Sein „rating" stieg so gewaltig, daß sie ihn zu ihrem König erkoren haben – nicht nur zu Lebzeiten, sondern auf ewig. Sogar nach seinem Tode (1490) sollte er sie nämlich dereinst in eine glücklichere und schönere Zukunft führen.

DIE HEROISCHE ZEIT DER BAUERNAUFSTÄNDE, die zwar bald nach den neuerlichen Türkenangriffen aufgeflammt waren, brach dann so richtig erst im beginnenden 16. Jahrhundert an. Der „Bauernbund" war aber schon zuvor recht gut organisiert gewesen. Mit der Beitrittsgebühr wurden Waffen gekauft. Die Zauderer wurden von den Bündlern mit argen Strafmaßnahmen bedrängt: Sie durften die gemeinschaftlichen Wiesen und Wälder nicht mehr nutzen und wurden sogar am Kirchgang gehindert. Die steirischen Bauern drohten, nach den Ausführungen der Geschichte der Slowenen/Zgodovina Slovencev, auch den Ständen: sie würden ihnen den Gehorsam verweigern und sich mit den Türken verbünden oder nach Italien, Ungarn oder sonst wohin abwandern (wie es so viele ebenso Erzürnte dann in den sozialistischen Zeiten auch wirklich taten). Damals, im 15. Jahrhundert, dachte allerdings noch niemand an Amerika, da es ja Kolumbus erst sechzehn Jahre später (unbeabsichtigt) entdecken sollte.

Die Forderungen der Aufständischen waren recht revolutionär: in den Gerichtsbezirken wollten sie eigene bäuerliche Richter, wie sie auch selbst über die Einsetzung von Pfarrern entscheiden wollten, denen sie genauso zusetzten wie den Grundherren, wenn sie ihnen ihren Beistand verweigerten. Ihre Bewaffnung verstanden sie recht geschickt zu bemänteln, indem sie sie, angesichts der Türkengefahr, als eine Notwendigkeit darstellten. Ähnlich bildete sich viel später in Slowenien, parallel zur jugoslawischen Armee, eine besondere militärische Formation heran, die sogenannte Territorialarmee. Ihr Zweck war ähnlich: Sie sollte im Falle eines feindlichen Überfalls die Abwehrkraft des regulären Heeres verstärken. Gut ausgerüstet und ausgebildet, konnte sich die Territorialarmee schließlich auch der serbischen Aggression zur Wehr

150 Die ältesten Spuren dieser Schönen an den Ufern der Ljubljanica sind im eigentlichen Stadtgebiet die früheisenzeitlichen Urnen. Die ältesten Spuren der Bewohner ihres weiteren Umfelds befinden sich im Moor, dem einstigen See und in den Pfahlbauten aus der Zeit von 3000 bis 1700 v. Chr. Viel später wurde hier die Römerstadt Emona gegründet. Das heutige Laibach trägt das alles in sich, obwohl dies nicht gleich zu erkennen ist. Doch auf den ersten Blick kann sich so mancher verlieben, wenn er sich zum Beispiel entlang des Flusses bis zur barocken Fassade der in der Mitte des 17. Jahrhunderts erbauten Kirche Maria Verkündigung im eigentlichen Stadtzentrum gleiten läßt.

MDCCLI

151 Für den Platz vor dem 1484 erbauten und später vom Baumeister Gregor Maček barockisierten Rathaus schuf Francesco Robba 1751 den Brunnen der drei krainischen Flüsse – eines der schönsten Wahrzeichen der Stadt.

152 Dank einer Reihe begabter Architekten und der allgemein anerkannten Autorität Jože Plečniks blieb das vom Barock dominierte Laibach trotz der modernen Eingriffe dennoch ein harmonisches Ganzes.

153 *Jože Plečnik wollte den Fluß mit vielen Brücken überspannen. Jede mit einer ganz eigentümlichen Gestalt, wie zum Beispiel die Schusterbrücke.*

154 *Eines der seltenen Denkmäler, die zu Ehren Napoleon I. außerhalb Frankreichs errichtet wurden, steht im schönsten Teil der Innenstadt. Mit den Versen des Dichters Valentin Vodnik wird die Erinnerung an die Napoleonischen Illyrischen Provinzen wachgehalten.*

155 *Ein besonderes Erlebnis ist der Rhythmus der von Jože Plečnik geschaffenen Balustraden und Kandelaber zur Grundmelodie des Jugendstil-Laibach.*

CIVITAS

156 Die Altstadt in Laibach ist schon seit langem den Fußgängern vorbehalten. Kaum zu glauben, daß sich einst durch so enge Gassen die Straßenbahn zwängen konnte.

157 Gemäß den Auflagen der Wiederbelebung des alten Stadtkerns verbergen sich hinter den ehrwürdigen Fassaden neue Inhalte.

158, 159 Vom Beginn bis zur Mitte des 18. Jahrhunderts wurden außer der Ursulinenkirche der hl. Dreifaltigkeit (links im Bild) auch noch die Kreuzherrenkirche, die St.-Peters-Kirche und der Dom (rechts) gebaut. Francesco Robba schuf Altäre für die Ursulinenkirche und die hundert Jahre zuvor errichtete Franziskanerkirche. Bei der Architektur des Doms nahm sich der Jesuit Andrea Pozzo die Kirche Il Gesù in Rom zum Vorbild; die Fresken im Inneren schuf Giulio Quaglio.

160 Jene, die keine moderne Architektur vertragen, an der es Laibach keinesfalls mangelt, möchten wir mit diesem Detail trösten. Sein Urheber ist der Architekt und Urbanist Max Fabiani, der zu Beginn unseres Jahrhunderts mit seinen Werken das Stadtbild für alle Zeiten prägte.

161 Das Geschäftsviertel im Zentrum von Laibach ist vielen nicht sympathisch, wie dies überall in der Welt der Fall ist. Wir Laien gewöhnen uns nun allmählich an den Anblick. Noch ein wenig Patina, und wir werden sogar zufrieden mit ihm sein und uns gegen das Morgige sträuben – bis auf weiteres.

162 Eine Quizfrage: Was erkennen Sie anhand der früheren Bilder des Stadtkerns von Laibach wieder? Zur Orientierungshilfe folgende Hinweise: in der Bildmitte sind die Franziskanerkirche und die drei Brücken (tromostovje), links unter dem Schloßberg ist der Dom, in der Mitte Robbas Brunnen und rechts das Rathaus.

163 Einige Klöster verwuchsen allmählich vollkommen mit dem Stadtkern, wie etwa das Minoritenkloster in Cilli. Gestiftet haben es vor 1242 die Grafen von Cilli, die auch weiterhin seine größten Wohltäter blieben und sich die Minoritenkirche zur letzten Ruhestätte bestimmten.

164 Interessant, daß sich das Gelände des heutigen Marburger Stadtkerns schon die frühesten Bewohner Sloweniens zum Wohnsitz erkoren hatten. Die ältesten Ausgrabungsfunde stammen aus der späten Steinzeit. Als Stadt wurde Marburg/Maribor erstmals 1162 erwähnt. Später umgürtete sie sich mit wehrhaften Mauern, vor allem nachdem Soliman II. 1532 die Stadt drei Tage lang belagert hatte. Im Jahre 1918 sicherten General Rudolf Maister und seine Freiwilligen mit ihrem energischen Vorgehen Slowenien seine Nordgrenze und Laibach einen ewigen Rivalen.

165 Marburg besitzt eine Reihe ehrwürdiger Bauten und wertvoller Kunstdenkmäler, darunter auch das nach der Mitte des 16. Jahrhunderts im Geiste der Spätrenaissance umgestaltete Rathaus.

166 Schon von alters her war auch Metlika an der kroatischen Grenze ein Bollwerk. Von 1408 bis 1578 mußten die Stadt und ihre Burg den Türken den Weg in die slowenischen Gebiete verwehren. Dies war bis zur Gründung der Militärgrenzstadt Karlovac oft recht verhängnisvoll. Seit die Altstadt nach dem großen Brand 1579 wiederaufgebaut wurde, hat sie sich kaum noch verändert.

167, 168 Wegen der auf diesen beiden Seiten vorherrschenden grünen Farbe fanden zwei vollkommen verschiedene Städte zueinander. Kamnik (links) wird erstmals im 11. Jahrhundert erwähnt, 1188 wurde es Markt, der dann 1267 zur Stadt erhoben wurde. Ein gutes Auge findet auch die an anderer Stelle vorgestellte zweistöckige Kapelle. Nova Gorica (oben) ist die jüngste slowenische Stadt. Sie entstand nach dem Zweiten Weltkrieg, als das „alte“ Görz/Gorica/Gorizia an Italien kam. Inmitten der grünen Ebene, links von der Eisenbahn, die über die weiße Brücke von Solkan durch die Landschaft führt und in die Station einbiegt (oben Mitte), breitet sich Nova Gorica aus. Die zweite Brücke jenseits der Geleise liegt bereits in Italien und ermöglicht über den Sabotin, den Berg rechts, den Zutritt in das slowenische Hügelland der Goriška Brda.

169 Pettau gilt als die älteste Stadt in Slowenien, auch ohne die Funde, die bis in das Äneolythikum und in die Bronzezeit zurückreichen. Schon beim antiken Poetovio führte eine Brücke über die Drau nach Pannonien. Obwohl die Stadt öfters zerstört wurde, ist sie mit ihrer großartigen Burg und den vielen hochwertigen Kunstdenkmälern eine der schönsten Städte in Slowenien.

170 Zu einem Abstecher in die Pettauer Umgebung lädt gewiß die am Übergang vom 14. zum 15. Jahrhundert (oder genauer von 1389 bis 1410) erbaute berühmte Wallfahrtskirche auf Ptujska gora. Das berühmte Gnadenbild, die Muttergottes, die mit ihrem weitausgebreiteten Schutzmantel eine große Schar von Gläubigen umhüllt, unter denen manche die Bildnisse der Grafen und Gräfinnen von Cilli erkennen, zeigt Anklänge an die Werke der Parler in Prag.

171 Zu den Sehenswürdigkeiten in Pettau gehört auch das um die letzte Jahrhundertwende erbaute Rathaus. Sehr bekannt sind auch die alljährlichen Veranstaltungen rund um die Fastnachtläufe der „Kurenti“ und noch weitere Veranstaltungen und Ausstellungen, z. B. die Sammlung von Turquerien im Museum, die an die Anwesenheit der Türken in den slowenischen Ländern erinnern.

172 Die Ansicht von Kočevje, vor allem aus der Luft, ist wenig bekannt. In der Türkenzeit wurde die Stadt mehrmals arg verwüstet: erstmals 1469 und dann wiederum 1491. Auch während des Zweiten Weltkriegs erlitt die Stadt großen Schaden, als die Verbündeten die Stellung der slowenischen Heimwehr auf der Festung angriffen und sie dem Erdboden gleich machten.

173 Jeder Winkel von Škofja Loka, der Stadt unter dem Lubnik, strahlt ehrwürdiges Alter aus und bekundet Schönheitssinn.

174 Der Sinn für Schönheit liegt im Detail. So wie ihn die Vorfahren bewiesen haben, so bewies ihn beim „Wettbewerb um die schönsten und aussagekräftigsten Bilder von Slowenien" auch Bruno Bizjak.

175 *Auf dem Vorsprung über der Save und der Kokra wurde schon in der späten Steinzeit die zukünftige Stadt Krainburg/Kranj abgesteckt, die nun eines der bedeutendsten Industriezentren im Staat ist. Von den frühen Siedlern zeugen die hallstättischen und römischen Ausgrabungsfunde, im 6. Jahrhundert siedelten hier die Langobarden, die dann den Slawen weichen mußten. Im 7. Jahrhundert war der Ort unter dem Namen Carnium bekannt. Als Stadt wird Krainburg 1256 erwähnt, als Handwerk und Handel den Ort aufblühen ließen. Schon zu Beginn des Industriezeitalters war Krainburg eine wohlgestaltete urbane Siedlung und entfaltet sich auch weiterhin ganz prächtig.*

176 Über der tiefen Felsschlucht des Isonzo liegt der bereits 1140 erwähnte malerische Ort Kanal. In einem seiner Befestigungstürme ist heute die Kunstgalerie Riko Debenjak untergebracht, mit deren zahlreichen Aktivitäten das Städtchen beweist, daß es vieles in das lokale und breitere kulturelle Leben einzubringen vermag. Kanal ist mit seinen Sehenswürdigkeiten, vor allem der Kirche, die möglicherweise schon im 13. Jahrhundert bestanden hatte und Ende des 18. Jahrhunderts barock „eingekleidet" wurde, auch Haltestelle für unseren „Nostalgie-Zug" auf der Strecke von Veldes nach Görz.

177 Von den zwei Jahrtausenden mannigfaltiger Lebensweisen zeugen nicht nur die Dörfchen im Karst und in Istrien, sondern auch die Städte an der verhältnismäßig kurzen, doch ungemein abwechslungsreichen Küste. In einer jahrhunderte- und jahrtausendelangen Symbiose lieferte das Hinterland immer wieder frisches Blut und öffneten die Städte den Weg in die weite Welt; oft war man sich der gegenseitigen Abhängigkeit gar nicht bewußt. Von den Städten entfaltete sich Piran besonders schön, das erstmals im 7. Jahrhundert, unter byzantinischer Verwaltung stehend, erwähnt wird. Über der Stadt thront die St.-Georgs-Kirche, wie sie in Abendstimmung das Bild von Janez Skok zeigt.

FARMACIA

178 Noch immer in Piran, man muß ja noch den wunderschönen Hauptplatz bestaunen, der sich um das Denkmal des in Piran geborenen Komponisten Giuseppe Tartini ausbreitet.

179 Auf der in der Römerzeit nach den hier weidenden Ziegen benannten Insel (insula caprea) fand nach dem Niedergang des Römischen Imperiums die Bevölkerung aus der Umgebung Zuflucht und Geborgenheit. Nach und nach sicherten sie ihr Refugium mit Wehrmauern ab und bauten es zu einer wohnlichen Stadt aus, die man im 13. Jahrhundert Caput Histria nannte. Der Wunsch zu überleben zwingt die Stadt Koper/Capodistria auch heute zum ständigen Wettkampf mit Triest, Rijeka und Venedig.

180 Der venezianische Anhauch ist ganz gewiß nicht der einzige Einfluß, der hier zu bemerken ist. Fachleute wissen so einiges von Verflechtungen und Vorbildern von der Küste Istriens zu berichten.

181 Noch eine Küstenstadt, deren italienischer Name Isola verrät, daß sie sich einst auf einer Insel befunden hatte. Auch die Geschichte dieses, zwischen Koper und Piran gelegenen Städtchens reicht bis zur Römerzeit zurück. Seit dem Jahre 972, in dem Izola erstmals erwähnt wurde, scheint das Jahrtausend recht friedlich verstrichen zu sein.

182 Ein nochmaliger Blick auf das wunderschöne Piran, das wie von einem Computer für die Spitze der Halbinsel Punta errechnet zu sein scheint. Vielleicht fände sich jemand, der zu erklären wüßte, wie solche urbanistischen Meisterwerke entstehen können – auch ohne die ewigen Ermahnungen, daß sich die Siedlung organisch in die natürliche Umgebung einzugliedern hat.

setzen und wuchs sich danach zur regulären slowenischen Armee aus. Ob man auch in diesem Falle von einer einstigen, in den slowenischen Genen gespeicherten Erfahrung sprechen könnte, wurde (noch) nicht näher untersucht.

Vor größeren Unannehmlichkeiten wurden die Grundherren im Jahre 1476 von den Türken bewahrt, als der erste größere Aufstand in Slowenien ausbrach und fast ganz Kärnten erfaßte. Die Türken stürmten aus Friaul über den Predel/Predil-Paß bis nach Tarvis und überraschten dort die Bauern, die sich gerade zum Angriff rüsteten. Einige hundert Bauern fielen oder wurden gefangengenommen. Historiker zitieren in diesem Zusammenhang recht oft den Kärntner Chronisten Jakob Unrest: „Inn dem kham Got mit seyner hylff, der die gerechten nicht verlest unnd der pawren untrew mit den ungelawbigen Turckhen strafft. Das hat Gott darumb getan, das kristenlich pluet von den untrewen pundtlewten nicht vergossen wuerdt . . ." Wie wohl Jakob Unrest über den Sieg der slowenischen Territorialarmee 1991 berichtet hätte?

Diesem ersten größeren Bauernkrieg in den slowenischen Gebieten folgten an verschiedenen Orten noch einige kleinere mit recht unterschiedlichen Erfolgen und Kompromissen. Im Jahre 1513 kam es dann zum größten Aufstand in der gesamten slowenischen Geschichte. Außer der Forderung nach dem „alten Recht" begehrten die Bauern auch gegen die Gewalttätigkeiten ihrer Herren auf sowie gegen so offensichtliche Eigenwilligkeiten, wie es etwa das an der Ljubljanica errichtete Mühlwehr war, das häufig Überschwemmungen verursachte. Die Bauern weigerten sich, die von einigen Grundherrn eingeführten Sondersteuern zu zahlen, „abgesehen von jenen, die der allerdurchlauchtigste Kaiser von ihnen fordern würde".

Der Kaiser hatte zu jener Zeit gerade Schwierigkeiten mit Venedig, mit dem er wegen Capodistria/Koper, Triest und der Erbfolge nach den Grafen von Görz in einen Krieg verwickelt war. Der slowenischen Bauerndelegation gewährte er sogar eine Audienz. Der Kaiser, der zuvor den Bauernbund verboten hatte, versprach den Bauern nun zuvorkommend, dem alten Recht wiederum zur Geltung zu verhelfen und Sonderkommissare einzusetzen, die alle Mißstände untersuchen sollten.

„DAS SCHLOSS BRENNT, DER GRAF RENNT, FLIESST DAS BLUT, DANN DER WEIN NOCH OBENDREIN" sangen einige hundert Jahre später die Slowenen in Erinnerung an die Bauernaufstände. Es wird sich wohl nie feststellen lassen, wie sehr und wie lange der Kaiser zu seinem Wort gestanden wäre, und auch nicht, ob die Grundherren bereit gewesen wären, Folge zu leisten. Denn noch bevor die Abgesandten zurückgekehrt waren, überstürzten sich die Ereignisse. Die Bauern griffen an, und in einigen Tagen eroberten sie zahlreiche Schlösser und brannten sie nieder. Ganz im Stil dieses mitreißenden Marschliedes kam so mancher Schloßherr dabei um, weitere wurden auf andere Arten umgebracht.

Besonders mutig sangen die Slowenen dieses Lied auch während des bewaffneten Widerstandes gegen die Okkupanten im Zweiten Weltkrieg, den die Kommunisten nutzten, um ihre soziale Revolution durchzuführen.

Ganz besonders dramatisch und folgenreich gestaltete sich der große kroatisch-slowenische Bauernaufstand 1573. Seine Ursachen sah Erzherzog Karl in folgender Tatsache: „Die Herren behandeln ihr Vieh besser als ihre Untertanen. Nicht nur, daß sie die Unglücklichen nicht vor der türkischen Tyrannei bewahren können, sie nützten sie auf die gleiche Weise aus und treiben sie so wie die Türken selbst." Es war dies eine der ersten, wenn nicht gar überhaupt die erste gemeinsame Aktion in der Geschichte beider Völker, die sich ansonsten oft recht ungewogen sind, wahrscheinlich wegen der übergroßen Ähnlichkeit. Jeder für sich ist fest überzeugt, wesentlich besser als der Nachbar zu sein.

Der Anführer des Aufstandes war Ambrož Gubec; besser bekannt ist er unter dem Namen Matthias (wohl im Zusammenhang mit dem sich heranbildenden Mythos vom König Matjaž, recte Matthias I. Corvinus). Der militärische Befehlshaber war Ilija Gregorič. Beide hatten Kriegserfahrungen aus den Kriegen gegen die Türken, doch wie überhaupt alle Aufständischen vor allem im Verteidigungskrieg. Dies erwies sich als die schicksalhafte Schwäche der Bauernfeldzüge, die ihr hoch gestecktes Ziel, Abschaffung aller Abgaben und Dienste, Mauten und Zölle an die Grundherren und die Kirche, nur mit einer offensiven Kriegsführung auf breiter Front und nicht nur auf einige Schlösser abgezielt erreichen hätten können. Ihre volle Ergebenheit wollten sie einzig und allein dem Kaiser erweisen; doch daran glaubten sie wohl selbst nicht ganz.

Die taktischen Mängel kamen sie teuer zu stehen. Die Adeligen mit ihren Truppen und den Uskoken – den Söldnertruppen zur Festigung der Grenze gegen die Türken, die aus Flüchtlingen aus den von Türken besetzten Gebieten bestanden – mähten Tausende von Bauernkriegern nieder und rieben sie schließlich vollkommen auf. Es folgten grauenvolle Vergeltungsmaßnahmen: Matija Gubec, den sich die Bauern angeblich zum König erkoren hatten, wurde

183 Die im frühen 15. Jahrhundert als Novo mesto/Neustadt bezeichnete Metropole von Unterkrain, des Landes sanfter Weinhügel, war schon damals nicht mehr neu. Es wurde von Rudolf IV. 1365 zur Stadt erhoben und entfaltete sich in einem Bereich, der seit dem letzten Jahrtausend v. Chr. ununterbrochen besiedelt gewesen war. Die reichen und ungemein wertvollen Funde zeugen von den Stämmen, von denen man einst annahm, sie wären Illyrer gewesen, von Kelten und Latobikern bis hin zu den Römern. Alle ließen sich hier häuslich nieder und blieben. Wäre dieses anmutige und freundliche Land nicht so lange von den Türken bedroht und heimgesucht worden, hätte es sich gewiß rascher entwickelt als das bergige Oberkrain. Die jüngsten Entwicklungen schließen eine derartige Möglichkeit keinesfalls mehr aus.

auf dem Markusplatz in Agram auf einen glühenden Thron gesetzt und mit einem glühenden Kuhmaulkorb gekrönt; schließlich wurde er noch gevierteilt. Ilija Gregorič wurde enthauptet. Die Märkte und Städte, die während des Aufstandes den Bauernkriegern auf irgendeine Weise beigestanden waren, mußten viel Bußgeld zahlen. Die überlebenden Aufständischen wurden gefoltert oder sie wurden zur Strafe gezeichnet, indem man ihnen die Hände abhackte und Nasen und Ohren abschnitt.

Bei den Bauernaufständen in Slowenien und Kroatien kann von einem ausgereiften Nationalbewußtsein noch keine Rede sein. Gewiß aber wirkte sich die gleiche bzw. ähnliche Sprache verbindend bzw. einigend aus. Sie war ein Erkennungs- und Angehörigkeitsmerkmal, nachdem sich die Krainer, Steirer usw. nun immer öfter auch als Slowenen bezeichneten. Zugleich aber war sie ein Unterscheidungsmerkmal, wegen dem sie von ihren Herren nicht selten ganz besonders schlecht behandelt wurden.

Die auf dem christlichen Ethos und den Evangelien gründende Gleichberechtigung jedes einzelnen und der Völker insgesamt blieb ein fernes, kaum zu erlangendes Ziel. Die Bauernaufstände waren dennoch eine Gelegenheit, daß mit der Forderung nach dem natürlichen und von Gott gegebenen Recht auf Gleichheit auch das slowenische Nationalbewußstein erwachte und sich entfaltete.

DER PROTESTANTISMUS ALS THERAPIE, mit der die Krise bewältigt werden sollte, die seit Jahrhunderten wie Aussatz die Katholische Kirche zerfraß, gewann auch im slowenischsprachigen Raum rasch ihre Anhänger. Die Unzufriedenheit und die Abneigung, die Martin Luther 1517, zu 95 Thesen zusammengefaßt, an die Tür der Schloßkirche in Wittenberg anschlug, wirbelte schon seit geraumer Zeit in der Zugluft der „europäischen Drehtür". Das Aufbegehren der hörigen Bauern war in den benachbarten Ländern etwas alltägliches. Die Bürger wollten den gesamten Handel an sich reißen, was wiederum den Grundherren und den Bauern mißfiel. Auch die Interessen der Adeligen und der Herrscher kamen sich in die Quere. Während die einen möglichst selbständig auf ihren Besitzen walten wollten, strebten die Herrscher die größtmögliche Gewalt über sie an. Die Verhältnisse in der Kirche wurden wegen des sittlichen Verfalls von Tag zu Tag schlechter. Die aus den Reihen des Hochadels hervorgegangenen kirchlichen Würdenträger teilten die guten Ämter unter sich auf. Die ungebildeten niederen Ränge behalfen sich mit der „Eigenfinanzierung" – wie später der kommunistische Geheimdienst z. B. die Geldbeschaffung durch das Betreiben von Schenken und derlei einträglichen Etablissements benannte.

Einiges brachten in die allgemeine Geistesverfassung auch die im 14. Jhd. aus Italien einströmenden humanistischen Ideen ein sowie die von den Idealen der griechischen und römischen Antike durchdrungene Renaissance. Statt der Theologie, deren Lehren und Dogmen unverhohlen kritisiert wurden, stand nun der Mensch im Mittelpunkt und wurde zum Maß aller Dinge.

Viele suchten und fanden – angesichts des drohenden ideologischen und sittlichen Niederganges – Trost und Halt bei den Evangelien und setzten sich für eine Rückkehr zu den Ideen des Urchristentums ein. Wie in allen guten Familien haben ja auch die Kommunisten bei den Studentenunruhen 1968 für eine Rückkehr zum „jungen Marx" plädiert, der allerdings auch schon einen Bart hatte.

Martin Luther seinerseits war überzeugt, daß man sich das Himmelreich nicht mit Ablässen verdienen kann, die sich die verängstigten Sünder seit 1507 sogar direkt beim Papst erkaufen konnten – in Form von Beiträgen für dem Bau der Peterskirche in Rom. Martin Luther stellte die päpstliche Unfehlbarkeit und noch einige weitere Dogmen in Frage. Dafür bot er ein eigenes Dogma an: der einzige richtige Weg sei die Vertiefung des Glaubens und das Streben nach der Gnade Gottes mit Hilfe der Bibellektüre. Die Tatsache, daß dies in dieser Form niemandem zuvor eingefallen war, lag wohl auch daran, daß die Durchführung dieser Idee erst mit der einige Jahrzehnte zurückliegenden Erfindung des Buchdrucks durch Johannes Gutenberg in Mainz möglich geworden war.

PRIMOŽ TRUBAR (1508 – 1586) HATTE DEN SLOWENEN DAS HIMMELSTOR AM WEITESTEN AUFGESTOSSEN. Sein Lebensweg führte ihn aus Raščica in Unterkrain in die Nähe reformatorischer Geister vor allem in Triest, wo er sich gemeinsam mit Gleichgesinnten beim Enconium moriae/Lob der Narrheit des großen Erasmus von Rotterdam inspirierte. Später lernte er noch die Lehren von Martin Luther, Jean Calvin und Ulrich Zwingli kennen. Obwohl sich der Protestantismus in Slowenien nicht behaupten konnte, blieb ihm Primož Trubar sein ganzes Leben lang treu. Nachdem er nach Deutschland geflüchtet war, suchte er von dort aus seinem Volk „die Lehren unseres wahren christlichen Glaubens" zu vermitteln, „dessen Kenntnis jedermann zur Erlangung seines Seelenheils und des allerhöchsten Trostes" am nötigsten hat.

Im Jahre 1551 entstanden dann in Tübingen die ersten beiden slowenischen Bücher – der „Catechismus Jn der Windischen Sprach“ sowie das „Abecedarium vnd der klain Catechismus in der Windischen Sprach“, mit denen „er seinem Volke helfen wollte“. Das „Abecedarium“ zeichnete er als „illyrischer Patriot“. Sein Werk widmete er dem „armen, schlichten, gutherzigen slowenischen Volk, auf daß auch seine Sprache geschrieben und gelesen werde, wie die Sprachen anderer Völker . . .“ Die ersten zwei Bücher wurden in gotischen, die weiteren 24 Bücher dann in lateinischen Lettern gedruckt.

Der reformatorische Geist verband Primož Trubar auch mit anderen Aufbegehrern, wie etwa mit dem Bischof von Koper, Peter Paul Vergerius, der vor den Verfolgungen der Gegenreformation ebenfalls nach Deutschland ausweichen mußte. Da Luthers Lehren verschiedene Schichten unterschiedlich deuteten, zumeist aber sie engstens mit ihren eigenen Interessen verbanden, durchlebten Primož Trubar und weitere Gleichgesinnte, darunter Jurij Dalmatin, der die gesamte Heilige Schrift ins Slowenische übersetzte (1584), und Adam Bohorič, der Verfasser der ersten slowenischen Grammatik, nur wenige Augenblicke der Genugtuung und Anerkennung. Die meiste Zeit verbrachten sie als Verbannte in der Fremde.

Es scheint, als ob die Verfolgungen ein Ansporn gewesen wären. Außer daß das Trio sozusagen im Alleingang die slowenische Schriftsprache erschaffen hatte, legte Primož Trubar auch noch den Grundstein für das slowenische Schulwesen, indem er Schulen für die slowenischen Kinder gründete, und es ist auch sein Verdienst, daß in Laibach ein Gymnasium eingerichtet wurde. Fernab von der Heimat, als Pfarrer in Derendingen, blieb die Weiterbildung begabter Slowenen an deutschen Universitäten eines seiner größten Anliegen. Auf sein Betreiben sollte der protestantische Glaube auch bei den anderen slawischen Völkern und auch bei den Italienern verbreitet werden. Primož Trubar kümmerte sich um den Druck reformatorischer Schriften in glagolitischer und cyrillischer Schrift. Er wußte einen richtiggehenden protestantischen Propaganda- und Agitationsfeldzug zu organisieren. Besonders interessant war seine utopische Idee, daß Europa die Türken durch Christianisierung befrieden sollte.

Die ärgsten Gegner hatte Primož Trubar selbstverständlich in der Heimat. Als sich in Slowenien schließlich doch Rom durchsetzen konnte, war eine der Hauptaufgaben der gegenreformatorischen Kommissionen das Aufspüren und Verbrennen protestantischer Bücher. Doch schon zu Beginn des 17. Jahrhunderts erwirkte der zwar als entschiedener Gegenreformator bekannte Laibacher Bischof Tomaž Hren beim Papst die Genehmigung, daß die katholischen Priester die protestantischen Bücher benutzen durften, da man sie in kurzer Zeit nicht durch eigene katholische ersetzen konnte.

Die Gegenreformation mußte, um zu gelingen, die Forderungen der Protestanten berücksichtigen, die laxe Disziplin in den eigenen Reihen straffen, auch innerhalb der Kirche die sittliche Wachsamkeit vergrößern und das verlorene Ansehen in Wissenschaft, Kultur und im öffentlichen Leben wiedererlangen. Eine besondere Rolle fiel dabei den Jesuiten zu, die in den rekatholisierten Ländern dafür sorgen sollten, daß die katholische Kirche allmählich wieder die Kontrolle über den Staat erlangte – indem sie eigentlich das Programm der Reformation durchführte! Auf ähnliche Weise setzte sich, dank des flexiblen Bischof Tomaž Hren, das reformatorische Bestreben durch, den Untertanen zu ihrem Recht zu verhelfen, die Bibel und den Gottesdienst in ihrer eigenen Sprache zu lesen und zu feiern. Gemeinsam mit dem Buchdruck förder-

Die Grenzstadt Metlika rühmt sich zweier „Privilegien“: sie war die erste von den Türken eingenommene slowenische Stadt und auch die letzte, die sie nach der Schlacht bei Sisak noch angegriffen hatten

te dies die allgemeine Alphabethisierung und war von unschätzbarem Wert für die weitere slowenische Bewußtseinsbildung.

Der Gedanke an diese einmalige Erfahrung und der Sturz vom Thron der Unfehlbarkeit führt uns zu den Ereignissen nach dem Fall der Berliner Mauer. Derartige Stürze finden ja noch immer statt, doch echte Katzen landen stets auf ihren Pfoten. Kommen sie anderswie zu Fall, gehören sie eben dieser beachtenswerten Spezies nicht an. Was die Slowenen anbelangt, traten sie nach den Bauernaufständen immer häufiger unter dem gemeinsamen Namen auf, wofür auch Jurij Dalmatin und die krainischen Studenten in den deutschen Landen einigen Verdienst hatten.

In der Ethnie, die sich zuvor nicht einmal über ihren gemeinsamen und einenden Namen im Klaren gewesen war, förderte die sich entfaltende Schriftsprache die weiteren Einigungsbewegungen. Die Langwierigkeit der Prozesse, die sich in denkbar ungünstigen historischen Gegebenheiten vollziehen mußten, vernebelte oft die Sicht und ließ das Volk resignieren.

IN DER ZEIT, ALS ES NOCH KEIN FERNSEHEN GAB, wußten sich die Leute aus solch geisttötenden Situationen durch Phantasie zu retten. Gewiß war auch damals nicht alles ganz schwarz und hoffnungslos. Als die Türken nach dem Tod Matthias I. Corvinus wieder häufiger in das Gebiet des heutigen Slowenien einfielen, wurde das nationale Bewußtsein und die Verbreitung der Begriffe „Slowenen" und „slowenische Sprache" u. ä. durch die zeitweiligen Siege heimischer Anführer gekräftigt. Ganz besonders angesehen und gefeiert waren die Grafen Auersperg z. B. der Landeshauptmann von Krain und Oberbefehlshaber der Militärgrenze, Herbarth Auersperg, und Weichard Auersperg als Festungskommandant von Karlovac und General der gesamten Militärgrenze. Hervorgetan hat sich aber auch Andreas Auersperg, der in der Schlacht bei Sisak in Kroatien „am St.-Achatius-Tag am 22. Juni 1593" zu einem der größten Siege der christlichen Heerscharen über die Türken beitrug. Der türkische Befehlshaber Hassan Pascha hatte sich drei Jahre darauf vorbereitet, die Festung Sisak dem Erdboden gleich zu machen, da sie seine Kriegszüge in die slowenischen Gebiete behinderte. Zahlreiche Laibacher Bürger bereiteten bereits ihre Flucht vor. Die zurückgelassenen Frauen und Kinder sollten, um den Türken nicht lebend in die Hände zu geraten – in den Ljubljanica-Fluß springen. Die vereinigten christlichen Heere schlugen dann die Türken aber so gründlich, daß sie sich fortan größere kriegerische Unternehmungen in den slowenischen Gebieten nicht mehr leisten konnten.

Obwohl der Laibacher Bischof zur Erinnerung an die glorreiche Schlacht an jedem Jahrestag eine Messe im Meßgewand aus Hassans Mantel zelebrierte, schien dies den Leuten nicht zu genügen. Sie brauchten einen Helden, „ihren" Helden. Auf dem nationalen Schneidetisch wurden in den vergangenen Jahrhunderten verschiedene historische Gestalten von nah und fern zusammenmontiert – Matthias I. Corvinus, Königssohn Marko, Matija (Ambrož) Gubec, Ulrich II. von Cilli und noch dieser oder jener homerische Held. Zum Unterschied zu den Kroaten, bei denen Matthias I. Corvinus tatsächlich geherrscht hatte und die ihn (daher?) gar nicht so besonders schätzen, machten ihn die Slowenen in vielen Versionen zu „ihrem" König: Er soll in türkischer Gefangenschaft geschmachtet haben, bis ihn des Sultans Tochter durch ihre Fürbitte bei ihrem Vater befreite. Er sollte sich mit der türkischen Schönen vermählen. Seine Frau hatte zu Hause zehn Jahre lang auf ihn gewartet, bis er schließlich unter ihren Freiern auftauchte, etc.

Die meisten dieser Geschichten und Lieder enden unheilvoll. Besiegt zieht sich König Matjaž mit seinem Heer in eine Höhle im Berg Peca oder Krim zurück, wo er nun, umgeben von seinen Getreuen, an einem steinernen, elfenbeinernen oder runden Tisch schlummert. Der serbische Zar Lazar führte sein Heer unmittelbar nach der Schlacht in den Himmel und die Serben wurden so zu einem Himmelsvolk. König Matjaž hingegen wird seine große Tat erst vollbringen – wenn sein Bart dreimal, fünfmal oder auch neunmal um den Tisch gewachsen sein wird. Dann wird er erwachen oder es wird ein mutiger Jüngling kommen und ihm das Schwert aus der Scheide ziehen. Dies sollten einige Leute schon versucht haben, doch erschraken sie und liefen davon, als die königlichen Mannen sich zu regen begannen.

Der wahre Beweggrund für das Erwachen König Matjažs sollten die Nöte und Wünsche seines Volkes sein: Wenn alle Plagen, Unrecht und Armut übergroß würden, wenn der Kaiser keine Soldaten mehr haben wird, wenn der Glauben vergehen würde . . . dann wird jenes geschehen, was fremde und heimische Volkskundler und Literaturhistoriker gemeinsam mit dem verdienstvollen Ivan Grafenauer als Volksgut sammelten: König Matjaž wird „unserem" Kaiser zu Hilfe eilen. Bei einem mächtigen, wieder ergrünten Lindenbaum werden sie sich versammeln und gegen die Feinde des christlichen Glaubens ins Feld ziehen. König Matjaž wird alle besiegen, Könige, Kaiser, die ganze Welt. Der alte Glaube und das Recht werden siegen. Goldene Zeiten werden für die Slowenen anbrechen.

Man muß also nur fest daran glauben und geduldig warten. Und vor allem keinen Fernseher einschalten!

DOCH GODOT LÄSST SICH NICHT BLICKEN

DAS GEMEINSAME SCHICKSAL DER SLOWENEN schien das Interesse der Nachbarn bereits geweckt zu haben, noch bevor es den auf mehrere feudal-historische Länder zersplitterten präslowenischen Ethnien in den Sinn gekommen war, daß es vorteilhaft wäre, über eine gemeinsame Zukunft auch gemeinsam nachzudenken. Gewiß haben die Historiker recht, daß es in jenen Zeiten noch keine Nationen im heutigen Sinn des Wortes gegeben hat. Dennoch erscheint die Eindeutschung, die bis zur Mitte des Jahrtausends bereits den Großteil der mit präslowenischen Vorfahren besiedelten Gebiete verschlungen hatte, ziemlich planmäßig vollzogen, als ob sie ein geheimer Stab für die ethnischen Säuberungen des 20. Jahrhunderts geleitet hätte.

Doch Neues kam dennoch – so nebenbei: Wirtschaftliche und soziale Veränderungen begannen die Grenzen zwischen den slowenischen Ländern zu durchdringen und bewirkten eine größere Mobilität und engere Beziehungen der Nachkommen der vor Jahrhunderten versprengten Karantaner zueinander. Manchmal schien es schon, als ob ein mutiger Jüngling König Matjažs Schwert aus der Scheide zöge und der Retter der Nation im nächsten Augenblick erwachen würde.

DIE NEUZEIT hätte für die Slowenen in spe – um mit einiger dichterischen Freiheit bei den Symbolen des „Neuen" zu verbleiben – ganze zwei Jahre vor ihrem offiziellen Beginn (Entdeckung Amerikas) beginnen können. Eines Morgens des Jahres 1490 mühte sich in der Nähe des Zusammenflusses der Idrijca und des Wildbaches Nikova ein Böttcher vergeblich, einen Zuber zu heben, den er über Nacht im Wasser hatte aufquellen lassen. Den ringsum aufgeschobenen und aufgetürmten Deckmassiven war etwas weit lebhafteres als Wasser entsprungen. Ein Goldschmied in Škofja Loka erkannte es sofort: es war Quecksilber. Im Jahre 1494 schürften es bereits zwei Gesellschaften, eine italienische aus Cividale/Čedad und eine deutsche.

In dieser Zeit kam es übrigens im gesamten Gebiet des heutigen Slowenien zu den ersten Anläufen einer frühkapitalistischen Produktion. Die Inhaber der ersten größeren Berg- und Eisenwerke waren zumeist Kaufleute, die, in Bergwerksgesellschaften vereint, Eisen gewannen und vertrieben. Die nach allen Richtungen offene europäische Drehtür förderte den von allen modernen Wirtschaften so sehr angestrebten ständigen Transfer von Know-how. Das Betriebskapital sicherten vor allem „Verleger"; meist waren es Kaufleute, die den Hammerherren und Bergleuten das Geld für Werkzeug und Anlagen vorstreckten, aber auch für den Unterhalt der Arbeitenden, die dadurch umgehend in eine weitere historische Zwickmühle gerieten.

Das Quecksilber wurde nach den ersten schwierigen Jahren der Erschließung zu einem wahren Boom. Bereits nach dreißig Jahren wurden rund 50 Tonnen Quecksilber und Zinnober gewonnen. Welch umfassende Unterfangen erforderte dies in Idrija selbst und beim Transport! Doch die ersten Inhaber des Bergwerks, Kaufleute aus Venedig und Cividale, sollten sich nicht lange dieses Erfolges freuen. Nachdem sie zwischen 1539 und 1573 an die 1650 Tonnen Quecksilber und rund 300 Tonnen Zinnober verkauft und nicht nur auf dem europäischen Markt die Oberhand gewonnen hatten, sondern auch in die Kolonien vorgedrungen waren, verstaatlichte Wien, nachdem es das Gebiet von Idrija besetzt hatte, das Bergwerk „zur zweckmäßigeren Nutzung". Mit zweihundert- bis vierhundert-prozentigen Gewinnen, wie sie später erreicht wurden, wurde Idrija zu „einer der ergiebigsten Quellen des europäischen Handelskapitals".

WEITERE VORAUSSETZUNGEN DER ZUKÜNFTIGEN INDUSTRIALISIERUNG boten neben den Erzlagern und der Wasserkraft der zahlreichen Wildbäche auch der stetige Rummel auf der Völkerstraße. Wichtige Eisenhütten waren in Sava, Javornik und Aßling/Jesenice

(Stahl), Železniki, Wochein/Bohinj, Kamna Gorica, Kropa und Tržič (Hufeisen und Nägel); an der oberen Soča standen die Görzer Eisenwerke, in Mislinja eines der steirischen und weitere im Gebiet von Unterkrain. Nach dem von Bogo Grafenauer zitiertem Bericht soll sich zu Ende des 17. Jahrhunderts die Jahresproduktion von Eisen in Krain und Görz auf 1650 Tonnen belaufen haben.

Ende des 16. Jahrhunderts gab es in den slowenischen Ländern auch schon die ersten Manufakturen. In Fužine bei Laibach, wo heute eine der modernsten Papierfabriken steht, die beim postsozialistischen Ausverkauf als erste von ausländischen Unternehmern erworben wurde, stand schon damals, so wie etwa in Villach, eine Papiermühle. In Laibach wurden Kanonenkugeln, in Cilli Kanonen gegossen und in Ferlach/Borovlje wurden Büchsen geschmiedet. Glas wurde z. B. in Laibach in einer „Venezianerhütte" erzeugt.

Der Ölmüller aus Jost Ammans Beschreibung der Stände (1568)

Überall entfaltete sich das Hausgewerbe: In Oberkrain wurde Flachs gesponnen und Leinen gewoben, in Görz züchtete man Seidenraupen und produzierte Seide, in den rauheren Gegenden von Unterkrain und Innerkrain (Notranjsko) befaßte man sich mit der Schafzucht und verarbeitete die Wolle; in Stražišče bei Krainburg wurden Roßhaarsiebe hergestellt, die man nicht nur in den benachbarten Ländern vertrieb, sondern mit denen man bis Spanien und England handelte. Die Holzgewinnung und -verarbeitung war besonders intensiv in der Gottschee (Kočevje) und Ribnica sowie um Škofja Loka und Adelsberg (Postojna); im 18. Jahrhundert wurden jährlich an die tausend Frachten von Holzwaren ausgeführt.

DIE ÜBERZÄHLIGEN HUNGRIGEN MÄULER AUF DEN BAUERNHÖFEN stifteten jedoch nicht nur Unzufriedenheit und Aufstände, sondern trugen auch zu weitreichenden wirtschaftlichen und zivilisatorischen Umwälzungen bei. Einige Herrscher versuchten schon vor Luthers Thesen (1517) die mißlichen Verhältnisse zwischen der Grundherrschaft und den Hörigen zu ändern. In diesem Sinne agierte z. B. Maximilian I. von Habsburg, als er in seinem zweitem Regierungsjahr (1494) an der Wiener Universität den Lehrstuhl für römisches Recht gründete. Um die Willkür der Grundherren einzudämmen, wollte er sich auf eine in Rechtsdingen wohlbewanderte Beamtenschaft stützen. Dies trug im weiteren Verlauf auch zur Heranbildung der zentralen Staatsmacht bei. Dieser ausnehmend gebildete Herrscher rühmte sich gerne, daß er auch slowenisch sprechen könne, was ihm sein Lateinlehrer Tomaž Prelokar aus Celje/Cilli beigebracht habe. Tomaž Prelokar beschloß dann seine blendende Karriere als Bischof von Konstanz. Am Hof desselben Herrschers war auch der aus Laibach stammende Hofkapellmeister und Komponist Jurij Slatkonja sehr geschätzt. Er war der Gründer jenes Chores, dessen Nachfolger die Wiener Sängerknaben sind. Später wurde Jurij Slatkonja der erste Bischof der neugegründeten Wiener Diözese. Für die Bedürfnisse des neuen Bistums, das indirekt auch die Macht des Kaisers festigte, mußte eine neue Bischofsresidenz erbaut werden. Diese Aufgabe wurde dem Architekten Augustin Prygl Tyffernus anvertraut, der laut seines Beinamens aus Tüffer bzw. Laško in Slowenien stammte. Nebenbei hatte dieser auch die Bischofspaläste in Gornji grad und in Laibach erbaut. Vom Durchsetzungsvermögen der Menschen aus den slowenischsprachigen Gebieten zeugt auch der kaiserliche Gesandte Sigismund von Herberstein, dem seine Slowenischkenntnisse bei den Verhandlungen im Lager des Sultans Suleimann II. des Großen sehr zugute kamen. Ganz wesentlich aber waren diese Kenntnisse für sein Buch „Rerum Moscovitarum commentarii", in dem er der westlichen Welt das damalige Rußland vorstellte. Bekannt sind auch die philosophischen Kommentare des Philosophieprofessors und Dekans der Wiener Philosophischen Fakultät Matija Hvale (Qualle). Es sind dies jedoch nur die Namen der angesehensten Intellektuellen jener Zeit, die aus dem Gebiet des heutigen Slowenien nach Wien gegangen waren und als Künder der neuen Zeit schon vor, während und nach der Reformantion Geltung und Ansehen erlangten.

Auch auf dem Lande gab es beträchtliche Veränderungen durch fortschrittlichere Bestellungsmethoden und neue Kulturpflanzen; Wälder wurden nun nicht nur zur Gewinnung von Weideland gerodet, sondern auch zur Holzkohlegewinnung für die Eisenwerke und das Gewerbe genutzt. Neue Getreidearten, wie z. B. Mais und Buchweizen, der als zweite Aussaat den Ertrag vergrößerte, halfen den Bauern zu überleben.

Die sich entfaltenden Städte und der immer stärkere Drang nach Bewegungsfreiheit lockten auch die Bewohner der slowenischsprachigen Gebiete. Nach Wien, seit 1365 Universitätsstadt, machten sich – außer den Kastanien- und Holzwarenverkäufern, die noch heute dorthin unterwegs sind – nun auch immer mehr Anwärter auf den Mittelstand und die oberen Schichten auf den Weg. Im Jahrhundert nach 1450 waren an der Wiener Universität rund 33.000 Hörer inskribiert, davon stammte ein Zehntel aus Krain und den übrigen slowenischsprachigen Gebieten. Später stieg diese Zahl noch weiter an.

Ein recht gutes Auslangen bot den Leuten auch das Fuhrwesen, die „Beteiligung am Warentransit durch die slowenischen Gebiete“. Die Ausbreitung der Habsburgischen Monarchie nach Osten – auf die einst von Türken besetzten ungarischen und kroatischen Gebiete, gegen Rumänien und auf den Balkan – erweiterte den Aktionsradius der handelsbeflissenen Unternehmer. Der Kaufmann Blaznik in Laibach handelte schon 1689 mit Belgrad, also noch bevor der edle Ritter Prinz Eugen die vielbesungene Brücke in die Festung Belgrad schlagen ließ und sie 1717, im 3. Türkenkrieg (1716-1718) – je nach Ansicht – befreite oder eroberte. Dieser Krieg der zweihundert Jahre vor dem Ersten Weltkrieg im selben Raum vor sich ging, brachte Grenzen zu Fall und beeinflußte ganz wesentlich die Wirtschafts- und Handelsströmungen in den slowenischen Gebieten. Unternehmungslustige haben immer Handel betrieben, vor oder nach Kriegen, am liebsten aber während der Kriege, wie z. B.während des Krieges im ehemaligen Jugoslawien trotz des Handelsembargos gegen Restjugoslawien.

Der Winzer aus Jost Ammans Beschreibung der Stände (1568)

SO WIE DAS WASSER ALLE HINDERNISSE BEWÄLTIGT und sich seinen Weg bahnt, so durchbrach der Handel, dank der sich auch in der Habsburger-Monarchie geltend machenden merkantilistischen Auffassungen der Wirtschaft, die feudalhistorischen und die übrigen Grenzen und Schranken. Obwohl Triest bereits 1513 freie Seefahrt verlangt hatte, konnte wegen der Venezianer, der Türken und der Uskoken von Senj, die als eine Art paramilitärische Formation die Adria unsicher machten, und weiterer entgegenlaufender Interessen diesen „natürlichen“ Forderungen erst ganze zweihundert Jahre später zu ihrem Recht verholfen werden. Erst 1719 wurden durch ein Patent des Kaisers Karl VI. in Rijeka (Fiume) und Triest Freihäfen eingerichtet, wo dann jedem gestattet wurde, Handel treiben zu können. Der Wein- und Holzhandel blühte auf, Handwerkserzeugnisse, Erz, Textil, Metallwaren, Südfrüchte und Kolonialwaren wurden aus- bzw. eingeführt. Am lebhaftesten war aber der Verkehr mit dem Salz. Jährlich wurden aus den Häfen 3.500 Tonnen ins Landesinnere verbracht. Kein Wunder, daß die Steuerexperten sich die Abhängigkeit des Menschen vom Salz zunutze machten und es umgehend zum Staatsmonopol erklärten.

In jene Zeiten, in denen sich das Wirtschaftsleben des Karstes mit dem Frachtwesen aus den Adriahäfen verband, reicht die Geschichte vom bärenstarken, schlichten, aber ungemein gerissenen Schmuggler Martin Krpan aus Vrh, den Fran Levstik (1831–1887) in seiner folkloristisch-realistischen Erzählung verewigte. Als irgendwo am Karst Krpans drahtiges, mit einer guten Last geschmuggelten Salzes beladenes Pferdchen vor des Kaisers Staatskarosse bockte, packte es Martin Krpan und trug es mitsamt der Last von der Straße weg. Dem Kaiser, dem Martin Krpan ohne mit der Wimper zu zucken weismachte, er sei mit einer Fracht Schleifsteine unterwegs, gefiel der Kerl ungemein (metaphorisch sollte sich dies auf das gesamte liebe Slowenenvolk beziehen), und er entsann sich seiner dann in großer Not, als der gräßliche Ritter Brdavs in Wien sein Unwesen trieb. Der Kaiser ließ Martin Krpan holen, damit er Ritter Brdavs im Turnier besiege und so die Ehre des gesamten Kaiserreiches rette.

Fran Levstik lieh sich das Motiv aus dem slowenischen Märchen- und Sagenschatz, um die Gewandtheit, den Verstand und die Schlauheit des einfachen Slowenen zu „promovieren“ und um zugleich mit allen Speichelleckern und Liebedienern im Umkreis des Kaisers aufzuräumen. Außerdem tat er sich keinerlei Zwang an und stichelte recht ausgiebig gegen den immerwährenden Undank des Kaisers und der Mächtigen dem genügsamen, stets opferbereiten und großmütigen slowenischen Volk gegenüber. Das Werk gelang ihm dermaßen meisterhaft, daß es praktisch unwiederholbar ist. In den folgenden Jahrzehnten nationaler Emanzipation wurde es Teil nationaler Mythen.

Der wohltuende Einfluß der Öffnung zum Hinterland machte sich in der aufkommenden merkantilistischen Wirtschaftspolitik und dem Grundsatz – mehr auszuführen als einzuführen – bereits vor der Verkündigung der freien Seefahrt auf der Adria geltend. In der „Geschichte der Slowenen/Zgodovina Slovencev“ stellen Bogo Grafenauer und seine Mitarbeiter fest, daß der Ausbau und die Instandsetzung der Straßen im Hinterland schon früher systematisch vorbereitet und sogar durchgeführt wurden. Dafür sollten allein in Krain in den Jahren von 1718 bis 1729 über hunderttausend Gulden verwendet worden sein. Mit dem Bau von Brücken wurde das zeitraubende Übersetzen auf Fähren – heute würde man von Trajekten sprechen – abgeschafft. Die Hauptstraße führte von Wien über Laibach nach Triest und Rijeka. Ebenso wichtig wurde auch die Straße von Laibach über den Loiblpaß/Ljubelj nach Klagenfurt und weiter nach Norden. Auch Wasserwege wurden interessant: Um den Handel mit der Türkei zu beschleunigen, wurden Hindernisse im Flußbett der Save beseitigt. Mit Treidelwegen sollte die Schiffahrt flußaufwärts erleichtert und beschleunigt werden; doch wurde ihr weiterer Ausbau wie auch die Nutzung der Wasserwege uninteressant, als um die Mitte des 19. Jahrhunderts die „Südbahn“ die slowenischen Gebiete mit Wien und den Hafenstädten verband.

184 Turnen und Radfahren waren in Slowenien bereits gegen Ende des vorigen Jahrhunderts recht populär, nachdem in Laibach schon 1863 der Verein Južni Sokol/Südfalke gegründet worden war. Slowenien beteiligte sich mit einer eigenen Mannschaft an den Gymnastik-Weltmeisterschaften vor dem Ersten Weltkrieg. Mitglied des Internationalen Gymnastikverbandes wurde es 1907. Die Beteiligung Sloweniens an internationalen Veranstaltungen und die Zusammenarbeit in internationalen Sportgremien wurde nach der Verselbständigung noch intensiver und vielfältiger, eine davon war z. B. 1994 die Etappe des Giro d'Italia über slowenisches Gebiet.

185 Der Sport ist in Slowenien sehr populär, in der Freizeit betreiben 40 Prozent der Bevölkerung Sport, und 15 Prozent sind Mitglieder von Sportvereinen. Wenn die Saison der Skisprünge in Planica anbricht, wo 1936 erstmals die 100-Meter-Marke übersprungen wurde – lebt ganz Slowenien in gespannter Erwartung. Nach 58 Jahren wurde die Begeisterung belohnt: Wiederum in Planica gelang Toni Nieminen der erste Skiflug von 203 m, und Espen Bredesen hält mit 209 m den Weltrekord.

DIE GROSSEN ERWARTUNGEN, die mit all diesen Geschehen verbunden waren, sind im beträchtlichen Maße das Geisteskind der Philosophen des 16. und 17. Jahrhunderts. Sie setzten sich für Gedankenfreiheit und Toleranz ein und verurteilten die Verfolgung von Andersgesinnten, Andersgläubigen und Andersfühlenden. Alle sollten vor dem Gesetz gleich sein, die Gesetzgebung sollte eine Sache des Volkes sein, der Vollzug in den Händen des Herrschers, und das Recht sollte unabhängig von beiden gesprochen werden.

Seitdem sind einige Jahrhunderte vergangen. Außer einigen Siegen der sogenannten Vernunft brachten sie ein gerüttelt Maß von Absurditäten, Widersprüchlichkeiten, gräßlichen Verbrechen, die nur allzuoft im Namen der auf Vernunft gründenden Ideologien und Ideale begangen worden waren. Schließlich erträumt sich ja ein jeder von uns „seinen" König Matjaž oder wartet gemeinsam mit Becketts Vladimir und Estragon auf Godot . . .

Wir sollten uns aber auch das wunderbare Erbe vergegenwärtigen, das uns die Aufklärung in Slowenien hinterlassen hat. Einer ihrer Pioniere war Johann Ludwig Schönleben (1618–1681). Von seinen zahlreichen Schriften sind seine nicht vollendeten Annalen für Krain (Carniolia antiqua et nova) von besonderer Bedeutung. Auf seinen Wunsch setzte der in Laibach geborene Johann Weichard Valvasor die Arbeit fort, ein Nachkomme einer italienischen Familie. Im Jahre 1689 erschien seine monumentale „Ehre des Herzogthums Krain". Mit den vier gewichtigen Büchern, mit zahlreichen Kupferstichen der Städte, Klöster, Burgen und natürlichen Sehenswürdigkeiten in Krain sowie Schilderungen der Bewohner, ihrer Sprache, ihren Gewohnheiten und ihren nationalen Eigentümlichkeiten hinterließ er den slowenischen Historikern, Volkskundlern und Literaten eine immense Schatzgrube. Er selbst erlangte großes Ansehen und wurde Mitglied der englischen Royal Society.

Einige Jahre danach gründete eine Gruppe geistlicher und weltlicher Persönlichkeiten des öffentlichen Lebens die Academia Operosorum Labacensium, deren Ziel es war, die wissenschaftliche Arbeit in drei Klassen zu organisieren: der theologischen, juridischen und medicophilosophischen. Der Öffentlichkeit stellte sich die Akademie mit sechs Theologen, zwölf Juristen und fünf Doktores der Medizin dann 1701 vor. Im selben Jahr wurde auf Anregung des Operosus Johann Bertold Höffner – Juristen und Komponisten – die Academia Philharmonicorum gegründet, deren Wirken ununterbrochen bis auf den heutigen Tag fortdauert und deren Nachfolger nun die Slowenische Philharmonie in Laibach ist. Ein sehr eindrucksvolles Denkmal des Wirkens der Academia Operosorum ist das italienisch beeinflußte barocke Stadtbild von Laibach. Alle gotischen Kirchen mußten barocken Meisterwerken weichen, wie auch die Malerei und Plastik in Laibach vom Barock nachhaltig geprägt wurde. Die Gesamtheit des barocken künstlerischen Schaffens in Laibach ist ohne Zweifel das Verdienst des italienisch geschulten Geschmacks der Operosi.

BEEINFLUSST VON DER WIRTSCHAFTLICHEN UND KULTURELLEN ENTFALTUNG, gab es immer mehr gebildete Adelige und Geistliche, die ihre Studien in Italien und selbstverständlich auch an den österreichischen Lehranstalten absolviert hatten. Obwohl nicht alles, was in den ersten zwei Jahrzehnten des 18. Jahrhunderts begonnen wurde, auch gedieh, konnte sich durch die wachsende Rolle des Staates so manches Neues durchsetzen. Ganz wesentlich war dabei die vom aufgeklärten Absolutismus geprägte Regierungszeit (1740 bis 1780) der energischen Maria Theresia, die durch die bitteren Erfahrungen zu Beginn ihrer Regierungszeit erkannt hatte, daß sie sich nur mit einem starken Heer behaupten könnte, dafür aber viel Geld benötigte und daher vor allem die Wirtschaft und das Steuerwesen förderte und reformierte. Ferner war sie sich auch bewußt, daß der Fortschritt nur mit der Aufklärung der Untertanen erreicht werden kann. Die dynamische Maria Theresia und ihr seiner Zeit ungestüm vorauseilender Sohn, Kaiser Josef II. (1780–1790), konnten sich, indem sie die Zentralisierung der Staatsmacht energisch vorantrieben, in kurzer Zeit das gesamte gesellschaftliche Leben, das Wirken der Kirche inbegriffen, unterordnen.

Einiges erbrachten auch die Jansenisten, die sich und ihre sittlich-theologische und gesellschaftlich-kulturelle Bewegung vom 17. bis zu Beginn des 19. Jahrhunderts nach dem Louvainer Theologen Cornelius Jansen (1585–1638) benannten. Der jansenistische Laibacher Bischof, Karl Johann Herberstein, und sein Kreis setzten sich, ähnlich wie zwei Jahrhunderte zuvor Primož Trubar, für den „wahren Glauben" ein, bekämpften den Aberglauben, die allzu häufigen Feiertage, Prozessionen und Wallfahrten und sonstige Verleitungen und Korrumpierungen der Gläubigen. Aus diesem Kreis ging eine neue Generation von Übersetzern geistlicher Literatur hervor, die ihr Wirken auch auf Schulbücher und Werke der Weltliteratur ausdehnte, wie z. B. Jurij Japelj und Blaž Kumerdej, der auch durch seinen an Maria Theresia gerichteten Vorschlag (1772) berühmt wurde, in dem er die Einrichtung von Grundschulen mit sloweni-

ZIVILA
2 km

PLANICA
Slovenija

CAMERON N77
Bristol England
paloma
PRIMEX
MIP

186 Ein klarer, frischer Wintertag, Sonne, blendender Schnee und der richtige Wind – wer würde da nicht nur allzugerne immer wieder abheben?

187 Den legendären Tine Mulej, Matevž Lukanc und Janko Štefe folgten in den alpinen Ski-Disziplinen Bojan Križaj als erster Medaillengewinner bei einer Weltmeisterschaft, Boris Strel der eine olympische Medaille gewann und die ebenso erfolgreichen Mateja Svet, Rok Petrovič u. a.

188 Der jüngsten erfolgreichen Generation gehören Alenka Dovžan, Katja Koren, Urška Hrovat und Jure Košir an. Sehr erfolgreich waren und sind auch die Skispringer – beginnend mit Janez Polda und Rudi Finžgar von einst, bis zu Primož Ulaga, Miran Tepeš sowie seinen Kameraden und Franci Petek, der 1991 als erster Slowene Weltmeister im Skisprung wurde.

189 Zwischen den beiden Weltkriegen rangierte in Slowenien unter den Wintersportarten der Ski-Langlauf an erster Stelle. Obwohl damals olympische Medaillen (insgesamt 8) nur die Gymnastiker errangen, war der Skiläufer Franc Smolej aus Jesenice neben dem legendären Gymnastiker Leon Štukelj einer der erfolgreichsten slowenischen Sportler und gehörte zu den schnellsten Skilangläufern der Welt.

190 Wie groß ist das Glück, wenn man die Siegerstufen besteigt? Wir, die übrigen, wissen jedenfalls recht gut, wie groß die Genugtuung und Begeisterung sein kann, wenn einer der „unseren" einen Sieg erringt.

191 Das Wollen und Können ist immer mehr auf das Erleben und der Natur ausgerichtet.

192 Das Mountainbike gewann in kurzer Zeit eine Menge Anhänger – doch gewiß nicht unter jenen, die den Rasern aus dem Weg gehen müssen.

193 Zu den schönen und noblen Sportarten gehört auch das Reiten – wohl auch, weil es nicht gerade die billigste ist. Die kunstvollen Figuren, wie sie die Schulreiter im bekannten Gestüt Lipica vorführen, erwecken den Wunsch, ihnen zu folgen und die hohe Kunst der Dressur zu beherrschen.

194 Die meisten allerdings verfolgen das Springreiten lieber von den bequemen Tribünen aus.

195 Doch nach wie vor sind in Slowenien die Wintersportarten die beliebtesten. Wenn man nur dem Stau bei der Anfahrt entgehen könnte! Der Aufstieg ist dann schon ein Teil des Genusses.

196 Zu den meistbesuchten gehören die Skipisten auf dem tief verschneiten Kanin, auf denen man ungehindert über die Staatsgrenze flitzen kann. Die Chance, die olympischen Winterspiele 2002 im Dreiländereck zu veranstalten, könnte auch den übrigen alpinen Skizentren zugute kommen.

197, 198 Slowenien kann auch in anderen Sportarten Erfolge aufweisen. Medaillen gewinnen die Slowenen mit dem Kajak und Kanu auf wilden Gewässern, beim Schwimmen, Fallschirmspringen, Rudern, Kegeln und Bowling, beim Radsport und bei Autorennen. Britta Bilač wurde Europameisterin im Hochsprung, Brigita Bukovec ist eine der besten Hürdensprinterinnen, Gregor Cankar war der „Goldjunge“ im Weitsprung bei der Jugendweltmeisterschaft, und der Schütze Rajmond Debevec ist schon jahrelang unter den Weltbesten . . .

15
SMELT

scher Unterrichtssprache empfahl. Mit der „Allgemeinen Schulordnung“ wurde dann zwei Jahre später die allgemeine Schulpflicht in den österreichischen Ländern eingeführt.

Die Erkenntnis, daß man die Steuereinnahmen nur dann vergrößern könnte, wenn man die grundherrschaftlichen Forderungen an die Bauern einschränkte, setzten Maria Theresia und dann noch radikaler ihr Sohn Josef II. u. a. mit der Beschränkung des Robot in die Tat um. Bauernkinder konnten nun eine Lehre antreten oder Schulen besuchen, Bauern konnten ungehindert abwandern und in Manufakturen arbeiten. Die Dienstbarkeiten beim Grundherren wurden abgeschafft, und auch zum Heiraten mußte man immer seltener um Erlaubnis bitten. In jener Zeit wurden auch zahlreiche Meliorationen in Angriff genommen, wie etwa der vom Jesuiten Gabriel Gruber projektierte Kanal zur Trockenlegung des Laibacher Moors, des einstigen Sees, der später durch die urgeschichtlichen Pfahlbauten an seinen Ufern bekannt werden sollte. Die aufgeklärten Behörden verteilten die Allmendewiesen an die Bauern, damit sie nutzbringender mit neuen Kultur- und Futterpflanzen (Klee) bestellt werden könnten; auch neue, zur Stallfütterung geeignete Viehsorten wurden eingeführt. Ganz besonders bemühte sich die Regierung um die Kartoffel. Saatgut und Geldprämien wurden verteilt, doch die Bauern wehrten sich entschlossen gegen diese Neuheit und waren durchaus bereit, wieder einmal einen Aufstand zu proben.

Valentin Inzko erwähnt in seiner „Geschichte der Slowenen bis zum Jahre 1918“, daß die „Gesellschaft für Ackerbau und nützliche Künste“ und die nachfolgenden Landwirtschaftsvereine populärwissenschaftliche Bücher herausgaben, Mustergüter einrichteten und Preise für erfolgreiches Düngen und die Einführung neuer Kulturen und Viehsorten sowie für Erfolge bei der Imkerei und beim Hopfenanbau verteilte. Mancherorts wurden die bescheidenen hölzernen Heimstätten durch solide gemauerte Häuser ersetzt, an die, Ställe und Heuschober angeschlossen wurden.

Die Theresianischen und Josephinischen Reformen stärkten zwar die zentrale Staatsverwaltung insbesondere durch Begrenzung und Abschaffung der ständischen Vorrechte in der Landesverwaltung, dezentralisierten sie aber zugleich durch die Einrichtung von Gubernien und Kreisämtern. Die Amtsgeschäfte versahen nun gebildete Beamte aus den Reihen des niederen Adels und des Bürgertums. Auch die Nachkommen einstiger Höriger begannen sich ihren Weg in die „höheren Schichten“ zu bahnen.

DIE AUFKLÄRUNG begann immer weitere Kreise Gebildeter anzuziehen. Außer den Priestern, von denen die meisten Bauernsöhne waren und wegen ihrer Herkunft, ihrer Vermögenslage und Gesellschaftsposition dem Volk am nächsten standen, wurde allmählich auch die weltliche Intelligenz aktiv. Ein wahrer Anzuchtgarten dieser Bewegung war das Palais des Baron Sigismund Zois in Laibach. Der Sohn eines italienischen Vaters und einer slowenischen Mutter war durch Erbschaft und Unternehmertum zum reichsten Mann im Lande geworden. Mit umfassendem Universalwissen ausgestattet, galten seine besonderen Interessen den Naturwissenschaften, der Literatur und der Kunst. Sein Wissen und seine reichhaltige Bibliothek stellte er bereitwillig einem weiten Kreis von Anhängern der Aufklärung und der Erweckungsbewegung zur Verfügung, unter denen sich auch gelehrte Physiokraten, Vorgänger des wirtschaftlichen Liberalismus und Freimaurer befanden.

Außer dem bereits erwähnten Blaž Kumerdej erwarben sich noch weitere Geistliche, wie z. B.: Ožbalt Gutsman, Jurij Japelj, Marko Pohlin, Oskar Dev und der erste slowenische Dichter und Journalist Valentin Vodnik große Verdienste bei der Förderung des Schulwesens, der Vereinheitlichung der Schriftsprache, des slowenischen Sprachunterrichts, bei der Erfassung des Volksgutes und dessen Popularisierung durch Übersetzungen, vor allem aber bei der Durchsetzung des öffentlichen Gebrauchs der slowenischen Sprache, der man sich damals mancherorts noch schämte. Allseitig produktiv und sehr verdienstvoll war auch der Kreisschulkommissar Anton Tomaž Linhart. Mit den von ihm nach deutschen (J. Richter, Die Feldmühle) und französischen Vorbildern (P. A. Caron de Beaumarchais: Le mariage de Figaro ou la folle journée) verfaßten Lustspielen „Županova Micka/Des Dorfschulzens Tochter“ und „Ta veseli dan ali Matiček se ženi/Ein toller Tag oder Mathias' Hochzeit“ amüsierte Thalia das Publikum nun auch in slowenischer Sprache. Sein Verdienst war auch die Gründung der bürgerlichen, recht freimaurerisch orientierten Gesellschaft der Theaterfreunde. Doch ähnlich wie Beaumarchais' „Figaro“ erging es auch Linharts „Matiček“, auch er blieb bis 1848 ein Opfer der Zensur.

Viel wichtiger noch ist A. T. Linharts Wirken für die Geschichtsschreibung. In seinem „Versuch einer Geschichte von Krain und den übrigen Ländern der südlichen Slaven Österreichs“ behandelte er die slowenische Nation als Ganzes, obwohl sie nach dem Zerfall Karantaniens auf mehrere Teile aufgeteilt lebte, und „vollbrachte“ nach einhelligem Urteil „die größte Kulturtat der slowenischen nationalen Wiedergeburt im 18. Jahrhundert“. Indem er die Bedeu-

199 Seit der Verselbständigung ist die Einsatzbereitschaft der slowenischen Sportler noch größer geworden, da sie ja für ihre ureigenste Heimat antreten. Zu den populärsten Sportspielen gehört selbstverständlich Basketball; einst war Ivo Daneu der beste Amateurspieler der Welt, und Laibach war 1970 auch Schauplatz der Weltmeisterschaft. Fünf Jahre zuvor fand in Laibach die Weltmeisterschaft im Tischtennis statt. In der Sporthalle Tivoli traten schon die besten Eishockeymannschaften, Gymnastiker, Eisläufer, Gewichtheber und Kegler an, in Veldes sah man die besten Ruderer. Ein wenig frustrierend wäre der Fußball, wenn Slowenien 1994 nicht dem Vizeweltmeister Italien ein 1:1 abgerungen hätte. Alles ist möglich – wenn man nur will!

tung der Volksentwicklung hervorhob, „widerlegte er alle Behauptungen, daß die Slowenen keine eigene Geschichte hätten, daß sie also keine historische Nation wären . . .“ Das in Deutsch verfaßte Werk vollbrachte in Slowenien eine ungemein wichtige Sendung.

Eine ähnliche Rolle spielten auch die Werke zweier Naturwissenschaftler jener Zeit: Johann Anton Scopoli legte mit seinem Buch Flora Carniolica (1760) die Grundlage zur wissenschaftlichen Bearbeitung der Pflanzenwelt in den slowenischen Ländern. Der gebürtige Bretone Balthasar Hacquet befaßte sich mit geologischen Studien, die er in seinem Werk „Oryctographia carniolica“ veröffentlichte; außerdem gewann er mit seinem zwar nicht zu Ende geführten Untersuchungen der ethnologischen Gestalt aller slowenischer Länder und deren Pflanzenwelt großes Ansehen. Beide Wissenschaftler waren als Ärzte nach Idrija berufen worden, das mit seinem Quecksilberbergwerk dereinst diesem Land die Tür zur Neuzeit aufgestoßen hatte. Die Slowenen sind auch heute noch sehr stolz auf ihren Landsmann Jurij/Georg Freiherr von Vega/Vecha, den besten Ballistikfachmann und Mathematiker Österreichs, dessen Ansehen bis zur Zeit der elektronischen Rechner vor allem auf seinem „Thesaurus logarithmorum completus“ (1794) gründete.

Der Fischer aus Jost Ammans Beschreibung der Stände (1568)

ENDE DES ACHTZEHNTEN JAHRHUNDERTS geriet das, was man bereits als slowenisches ethnisches Amalgam bezeichnen könnte, unter den Druck der sich rundherum auftürmenden tektonischen Massen. Im Südosten, obwohl weit weg von den Slowenen, entstand eine neue politische Macht, mit der außer der Österreicher bald auch die Russen zu rechnen begannen, die nach immer mehr Teilen des osmanischen Reiches trachteten, vor allem aber nach Zugängen zum Meer, wo immer dies auch wäre, vom Bosporus bis an die Adria. Auch andere slawische Völker in Österreich nahmen sich dann die aufständischen Serben zum Vorbild und suchten nach Verbündeten, um gemeinsam „überzeugender“ in der internationalen Arena aufzutreten. Das „slawische“ Rußland wußte diese hehren Gefühle recht gut zu schüren und zu nutzen. Überhaupt erwiesen sich beide Großmächte als ungemein geschickt; sie verstanden es recht gut die Führer von „Aufständen“ und die Regierungen für sich zu gewinnen, hatten aber auch bei den Umstürzen, die zu deren Ablösung führten, stets ihre Hand im Spiel. Später sollten in dieser Hinsicht auch die Franzosen und Engländer recht aktiv werden, und im 20. Jahrhundert taten sich dann noch die Amerikaner hervor.

Jenseits des Ozeans wurde 1776 die Unabhängigkeit Amerikas von England proklamiert. Obwohl am „anderen Ende der Welt“, hatte dies England erheblich geschwächt und die Freigeister, ganz besonders in Frankreich, ermutigt. Zugleich eröffneten sich dem alten Kontinent noch neue Produktions- und Handelsbereiche – und auch die Möglichkeit sich der überschüssigen Menschenmengen durch Emigration zu entledigen. Der dritte Stand – das Bürgertum – gewann in Frankreich immer mehr an Geltung; fünf Jahre nach dem Fall der Bastille feierte die Französische Revolution ihren größten Triumph: der Herrscher mußte von nun an seine Macht mit der Nationalversammlung teilen, was König Ludwig XVI. gewiß nicht leicht fiel angesichts diverser Verlautbarungen und Beschlüsse, wie: „Abschaffung aller feudaler Vorrechte, Deklaration der Menschen- und Bürgerrechte“ usw., mit denen seine Rechte als Herrscher mehr und mehr beschnitten und schließlich vollkommen abgeschafft wurden und er selbst hingerichtet wurde (1793). Dies konnte in Frankreich vorerst einmal als ein Triumph freiheitsliebender Ideen hingenommen werden, obwohl es der so mustergültigen französischen Aufklärung vor der Revolution nicht gelungen war, die absolutistische Macht einzugrenzen. Bald stellte es sich jedoch auch in Frankreich heraus, daß mit Guillotine und Dekreten nicht alles machbar war. Da konnten die von aufklärerischen Ideen geleiteten Bestrebungen Maria Theresiens und Josef II. – die stufenweise ein- und durchgeführten sozialen, wirtschaftlichen, politischen und kulturellen Reformen – schon eher überzeugen. Recht überzeugend war aber auch die panische Angst, mit der die europäischen Herrscher nach der Guillotinierung Ludwig XVI. recht überstürzt ein Bündnis schlossen und das republikanische Frankreich angriffen.

In den folgenden Kriegswirren hatte sich der von seinen Soldaten liebevoll „petit caporal“ genannte General Napoleon Bonaparte hervorgetan, den bald darauf das gesamte Europa verwünschen sollte. Nicht so die Slowenen. In einem der schönsten Stadtviertel von Laibach haben sie dem selbsternannten Kaiser Napoléon I. – spät aber doch (1929) – eines der seltenen, wenn nicht sogar das einzige Denkmal außerhalb Frankreichs errichtet.

DER WIRBELWIND, DEN DIE FRANZOSEN in der innerösterreichischen Provinz auslösten, schien die ganze Welt aus den Fugen geraten zu lassen. Die Angst, die die jakobinischen Umtriebe in Frankreich ausgelöst hatten, wurde übergroß. Die von gewissen österreichischen Machthabern stets argwöhnisch betrachteten theresianischen und josefinischen Reformen wurden nun schleunigst eine nach der anderen zu Fall gebracht. Im Jahre 1793 wurde auch ein eigenes Polizeiministerium eingerichtet, das umgehend zum wichtigsten Regierungsressort wurde. Die Erfindung erwies sich als ungemein zukunftsträchtig, konnte ja bis zum heutigen Tag keine Regierung ohne sie auskommen.

Als sehr verdienstvoll erwies sich auch die Zensur, indem sie z. B. die Einfuhr aller ausländischen Literaturalmanache und Zeitschriften verbot und viele Werke von Voltaire, Kant, Herder und Goethe auf den Index setzte. Außer Linharts Matthias durften auch viele von Shakespeares Dramen nicht aufgeführt werden, wie etwa Hamlet und König Lear, da in ihnen die „Herrscher von Gottes Gnaden" in allzu schlechtem Licht dargestellt wurden. Überhaupt konnten die Schurken in den literarischen Werken höchstens noch Barone sein, höher hinauf durften negative Charaktereigenschaften und Regungen nicht reichen.

Der Schiffer aus Jost Ammans Beschreibung der Stände (1568)

In den napoleonischen Kriegen waren die Franzosen vorerst nur zweimal kurz (1797 und 1805) bis in die slowenischen Gebiete vorgedrungen, um sich dann umgehend, gemäß den Waffenstillstandsabkommen, wieder zurückzuziehen. Die dritte Besetzung dauerte länger: von 1809 bis zum ersten Pariser Friedensschluß 1814. Nachdem Napoleon 1805 bereits Dalmatien und das einst venezianische Istrien erhalten hatte, erhielt er mit dem Schönbrunner Frieden 1809 auch noch das übrige Istrien, Görz, Triest, das östliche Kärnten, Krain und die südlich der Save gelegenen kroatischen Gebiete und schloß sie zu den Illyrischen Provinzen zusammen, deren Hauptstadt Laibach wurde.

Den Namen Illyrische Provinzen hatte man dem neuen Staatsgebilde in der irrigen Annahme verliehen, nach der seine Bewohner, Slowenen, Kroaten, Serben, Deutsche und Italiener, allesamt Nachkommen der urzeitlichen Illyrer wären; eine Annahme, die von der Wissenschaft bis auf den heutigen Tag nicht bestätigt werden konnte. Die Reformen, die man sich nach der französischen Revolution erwartet hätte, wurden in den Illyrischen Provinzen jedoch recht langsam und behutsam durchgeführt, da es Napoleon gar nicht daran gelegen war, sich mit den lokalen Grundherren anzulegen. Immerhin gelang es den Franzosen mit der dem code Napoléon angepaßten Gerichtsbarkeit und der vereinheitlichten Besteuerung alle Bewohner gleichzustellen und dies war doch ein gewaltiger Schritt vorwärts.

In besonders guter Erinnerung blieben die Franzosen wegen der Einführung einer vierklassigen Grundschule, nach der die Schüler ihre Ausbildung an den Gymnasien in Laibach, Novo mesto, Idrija, Görz, Koper, Krainburg, Adelsberg und Villach oder an Berufsschulen fortsetzen konnten. Von den beiden Zentralschulen (écoles centrales) in Zadar und Laibach erhielt letztere 1811 den Rang einer Hochschule mit Fakultätsunterricht der Philosophie, Medizin, Jus, Technik und Theologie. Die meisten der rund 300 Hörer waren Theologen.

In den Grund- und Mittelschulen wurde in der Landessprache unterrichtet. Diese Reform bewegte den zum Schuldirektor und Inspektor avancierten Valentin Vodnik zur Verfassung einer ganzen Reihe von Schulbüchern in slowenischer Sprache. In seiner Begeisterung für die Franzosen dichtete er das Lied vom „Wiedererstandenen Illyrien", in dem er seine Heimat, die neue Freiheit und auch Napoleon verherrlichte. Kein Wunder, hatten ja die drei Franzosenjahre den Slowenen mehr Förderliches gebracht als die vielen Jahrhunderte zuvor. Mit den Illyrischen Provinzen konnte Napoleon an der Adria die letzte Lücke der Kontinentalsperre schließen; jede Verbindung zu England, das er zu vernichten trachtete, war nun abgebrochen. Das Gebiet der Illyrischen Provinzen sollte als Sprungbrett auf den Balkan, den Nahen Osten und weiter nach Asien und als Landweg für den Handel mit der Türkei dienen. Napoleon grub aber der Türkei zugleich auch eine Grube. Noch vor der Gründung der Illyrischen Provinzen hatte er Verbindung mit der führenden Persönlichkeit des ersten serbischen Aufstandes gegen die Türken, mit Djordje/Georg Petrović – Karadjordje, aufgenommen, der wiederum auch seinen Mann in Paris hatte. So wie Österreich und Rußland trachtete auch Napoleon das ottomanische Imperium mit dem billigsten Mittel zu vernichten: mit dem Blut freiheitsliebender Völker. George N. G. Byron, „der Dichter mit dem riesigen Herz", wie ihn Fran Levstik genannt hatte, war 1809 erst zu seiner großen Tour aufgebrochen, doch bereits 1833 erreichten seine Hebräischen Melodien (Hebrew melodies) die Slowenen. Mit seinen Dichtungen beflügelte er bis auf den heutigen Tag einen ganzen Schwarm romantischer Dichter und führte außer den österreichisch-deutschen, russischen und französischen auch noch englische Liebhaber auf den Balkan – und in unsere Gegenden. Denen schienen dann Land und Leute so sehr zu gefallen, daß sie sie nicht mehr missen wollten.

Dem im Herzen des Balkans entstehenden historischen Subjekt haben aufgeklärte Intellektuelle, dank einer mythologisierten nationalen Überlieferung, mangelhafter historischer Belege und der von der orthodoxen Kirche verbreiteten Legenden Identität und raison d'être verliehen. Diese nationale Bewußtseinsbildung verlief selbstverständlich im Einklang mit den Wünschen und Bedürfnissen und vor allem mit dem Geld, das die bereits erwähnten Paten aus dem näheren und weiteren Umfeld Serbiens zur Verfügung stellten. Bei der Aufnahme/Erstellung der serbischen Befreiungsverbindungen zu Wien halfen auch die Slowenen Jernej Kopitar und France Miklošič und andere Sprachwissenschaftler sowie noch weitere slawische Historiker und Volkskundler mit, die einflußreiche Ämter in des Kaisers Diensten bekleideten und emsig zur Mehrung des Reiches beitrugen. In derartigen Konstellationen kam es dann zu divergenten Plänen und Ideen, die vor allem im 20. Jahrhundert arge Folgen haben sollten. Während der ein halbes Jahrtausend anhaltenden türkischen Okkupation von Serbien kam es, gewollt und ungewollt, zu gewissen gemeinsamen Interessen und Handelsverbindungen sowie zu gemeinsamen Verbündeten und Feinden. Zu den letzteren zählten für die Serben – noch aus den Zeiten ihrer unabhängigen Herrscher und insbesondere des Gründers der serbischen autokephalen Kirche, Sava Nemanjić – die römisch-katholische Kirche und ihr Kulturkreis, die Lateiner. Wie sehr dies noch in der jüngeren Vergangenheit präsent war, zeigt z. B. die Neujahrsansprache (1937) des Patriarchen Varnava: Er zollte den Türken großes Lob und Anerkennung für ihre Verdienste beim Kampf mit dem Erzfeind, dem Vatikan. Die Veröffentlichung der Rede verhinderten die damaligen Machthaber. Überhaupt machten sich nur wenige Gedanken über die ungemein gefährlichen, weil gegensätzlichen wirtschaftlichen und geistigen Interessen der südöstlichen und nordwestlichen Gebiete Jugoslawiens. Sonst wäre lange vor der serbischen Aggression klar geworden, daß die Aasgeier, die von überall über den ottomanischen Kadaver hergefallen waren, in seinen Tatzen ein äußerst bissiges Wölflein übersehen hatten oder ein allerdings mit Tollwut infiziertes Lamm?

JEDEN USURPATOR RECHTZEITIG ZU BÄNDIGEN, war die Aufgabe, die sich die „Heilige Allianz“ Reußens, Preußens und Österreichs stellte, nachdem es endlich gelungen war, Napoleon zu besiegen. Die alte Feudalmacht der europäischen Monarchen, die im vorangegangenen Jahrhundert von den aufgeklärten Herrschern und dann noch von der französischen Revolution geschwächt worden war, ließ sich nicht so ohne weiteres stürzen. Auf dem Wiener Kongreß (1814–1815), von dem vor allem der fromme, gottergebene Eifer des russischen Zaren Alexander I. in bester Erinnerung verblieb, wurde besprochen, wie man in Europa das von Napoleon I. durcheinander gebrachte Gleichgewicht der Kräfte wiederherstellen und die Verbreitung der eingeschleppten revolutionären Ideen aufhalten könnte.

Im Dokument, das in Paris der Kaiser von Österreich, Franz I., der Zar von Rußland, Alexander I., und der König von Preußen, Wilhelm II., unterzeichneten, gelobten die Herrscher feierlich, sich bei ihrem Wirken von den Glaubensgeboten der Gerechtigkeit, der Liebe und Friedlichkeit leiten zu lassen. Der „Heiligen Allianz“ traten später fast alle europäische Staaten bei, und ihr Programm suchte man dann auf drei weiteren Kongressen zu präzisieren. Einer dieser Kongresse fand 1821 in Laibach statt. Der österreichische Staatskanzler Fürst Clemens Metternich, der bei all dem Geschehen ein gewichtiges Wort zu reden hatte, hatte ursprünglich beabsichtigt, den Kongreß wegen des dortigen angenehm milden Klimas in Görz zu veranstalten, doch entschied er sich wegen der großen Zahl der Teilnehmer dann für Laibach.

Von den französischen administrativen Einrichtungen beabsichtigte der Wiener Hof die Illyrischen Provinzen als Königreich Illyrien beizubehalten, in dem Krain, Kärnten, Görz, Triest, Istrien und der Karlstädter Kreis (Karlovac) in Kroatien vereint bleiben sollten. Doch die Sache blieb lediglich auf dem Papier bestehen. Für den Illyrismus, für die Idee, für alle südslawischen Völker eine gemeinsame illyrische Kultur und Sprache zu schaffen, konnten sich in Slowenien allerdings nur wenige begeistern. In Kroatien räumte mit der illyrischen Bewegung der ungarische Adel auf, der sich später auch der Forderung der in Österreich lebenden Slawen nach einer trialistischen Staatsordnung vehement entgegensetzte.

Metternich verstand es jahrzehntelang, alle Forderungen nach Reformen, die, berechtigt oder auch nicht, unter dem gemeinsamen Nenner der Verwirklichung der Ideale und Ideen der Französischen Revolution aufkamen, zu unterdrücken. Ganz besonders unerbittlich verfolgte jedoch die nationalen Bewegungen, in denen er (nicht zu Unrecht) die Gefahr einer Zersplitterung des Kaiserreiches erkannte. Immerhin gelang es ihm gemeinsam mit den übrigen reaktionären Herrschern, mit diesen Handlungen und dem größtmöglichen Einsatz repressiver Methoden eine Zeitspanne relativen Friedens zu gewährleisten.

Die Geschichte nahm inzwischen ihren Lauf: Der wirtschaftliche Aufschwung, der Handel, die immer besseren Verbindungen, die Erschließung riesiger neuer Märkte in der ganzen Welt und ihre Herausforderungen, der Fortschritt der Technik und die Unfähigkeit, all dies zu beherrschen, konnten dem einzelnen, aber auch den größeren Gemeinschaften nicht ewig die feudalen Vorrechte sichern, die seit „eh und je“ für sich beansprucht hatten.

Wie alle Jahre, begann auch das Jahr 1848 im Frühling. Es sollte als Völkerfrühling in die Geschichte eingehen.

UND MORGEN?

ZU FRÜH ODER ZU SPÄT? Diese Zweifelsfrage als Titel des ersten Kapitels unseres Buches, die an die Nachfahren weitergereicht wird, gilt selbstverständlich nicht für das Schlußwort zum beschriebenen Weg, der vom Programm des Vereinten Slowenien bis zu dessen teilweiser Verwirklichung führte. Der stattgefundene Abschluß war nämlich unausweichlich. Kaum wenige Stunden nach der feierlichen Verkündigung des freien slowenischen Staates vor dem slowenischen Parlament am Abend des 26. Juni 1991 griff das „Juwel unserer Völker", wie die jugoslawische Armee genannt wurde, an. Dem Angriff dieses unberechenbaren Kolosses, der sich wie ein Dinosaurier im Porzellanladen der allgemeinen Entspannung ausnahm, setzte sich die Bevölkerung des jungen Staates entschlossen zur Wehr. Die Slowenen erwiesen sich in diesem Kampf mit dem Goliath ihres Rufs eines widerstandswilligen, beherzten und einfallsreichen Davids (Martin Krpans) durchaus würdig.

In den zehntägigen Kampfhandlungen gab es, gottlob, verhältnismäßig wenige Opfer. In den Feuergefechten verloren 76 Menschen ihr Leben: 29 Einwohner Sloweniens, 36 Soldaten der jugoslawischen Armee und 11 Ausländer. Schon wenige Tage später war die Armee zu einem Waffenstillstand und Abzug bereit: „Wenn uns die Slowenen nicht mögen, dann gehen wir eben freiwillig."

Dieses überraschende Zuvorkommen der jugoslawischen Armee, die sich in den letzten Jahren des gemeinsamen Staates und des verstärkten unitaristischen Drucks ungemein arrogant benommen und unablässig ihre Macht demonstriert hatte, als ob sie sich auf besetztem Gebiet befände, hatte natürlich seine Gründe. Der ureigenste lag jedenfalls in der Tatsache, daß die Absicht, die sparsamen Slowenen durch eine Art polizeilich genehmigter Störaktion und Vernichtung materieller Güter zu verängstigen und zu paralysieren, durch deren massiven beherzten Widerstand vereitelt worden war. Ein langwieriger Guerillakrieg in der Tradition der Partisanenkämpfe im Zweiten Weltkrieg zeichnete sich ab, der über kurz oder lang ein tatkräftiges Einschreiten der NATO zur Folge gehabt hätte.

Weitere Gründe findet man in den Dokumenten, die zur Bestrafung der Kriegsverbrecher vor dem Haager Tribunal beitragen sollen. So hatte sich die jugoslawische Armee auf einen „Rückzug" auf die Linie Virovitica-Karlovac-Karlobag bereits in den ersten Jahren nach Titos Tod vorbereitet! Diese Linie wurde später (1986) auch in der berüchtigten Denkschrift der Serbischen Akademie der Wissenschaften und Künste als die westlichste Grenzvariante eines Groß-Serbiens vorgestellt. Die entsprechende „Eingebung" dafür kam wahrscheinlich aus Moskau und gründete auf dem Übereinkommen der Supermächte über eine Revision – oder eine späte Realisation – der Interessensphären, wie sie von den großen Drei (Churchill, Roosevelt, Stalin) auf Jalta im Februar 1945 vereinbart worden waren. Noch vor dem Kollaps des Kommunismus und der Auflösung der Sowjetunion sollen sich die Supermächte über die Schaffung einer entmilitarisierten Zone zwischen den beiden Blöcken geeinigt haben – wie es u. a. die leeren Kasernen in Slowenien bezeugen. Mit dieser Zone, die – wenn schon nicht das gesamte Jugoslawien – so doch wenigstens seine nordwestliche Hälfte umfassen sollte, sollte die in Jalta beschlossene 50 : 50-Aufteilung diesmal in die Tat umgesetzt werden.

VOR ALLEM AUF OFFENSIVKRIEG BAUEND, sind die Serben mit dem Rückzug aus Slowenien auch recht schlau einer möglichen Intervention der NATO ausgewichen, die wohl nicht lange einem Krieg an der italienischen und österreichischen Grenze hätte tatenlos zusehen können. Das selbständig gewordene Slowenien bildete nun eine Pufferzone zwischen den von der NATO kontrollierten Gebieten und den Aggressionsopfern Kroatien und Bosnien-Herzegowina. Noch ein Grund mehr für zahlreiche europäische Staaten und die USA, nicht „über das unabhängige Slowenien hinweg" zu vermitteln, obwohl sie sich wortreich über die serbische Aggression ereiferten.

Zum Zwecke der Gewissensberuhigung oder etwas ähnlichem haben sich dann die verschiedenen Paten und Patinnen häufig zu Beratungen getroffen. Als sich die serbische Aggression dem Südosten zuwandte war Slowenien – glücklicherweise – an den Rand des medialen und allgemeinen Interesses gerückt. Frankreich, England und Rußland schienen es irgendwie „beiseite gelegt zu haben". Die Deutschen und Österreicher bekundeten hingegen offen ihr Interesse, was wiederum die Italiener, die eine bedeutendere Rolle im postkommunistischen Europa anstrebten und die an Erfolgen des wiederum geeinten Deutschlands keinerlei Gefallen finden konnten, argwöhnisch verfolgten. Slowenien hatte die angebahnten neuen Verbindungen mit seinesgleichen selbstverständlich noch nicht festigen können, mehr konnte es sich hingegen von den Vereinigten Staaten erhoffen. Vor einem Zurechtfinden in der neuen Situation war es daher empfehlenswert, Bilanz zu ziehen, um sich den Neubeginn zu erleichtern.

AUF DIE ABSTELLGELEISE des Laibacher Bahnhofs wurde eines Julitages 1991 noch der letzte Auto-Zug der Linie Laibach–Belgrad–Laibach geschoben. Dieses Hotel auf Rädern der slowenischen Eisenbahn mit bequemen Schlaf- und Doppelstockwägen für die PKWs der Reisenden war insbesondere im letzten Jahrzehnt des gemeinsamen Staates populär geworden. Man mußte nämlich immer noch, trotz der stets aufs neue verlautbarten Dezentralisierung, „wegen jeder Kleinigkeit" nach Belgrad fahren. Entsprechend der ausufernden Gemeinde-, Repubiks-, Bundes-, Partei- und schließlich noch der Selbstverwaltungsbürokratie, die seit den siebziger Jahren mehr als die Hälfte des Zuwachses von Agronomen, Elektroingenieuren, Maschinenbauern und weiterer technischer Kader verschlang.

Trotz der zahlreichen täglichen Verkehrsverbindungen war es manchmal recht schwierig gewesen, eine Fahrkarte zu ergattern. Ein besonders großes Gedränge herrschte in den luxuriösen „Salonwagen", die jenen aus Titos „blauem Zug" ähnelten, mit dem er und sein Gefolge kreuz und quer durch die Lande gefahren waren. Das Reisen in den Salonwagen war ungemein wichtig für Status und Prestige. An dem besagten Julitag 1991 riß der allabendliche Rummel von Geschäftsleuten und Hierarchen urplötzlich und für immer ab. All jene unaufschiebbaren Fahrten waren auf einmal nicht mehr notwendig. Der Wahrheit zuliebe sei gesagt, daß die Slowenen der Hauptstadt Belgrad – wie einst Martin Krpan und Peter Klepec der Stadt Wien – lieber nur Stippvisiten abstatteten. Sie trafen morgens ein und fuhren – wenn nur irgendwie möglich – mit der ersten nachmittäglichen Verbindung heimwärts und vertrieben sich die Zeit mit grandiosen und denkwürdigen Tarockpartien. Mußten sie jedoch in Belgrad bis zum Abend ausharren, blieben wegen gleicher Lustbarkeiten auch die Betten in den Schlaf- oder Salonwagen solange leer. Diesen Bräuchen entsprechend verringerte sich die Zahl der in Belgrad lebenden Slowenen. Bei der Volkszählung 1981 waren es 6.005, d. i. um die Hälfte weniger als noch zehn Jahre zuvor; bei der Volkszählung 1991 schließlich waren es nur mehr 3.628 – eine Art demographisches Strandgut der bis 1950 zugewanderten Slowenen.

An jenem denkwürdigen Julitag 1991 also, als sich zu den langen Reihen der überflüssig gewordenen Schlafwagen auf dem Abstellgeleisen in Laibach noch jene aus dem letzten Autozug Laibach–Belgrad–Laibach gesellten, entstieg einem dieser Waggons – die poetische Metapher, sei mir gewährt – unauffällig auch die der slowenischen Mythologie entstammende schöne Vida.

IN DER ZEIT DER UNGEWISSHEIT, als die jugoslawische Armee an den zwar gemeinsam vereinbarten Stellen monatelang auf ihren Abzug aus Slowenien wartete, wurde es offenbar, daß vor Slowenien noch eine lange Durststrecke lag, bevor es die bereits bestehende Wirtschaftskrise überwunden haben würde. Die hatte schon Jahre zuvor begonnen, doch nun begann sie sich rapide zu verschlimmern. Die Industrieproduktion war seit fünf Jahren beständig zurückgegangen, und 1990 war sie um mehr als ein Achtel geringer. Es war zu erwarten, daß dieser Trend noch weiter anhalten würde (was dann auch der Fall war). Während es Ende 1987 noch 850.000 Beschäftigte gegeben hat und die Arbeitslosenquote nicht größer als 1,7 % war, stieg sie bis zur Verselbständigung auf rund 6 % an und erreichte 1993 besorgniserregende 15 %.

Das Niveau, auf dem sich der Produktionswert, die Beschäftigtenzahl und das GDP (Gross-Domestic-Product) eingependelt hatten, war drei Jahre nach der Verselbständigung auf jenes aus den „bleiernen" siebziger Jahren herabgesunken (das GDP 1994 – 6,071 US$ im Unterschied zum GDP 1990 – 8,643 US$). Läßt diese Feststellung zwar erschauern, so gibt es aber auch zwei weitere, die – genau besehen – ermutigend wirken: Nachdem 1970 eine Überbeschäftigung von 44 Prozent der aktiven Bevölkerung bestanden hatte, eine Zahl, die sonst nirgendwo in Europa erreicht wurde, gab es in Slowenien im Jahre der Verselbständigung den größten Durchschnitt an Rentnern sowie rund eine Viertelmillion Arbeitsloser, für deren Unterhalt gesorgt werden mußte. Die 1994 erreichte Gleichstellung von Ausgaben und Einkünften im Budget gab jedenfalls Anlaß zur Hoffnung, daß auch die weiteren zu erwartenden Schwierigkeiten gemeistert werden könnten.

VORAUSSETZUNGEN FÜR DIE KÜNFTIGE ENTWICKLUNG, kann man u. a. auch den Materialien der letzten Volkszählung entnehmen, die, entsprechend dem Zehnjahresrhythmus, eben im Jahr der Verselbständigung durchgeführt worden war: Im Jahre 1991 gab es in Slowenien 1,965.986 ständige Einwohner (also 34.014 weniger als zwei Millionen). Mit einer Bevölkerungsdichte von 98,2 Einwohnern pro Quadratkilometer übertraf Slowenien seine Nachbarn Kroatien (85) und Österreich (94), blieb aber hinter Ungarn (111) und Italien (189) zurück.

Im Jahre 1991 waren von den ständigen Bewohnern 87,84 % Slowenen; zehn Jahre zuvor waren es noch 90,52 % gewesen, im Jahre 1961 sogar 95,65 %. Ein Achtel der erfaßten Bewohnerschaft bestand aus bodenständigen Ungarn (3,5 %) und Italienern (1,3 %) sowie aus zugewanderten Kroaten (23 %), Serben (20 %), Moslems (11 %) und anderen. Fast alle Staaten der OECD, mit Ausnahme von Australien, Kanada, Island, Irland, der Türkei, Neuseeland und der USA, waren damals, ihrer Bevölkerungsstruktur nach, damals „älter“ als Slowenien. Ende 1993 war die Bevölkerung Sloweniens dann schon ein wenig „gealtert“: die Altersgruppe bis zu 15 Jahren war um 1,5 % kleiner bzw. bereits ein ganzes Prozent kleiner als ein Fünftel der Bevölkerung geworden. Vermehrt hatten sich hingegen die Senioren: die Gruppe über 65 Jahre um fast 1 %, älter als 80 Jahre waren 50.449 Personen, davon waren weniger als 30 % Männer, über 90 Jahre waren rund 4.000 Einwohner, davon 927 Männer, und schließlich gab es noch 30 Personen, die älter als 100 Jahre waren, darunter gab es jedoch nur mehr vier Männer.

Slowenien ist also keine Ausnahme! Auch in diesem Staat leben die Frauen länger als die Männer. Die Lebenserwartung der Männer, die 1961 noch auf 66,1 Jahre geschätzt wurde, verlängerte sich – entsprechend den besseren Lebensbedingungen – in den darauffolgenden dreißig Jahren um ungefähr drei Jahre, also auf 69,5 Jahre; bei den Frauen stieg sie von 71,9 auf 77,4 Jahre, durchschnittlich also auf 73,5 Jahre.

Der europäische Durchschnitt liegt mit 75 Jahren etwas höher als der slowenische, darüber liegen die Durchschnitte des nördlichen, südlichen und westlichen Europas sowie der USA und Kanada. Nach dem absoluten Sieg der „grünen“ Ideen, der Gleichberechtigung der Geschlechter und bei einem besseren Lebensstandard kann man selbstverständlich damit rechnen, daß sich die Lebenserwartung in Slowenien jener von 79 Jahren nähern wird, wie sie die bienenemsigen und nie an Urlaub denkenden Einwohner des Landes der aufgehenden Sonne haben.

Der schönen Stadt Laibach/Ljubljana widmeten Chronisten und Kupferstecher seit jeher besondere Aufmerksamkeit

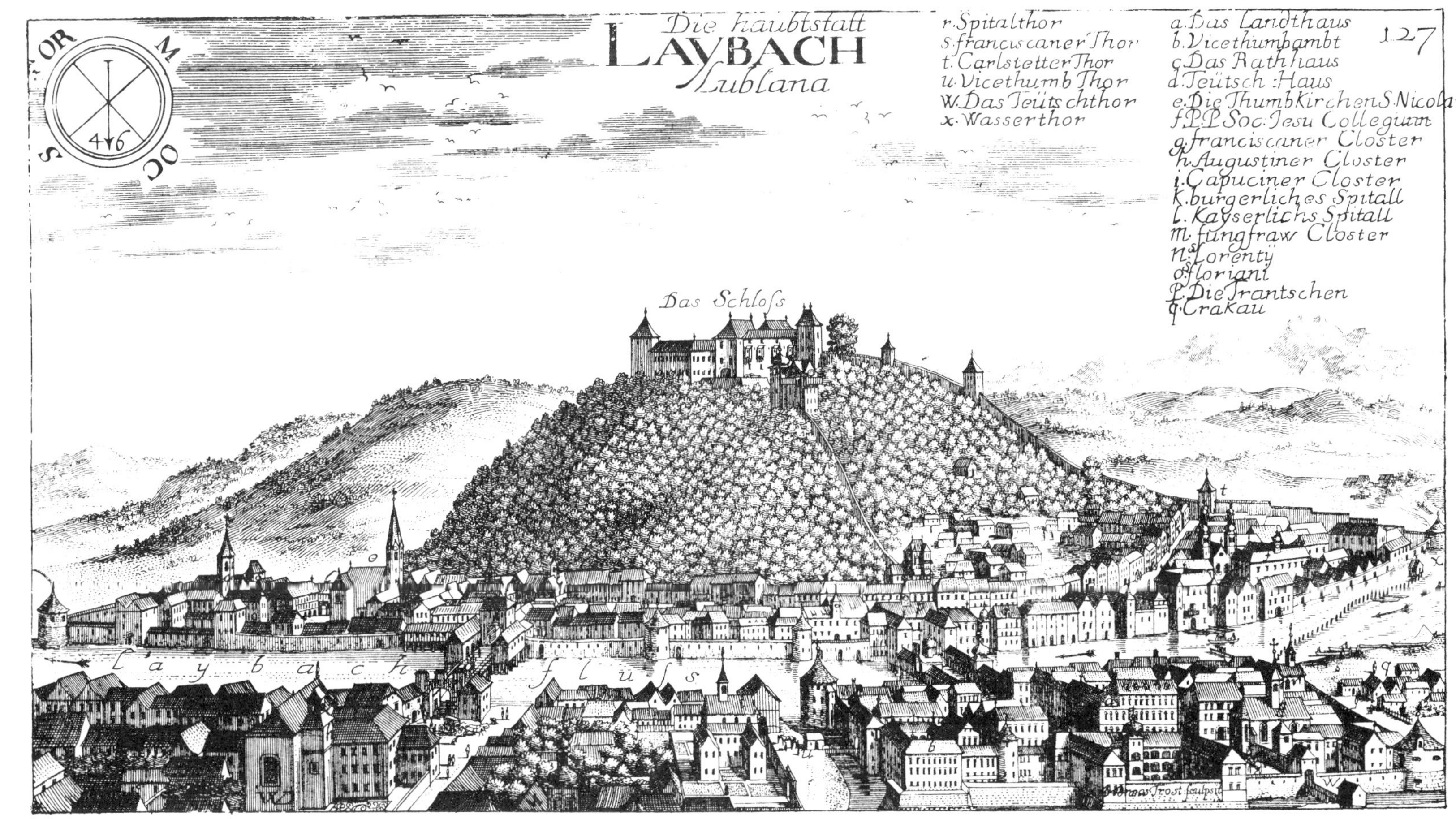

200 Ruhepause in Laibach, wie sie Marko Feist eingefangen hat: auf dem seinigen, mit den seinigen und unter den seinigen.

WIE ALT DIE SCHÖNE VIDA WERDEN WIRD, ist eine Frage, die sich allen aufdrängt, die sie kennen. Die Entwicklungstendenzen des allgemeinen Interesses für die schöne Vida untersuchte der Literaturhistoriker und Volkskundler Ivan Grafenauer ein Jahrhundert, nachdem sie France Prešeren in den dreißiger Jahren des 19. Jahrhunderts besungen hatte. Die Anregung hatte der Dichter bei der „vom krainischen Volk gesungenen Ballade" mit dem uralten Motiv der entführten Frau und Mutter gefunden. Es ist die schöne Vida, die, von Fernweh verleitet und in der Fremde von Heimweh verzehrt, jenem nachtrauert, das sie daheim zurückgelassen hat und das nicht unbedingt nur das angenehmste sein mußte.

Das Motiv der schönen Vida, das seit dem 13. Jahrhundert die Volksdichtung befruchtete, blieb eine der anregendsten Quellen des slowenischen Daseins. Die Urfabel von der entführten Frau und Mutter verspannen der schöpferische Geist und die künstlerische Phantasie mehr oder minder vollendet mit den aufkommenden Problemen und deuteten so die wesentlichen Fragen des Lebens in dessen slowenischen Dimensionen. Sie konnten auch Bereiche wie Sünde, Reue oder Verurteilung berühren, und das nicht nur wegen der Flucht aus dem Elend des familiären Kreises oder des Heimatortes in eine sozial und wirtschaftlich höher entwickelte, jedoch „fremde" (nicht slowenische) Umgebung – bis hin zur Fahnenflucht, zum Verrat und Renegatentum. Davon gab es einiges im heute österreichischen Kärnten und auch in den Küstenstädten, wo die deutsche bzw. die italienische Bevölkerung in jeder Hinsicht besser situiert war und wo die entschiedensten Gegner des Slowenentums nicht selten mit Familiennamen behaftet sind, die ihre slowenische oder kroatische Abkunft nicht verleugnen können.

Es ist daher wohl angemessen, wenn wir der sagenhaften schönen Vida, die an jenem Julitag 1991 mit zweiundsiebzigjährigen „jugoslawischen" Erfahrungen und – wie einige hinzufügen würden – nach „fünfzigjähriger gemeinsamer Sache" mit dem Kommunismus dem letzten Autozug der Linie Laibach–Belgrad–Laibach entstiegen war, einen gebührenden Platz in der vierten Variantengruppe einräumen. Sollte es diese noch nicht geben, wollen wir sie hier und nun beginnen.

DIE REICHE KÜNSTLERISCHE LESE IN SLOWENIEN läßt dies jedenfalls zu. Allein die Tatsache, daß das Motiv der Schönen Vida seit France Prešeren – dessen großes Ausdrucksvermögen seine frommen und schlichten Landsleute in eine anspruchsvollere Gedankenwelt geleitet hat – bis zum heutigen Tag mindestens fünfzig weitere literarische Bearbeitungen erfahren hatte, besagt, daß wir uns keine Einzelheiten leisten können; jedenfalls waren die hervorragendsten literarischen Persönlichkeiten daran beteiligt. Außerdem gibt es zu diesem Thema noch Theater- und Musikstücke, Ballette und Werke der darstellenden Kunst. Noch viel weniger können wir uns eine enzyklopädische oder zeitliche Reihung leisten oder die werten Autoren in alle möglichen Kästchen zwängen.

Bevor wir jedoch mit der schönen Vida auf die Zukunftsaussichten Sloweniens eingehen, wollen wir wenigstens summarisch die künstlerische Produktion überblicken. Hinsichtlich der Belletristik wurde Slowenien 1991 um 422 Neuerscheinungen reicher; davon waren 249 Originalausgaben. Im Jahre 1992 gab es davon etwas weniger: 227 von insgesamt 337 Neuerscheinungen. Im Jahr der Verselbständigung wurden 70 Romane, 85 Gedichtbände, 18 Theaterstücke und 52 Werke der Kinder- und Jugendliteratur herausgegeben; letztere verdoppelte sich im darauffolgenden Jahr, in dem es aber um die Hälfte weniger Gedichtsammlungen und nur 40 Romane gab. Im Jahre 1990 kamen in Slowenien auf eine Million Einwohner 927 Neuerscheinungen, mehr gab es nur in Österreich, Dänemark, Finnland, Luxemburg und im damaligen Westdeutschland, in Spanien, Schweden und in der Schweiz.

In den letzten zehn bis fünfzehn Jahren kommunistischer „Reformen" erlebte auch die Essayistik einen größeren Aufschwung; doch ihre große Zeit liegt noch vor ihr – dank der in Zukunft rascheren und gehaltreicheren Entfaltung des Tages- und Wochenzeitschriftenwesens und des in den Bereichen der Politik und Gesellschaft stärker engagierten analytischen Journalismus. Der Vergleich der Auflagendurchschnitte derartiger Drucke pro 1000 Einwohner erweckt den Wunsch, daß Slowenien, das in dieser Hinsicht im ehemaligen gemeinsamen Staat an der Spitze gelegen hatte, sich auf dem internationalen Feld von den nachtrabenden südeuropäischen Staaten loslösen wird, wo es sich im Augenblick noch befindet.

Zum literarischen Pluralismus in Slowenien tragen selbstverständlich auch die Produktionen der italienischen und ungarischen Minderheit bei, sowie jene der slowenischen Emigranten- und Exilliteratur in Argentinien, in den Vereinigten Staaten, in Kanada und in Australien.

201 „. . . wir stiegen ungefähr zwei Stunden zum Gipfel auf. Dann packten wir die Jause aus und ließen den Blick über das Tal schweifen. Da sagte der Vater: ‚Schau, Janko, dort geradeaus und dann ein wenig weiter nach rechts – siehst du unser Haus?' ‚Ich sehe es', erwiderte Janko. ‚Ist es nicht schön?' ‚Ja', erwiderte Janko, ‚und warum mußten wir dann hier herauf kraxeln?'" (Aus dem unveröffentlichten Tagebuch von Jankos älterem Bruder, der überzeugt ist, daß Trekking die beste Sache auf der Welt ist.)

DIE MUSIK UND DIE SLOWENEN sind mindestens eineinhalb Jahrtausende untrennbar miteinander verbunden. Es wurde nämlich wissenschaftlich festgestellt, daß die Slawen bereits im 6. Jahrhundert eigene Ausdrücke für „singen" und „Gesang" hatten. Begabte Musiker gingen

PRESE

202, 203 Joco Balant ist ein eingeschworener Anhänger von Wintertouren und überzeugt uns mit seiner Aufnahme, „daß es nichts Schöneres auf der Welt gibt“. Der Schnee reicht nicht bis zu den Knien, sondern bis an die Tafel des Verkehrszeichens.

204 Die Stille eines Wintertages in der Schlucht regt zum Meditieren an und tut der Seele gut. Während des Befreiungskrieges wurde „in strengster Geheimhaltung“ hier eines der Partisanenspitäler, die „Franja“, eingerichtet. Mit Entsagung und Opfern wurden hier die Kämpfer für eine bessere und schönere Zukunft geheilt und gepflegt. Die Zukunft, zu der einige Abkürzungen führen sollten, zieht sich immer tiefer in das Dickicht „neuer Probleme“ zurück.

205 Doch das Leben geht weiter . . .

206 . . . und manchmal sind die Väter auch recht nützlich.

207, 208 . . . doch in der Sommerhitze ist ihnen das Faulenzen und Angeln lieber. Keiner von ihnen scheint zu bemerken, daß in der verlassenen Mühle jemand mutterseelenallein sein Leben fristet.

209, 210 Ach, dieses Petri- respektive Weidmanns Heil, das seine Jünger so sehr beunruhigt.

211 Außer der mehr oder minder preiswerten Erholung in Gottes freier Natur entstanden in Slowenien – unter Mitwirkung der Natur – 14 Kurorte. Daß einige davon schon die alten Römer schätzten, ist ja bekannt, und die Zahl der Betten und die Pensionspreise, die sie noch nicht kannten, sind nun ebenfalls bekannt und leicht zu erfahren.

212 – 215 In den Kurorten kennt man keinen Leerlauf – im Sommer stehen offene Schwimmbecken zur Verfügung, bei Schlechtwetter und im Winter sucht man die Hallenbäder auf, die überdachten Seen ähneln und Ruhe, Genesung und Erholung verheißen.

216 – 218 Die Kurorte sind für allerlei Ansprüche und Erwartungen gerüstet. Außer medizinischen Fachkräften gibt es bei einigen auch Mineralquellen, auf deren Heilkraft die Genesenen schwören. Einige der Kurgäste kehren auch durch den Gewinn im Spielkasino genesen heim.

219, 220 Andere wiederum suchen Gesundheit und Glück auf dem Meer. All dies müßte doch schon auf den ersten Blick selbst Verwöhnte überzeugen.

221 Wem das Meer zu gesalzen oder zu groß ist, der badet eben in einem der natürlichen und künstlichen Seen, an denen es in Slowenien gewiß nicht mangelt.

222 – 225 Die frohen und schönen Gesichter sprechen vom Glück oder wenigstens vom glücklichen Augenblick der Fotografen, die mit diesen Aufnahmen am Wettbewerb der schönsten und ausdrucksvollsten Bilder von Slowenien teilnahmen. Daß kein glücklicher Mann auf ihnen zu sehen ist, ist rein zufällig.

226 – 228 Kindheit und Jugend – so sagen erfahrene Leute – sind schön, weil sie unbeschwert seien. Doch eines Tages kommen Sorgen, Versuchungen und Sündenfälle . . .

229 Wie grauenvoll die Strafe für die Sünde sein wird, erahnte und empfand Dante Alighieri wohl beim Besuch der Höhle Temnica, als er sich im Gebiet Tolminsko aufhielt. In ihr soll er die Inspiration für das Inferno seiner Göttlichen Komödie bekommen haben.

230 Eine Mahnung, daß die Menschen fähig sind, sich eine noch viel ärgere Hölle schon zu Lebzeiten zu bereiten, findet man in den Wäldern von Kočevje. Dieser Urwald inmitten von Europa, dessen Undurchdringlichkeit in so mancher Hinsicht den Kampf der Partisanen gegen die Okkupanten begünstigte, wurde zum Grab für einige Tausende von Slowenen, die das Kriegsende in den Uniformen der feindlichen Heere überraschte. Die Höllenschlünde, in denen sie wehrlos und ohne Urteil endeten, peinigen nun ihre Schergen.

231, 232 Auswege aus der kommunistischen Sackgasse versuchen nun beherzte Idealisten und natürlich die Künstler zu finden. Dantes Weg aus der Hölle durch das läuternde Fegefeuer und vereint mit seiner göttlichen Beatrice in den Himmel versucht in drei Abendvorstellungen der junge Regisseur Tomaž Pandur dem heutigen Publikum vor Augen zu führen. Obwohl in einer Sprache gesprochen, die (noch) nicht überall verstanden wird, werden seinen Vorstellungen sowie noch manchen weiteren Schöpfungen slowenischer Theaterleute in Europa und auf anderen Kontinenten Bewunderung und Begeisterung gezollt.

233 Das größte Kulturzentrum Sloweniens, Cankarjev dom in Laibach, und noch einige weitere ähnliche Institutionen werden angesichts der diskreditierten politischen Szene noch lange dazu beitragen müssen, den Weg in Beatrices Himmel zu finden. Es gibt keinen Grund zum Pessimismus. Schließlich: „eppur'si move!"... und sie bewegt sich doch!

234 Bei den Künsten, vor allem bei der bildenden Kunst, kann man sich, dank der vielen vorzüglichen und international integrierten Künstler, größere Vorstöße erhoffen.

235 Die musikalische Produktion, verzeihen Sie den ungeschlachten Ausdruck für so subtiles Schaffen, wird in der näheren und weiteren Umgebung hoch geschätzt. Doch sollte dies gar nicht verwundern, denn was Hänschen lernte, das kann nun auch der Hans. Im ersten Jahr des kommenden Millenniums wird man den dreihundertsten Geburtstag der Academia Philharmonicorum feiern, deren Nachfolgerin nun die Slowenische Philharmonie ist.

236 Man muß noch so einige Schuld an der Vergangenheit abtragen und das Kulturerbe gründlich erforschen – wie etwa die Handschriften aus dem Kloster Stična/Sittich und die Archive.

237 – 239 Einen beträchtlichen Beitrag kann man gewiß von der Wissenschaft erwarten, der vor 300 Jahren die Operosi von Laibach den Weg gebahnt haben in Räumen, die noch heute mit ihrer Pracht Ehrfurcht gebieten. Doch manches werden auch die begabten und fleißigen Hände vollbringen, die hier mit den zwei Aufnahmen slowenischer Kunsthandwerker symbolisiert werden.

240 – 241 Kein Grund, den Kopf hängen zu lassen, schon gar nicht wenn die Kinder auf den Schultern und auf dem Arm noch ein Brüderchen oder Schwesterchen bekommen werden, oder noch besser: eines für den Vater und eines für die Mutter, eines für alle Fälle und eines für die Vermehrung ganz allgemein. Das für die Zuwanderung stets offene Land wird in dieser Angelegenheit auch einige interne Absprachen machen und sie auf den europäischen Standard anstimmen müssen.

242 Die langfristigen allgemeinen und wirtschaftlichen Entwicklungspläne, an denen nun intensiv gearbeitet wird, sollten in einigen Jahren die Arbeitslosenrate herabsetzen, die Produktion ankurbeln und das Einkommen vergrößern: damit auch wirklich jedes Kind sein Stück vom Kuchen bekommt.

243 So heiter und froh, wie das 850-Jahre-Stadtjubiläum von Laibach, als auch für sein Wahrzeichen, den Drachen, ein Kuchen gebacken wurde, sollten noch viele Jahres- und Geburtstage gefeiert werden.

244 Und alle Jahre wieder werden die Kurenti den Winter verjagen und den Frühling ins Land geleiten. Den richtigen und wahren. Denn der sogenannte demokratische Frühling scheint sich nur schwach der Versuchungen zu erwehren.

245–248 Es gibt in Slowenien niemanden, der sich seine Heimat nicht in Farbe und als buntes und frohes Land erträumt, in der sich jedermann wohlfühlt, sogar die Bewohner.

249 Um sie ja nicht zu vergessen, werden die Namen aller Verdienstvollen in Stein gemeißelt und vergoldet. Wie schade, daß sie erst von den Nachkommen gelesen werden.

250 Seine Zufriedenheit und Begeisterung wird das slowenische Völkchen wohl auch in Zukunft vor allem auf Sportveranstaltungen zum Ausdruck bringen. Diese genehmigten Stimulierungen der slowenischen Vaterlandsliebe werden wohl noch andere günstige Auswirkungen haben.

251 Es kann schließlich auch nicht verschwiegen werden, daß die beiden slowenischen Konstrukteure Janez Rožman und der Vater des slowenischen Sportes, Stanko Bloudek, mit ihren Bauten in Planica die Skiflüge ermöglichten. In Slowenien wurde erstmals die Hundert-Meter-Marke und auch die Zweihundert-Meter-Marke übersprungen. In Slowenien können wir eben große Sprünge machen.

schon immer auch in die weite Welt und gelangten dort zu Ruhm und Ehren. Georg Slatkonja-Chrysipus aus Laibach leitete und reorganisierte Ende des 15. Jahrhunderts die Wiener Hofkapelle, deren Leiter er auch als erster ordentlicher Bischof des neugegründeten Bistums Wien blieb; er erwarb sich auch große Verdienste für die Verbreitung der niederländischen Polyphonie in Mitteleuropa. Anfang des 16. Jahrhunderts lehrte Balthasar Praspergius aus Mozirje als angesehener Musiktheoretiker an der Basler Universität.

Das meiste zum Ruhm der slowenischen Länder hatte allerdings einer der größten Komponisten des 16. Jahrhunderts in Europa, Jacobus Gallus (1550–1591), beigetragen, indem er seinem Namen das Wort „Carniolus" (Krainer, aus Krain stammend) beisetzte. Wie bereits erwähnt, erhielt Laibach dank einiger Mitglieder der Academia operosorum 1701 auch eine „Academia Philharmonicorum" mit eigenem Orchester und Chor.

Schon in den vergangenen Jahrhunderten also wurde Slowenien als ein Land mit musikalischen und ungemein sangesfrohen Einwohnern bekannt. Es gilt ja schon seit altersher, daß „zwei Slowenen einen Sängerchor ausmachen", insbesondere weil ihnen die Ungarn nachsagen, daß „zwei Slowenen vierstimmig singen".

Bei einer derartigen Tradition ist es daher nicht verwunderlich, daß sich die slowenische Musik und ihre Schöpfer und Ausführenden, denen hier leider nicht die gebührende Aufmerksamkeit gewidmet werden kann, ihren Weg bis an die Spitze des zeitgenössischen Musikschaffens gebahnt haben. Nicht nur durch die beiden Opernhäuser, die Chöre, die ständigen Orchester, die zahlreichen Trios, Quartetts, Quintetts usw. wurde das slowenische Musikschaffen bekannt und angesehen, sondern auch dank der heimischen und internationalen Musikfestivals und Wettbewerbe.

Ein lebhaftes und womöglich noch größeres Interesse gilt dem Theater. In Slowenien gibt es außer den acht professionellen Schauspielhäusern noch eine unverhältnismäßig große Anzahl von Kinder-, Jugend-, Liebhaber- und Experimentaltheatern. Einige davon wurden durch weltweite Gastspiele bekannt, andere wiederum bewährten sich auf heimischen und internationalen Festspielen und Wettbewerben.

DIE ÜBERALL VORHANDENEN KÜNSTLERISCHEN ANREGUNGEN, von denen manche noch aus den vorgeschichtlichen Epochen herrühren, haben den Geschmack des heutigen Menschen geprägt und verfeinert. Ornamente findet man bereits auf den jungsteinzeitlichen Gefäßen. Die elegant stilisierten Relieffiguren auf der Situla von Vače bieten Anregungen für allerlei Modeschöpfungen, andere derartige Gestaltungen und Andenken. Ähnliches gilt für die zahlreichen Relikte der keltischen und römischen Zivilisation, die beide ja sozusagen in die Gene der weiter hier siedelnden Generationen eingegangen sind.

Nach dem Bruch mit dem Kominform wurden in Slowenien in den fünfziger Jahren auch in dieser Beziehung große Fortschritte gemacht. Internationales Ansehen erlangte die von Božidar Jakac und Riko Debenjak gegründete Graphische Schule von Laibach, nicht unwesentlich auch durch die Internationale graphische Biennale von Laibach, die 1955 als eine der weltweit führenden von der Modernen Galerie von Laibach eingerichtet wurde. Ähnliche Ziele verfolgt auch BIO, die Biennale der industriellen Gestaltung in Laibach, die ihr Ansehen und ihre Bekanntheit vor allem durch internationale Symposien und spezialisierte Ausstellungen der industriellen Formgebung festigt und vergrößert.

Die gesprengten geistigen, gesellschaftlichen und politischen Fesseln, die Privatinitiative und die freie Marktwirtschaft haben die kreativen Kräfte und den angestauten Tatendrang in den Menschen geweckt und freigesetzt. Eine allgemeine internationale Wertschätzung wird nach Jože Plečnik, Max Fabiani usw. – bei entsprechendem „Marketing" – ohne Zweifel auch den aktuellen Schöpfungen der postmodernen Architektur zuteil werden, die ihr Augenmerk neben den überlieferten Werten vor allem der kreativen Anwendung (neuer) Baustoffe widmet, die Eigenständigkeit des Urhebers hervorhebt und zugleich die Anforderungen der Raumgestaltung und Stadtplanung berücksichtigt.

Die slowenischen Raum- und Stadtplanungen sind um die Ganzheit des Orts- und Landschaftsbildes bemüht. Vorläufig scheint dabei Laibach führend zu sein, dem es gelingt, einen gewissen Schick auszustrahlen.

WENN ES DEN KRANICHEN DAHEIM NICHT GUT ERGEHT, FLIEGEN SIE ÜBERS MEER, ist France Prešerens Erklärung für den Drang, der seine schöne Vida und nach ihr so viele Slowenen aus dem Paradies unter dem Triglav in die Ferne getrieben hat. Edward Gobetz, Professor für Soziologie und Anthropologie an der Kent State University/Ohio und Gründer des slowenischen Forschungszentrums in Amerika, hatte bereits 1974 in seinem Buch „The Slovenian Heritage" beschrieben, wie viel die Slowenen Amerika und der ganzen Welt gegeben ha-

252 Der Weg in den morgigen Tag wird dennoch nicht leicht sein. Vor uns ist noch so mancher, ganz steiler Aufstieg.

ben. Er beginnt selbstverständlich mit der bereits zitierten Anregung, die Thomas Jefferson, bei der Verfassung der Unabhängigkeitserklärung aus der Beschreibung der Einsetzung der Kärntner Herzöge als einer „bisher noch nicht und durch nichts übertroffenen demokratischen Handlung" gewonnen hatte. Danach führt Gobetz je fünf Generäle, Admiräle und Bischöfe slowenischer Abstammung an, darunter auch den Missionar Friderik Baraga (1797 – 1868), dessen Ansichten und Ideen über kulturellen Pluralismus der Amerikanische Kongreß 140 Jahre später annahm. Slowenische Einwanderer und ihre Nachkommen wurden Kongreß- und Senatsmitglieder, Gouverneure, Bürgermeister, einige hundert waren oder sind Universitätsprofessoren, berühmte Architekten, Schriftsteller, Schauspieler, Sänger, Erfinder und als Geschäftsleute Millionäre. Obwohl sie nicht selten ihre Familiennamen „wegen der leichteren Aussprache" anglifizieren, verbleiben sie ihren slowenisch-amerikanischen Gemeinschaften meist treu verbunden. Ähnliches gilt auch für die Auswanderer nach Kanada, Australien usw., aber auch für jene in die europäischen Staaten. Und viele, die nur für eine beschränkte Zeit gegangen waren, blieben in der Fremde, die ihnen zur Heimat wurde. Helmut Zilk, der ehemalige Bürgermeister und Landeshauptmann von Wien, hat in seinem Vorwort zu Drago Medveds Buch „Slovenski Dunaj"/Slowenisches Wien (Verlag Hermagoras/Mohorjeva, Klagenfurt 1995) zusammengerechnet, daß an die vierzig Dekane und Rektoren der Wiener Universität slowenischer Abstammung waren, ebenso mehrere Hunderte der ordentlichen Professoren, die an den Fakultäten, Akademien und Instituten gewirkt haben. Ähnlich wie in den Büchern über das italienische, tschechische, polnische und jüdische Wien, schildert der Verfasser auch im Buch „Slowenisches Wien", wie die Slowenen gemeinsam mit Angehörigen anderer Völker „Wien mitgestaltet" haben und nicht selten bei historischen Ereignissen „im Vordergrund und nicht am Rande gestanden sind". Auch im heutigen Wien sind Straßen und Gassen nach Slowenen benannt, die lange Jahre in Wien verbracht hatten, wie etwa der Schriftsteller Ivan Cankar, der vom Bauernsohn zum Edelmann aufgestiegene Mathematiker, Physiker und Ballistikfachmann Jurij Vega und der Architekt Jože Plečnik . . . Die Tatsache, daß bedeutend wenigeren Slowenen derlei Ehren in Belgrad zuteil geworden sind, kann einerseits damit begründet werden, daß für die Slowenen die „jugoslawische Episode" eben um einiges kürzer gewesen war als die „österreichische", andererseits aber läßt sie etwas ganz anderes erahnen.

Der Hausierer aus Jost Ammans Beschreibung der Stände (1568)

Edward Gobetz und seine Mitarbeiter haben noch eine ganze Menge Angaben über slowenische Auswanderer und ihre Nachkommen gesammelt, die sich recht weit nach oben durchgekämpft hatten: Georg Leo von Caprivi (1831–1899), der nach Bismarck zweiter deutscher Kanzler wurde (1890–1894), zur Zeit, als Deutschland der mächtigste Staat auf dem Kontinent war, war Sohn eines gestandenen Bauers aus Koprivnik in Krain. Seiner slowenischen Herkunft war sich auch Dr. Kurt Schuschnigg (1897–1977) bewußt, der in den schicksalhaften Zeiten nach dem Attentat auf Kanzler Engelbert Dollfuß bis zum Anschluß 1938 österreichischer Kanzler gewesen war. Schuschniggs Familie stammte aus Goritschach/Goriče in Kärnten; sein Großvater war als Getreidehändler nach Klagenfurt gezogen. Senator Frank J. Lausche wurde fünfmal Gouverneur des Bundesstaates Ohio, und der politische Emigrant Ivan Lajovič wurde Mitglied des australischen Parlaments.

Außer dieser Auslese politischer Persönlichkeiten erwähnt Gobetz aus vergangenen Zeiten den 1705 in Solkan geborenen Dr. Marcus Antonius Plenčič (Plenciz), der nach seinen medizinischen Studien in Wien und Padua in Wien praktizierte und lehrte und der – schon lange vor Louis Pasteur – in seinen Schriften über ansteckende Krankheiten die Theorie über das contagium vivum (lebender Erreger) entwickelte. Maria Theresia verlieh ihm dafür den Adelstitel, an den er dann noch italienische Ehrungen reihte.

Auch sollte man den glücklosen österreichischen Erfinder der Briefmarke (1835), Laurenz Koschier – Lovrenc Košir (1804–1879) aus Spodnja Luša bei Škofja Loka, nicht vergessen und dessen bisher aussichtslosen Kampf um Anerkennung, da als Vater der Briefmarke ja allgemein Sir Rowland Hill genannt und geehrt wird. Ein weiterer Großer aus Slowenien war auch der in Laibach geborene „Vater der Mikroanalyse", Friderik Pregl (1869–1930), der 1923 den Nobelpreis für Chemie erhielt. Sein Laboratorium vermachte er der Universität in Laibach. Noch weit zahlreicheren aber diente Wien als Sprungbrett in andere europäische Länder und nach Amerika.

Besonders lang ist Gobetz' Verzeichnis jener Slowenen und ihrer Nachfahren, die sich einen Namen auf den Gebieten der Technik und der Technologie machten und unter denen sich in neuerer Zeit einige finden lassen, die ihre Studien noch in der Heimat absolviert hatten. Zu den Pionieren der Flugfahrt gehören z. B. der in Metlika geborene Max Stupar, der 1909 die erste Flugzeugfabrik in Amerika erbaute, die Flugzeugbauer Žele, Raspet und Kisovec, der geniale Automobildesigner John Bučik sowie zahlreiche Konstrukteure und Manager der Automobil- und Elektronikindustrie.

Edward Gobetz wundert sich überhaupt nicht, daß das österreichische Unternehmen Puch eine Gründung des Slowenen Puh war, daß der Vater der Weltraumflüge, Wernher von Braun, einst sagte, er hätte über den Weltraumflug vor allem aus den zwei Büchern (des Slowenen) Hermann Potočnik-Noordung (1929) gelernt. Schließlich gehört dazu noch Ronald Šega, dessen Familie aus Loški Potok stammt, und der in der Crew des Space-Shuttle-Fluges 1994 mit besonderen wissenschaftlichen Aufgaben betraut worden war.

WIE UND WOHIN IN ZUKUNFT, ist die Frage am Scheideweg, an dem der junge Staat nun steht. Es besteht kein Zweifel daran, daß auch zukünftig weder alle Talente noch die vielen schönen Vidas daheim ihr Auslangen finden werden. Vielen scheint es sogar, als ob sich in dem kleinen, selbständigen („aus lauter Grenzen" bestehenden) Staat auch die Chancen für einen persönlichen Durchbruch verringert hätten. Die slowenische Wirtschaft wäre nun verwundbarer, und niemand könnte sich der Übermacht der Großen erwehren. Außerdem müßte man noch so manches über das Staatswesen lernen. Überhaupt seien wir noch nicht fähig, staatstragend zu handeln, und zu diesem Zwecke gäbe es vorläufig noch keine entsprechend ausgebildete Infrastruktur und Logistik. Der enge Raum, außerhalb dessen kein Mensch die slowenische Sprache versteht, ist wie geschaffen für klaustrophobische Empfindungen, aber die Leute wollen eben jetzt tief durchatmen. Individuelle und staatliche Durchbrüche erfordern auch eine größere (persönliche und staatliche), grenzüberschreitende Kommunikationsfähigkeit mit Hilfe des Rundfunks, Fernsehens und der übrigen Medien, vor allem aber mit entsprechenden staatlichen Maßnahmen und multilateralen Verbindungen.

Der Kaufmann aus Jost Ammans Beschreibung der Stände (1568)

Nicht unwesentlich dabei ist die Erholung und das normale Funktionieren der slowenischen Wirtschaft, die außer der Umorientierung auf neue Märkte auch eine grundlegende Umgestaltung durchführen mußte, ähnlich wie es in allen ehemals sozialistischen Staaten der Fall gewesen war und ist. Der Weg vom Ersten im Dorfe, von der höchstentwickelten Teilrepublik des ehemaligen Jugoslawien, in das Armenviertel Europas, an das Ende der Reihe entwickelter europäischer Staaten, war schon an und für sich entmutigend; darüber hinaus war er vom rapiden Absinken der Wirtschaft, der Beschäftigung und des Lebensstandards gezeichnet.

Einen Silberstreifen am Horizont wähnt nun eine Expertengruppe zu erblicken, die sich auf Anregung der Anstalt für volkswirtschaftliche Analysen und Entwicklung der Republik Slowenien zusammengefunden hat, um einen langfristigen Entwicklungsplan zu erstellen.

Den Weg nach oben eröffnen die sich mehrenden kleineren „aber oho!" Privatunternehmen. Die Erfahrung aus dem Jahre 1993 lehrt, daß der Wert der von den vergesellschafteten Unternehmen erstellten Akkumulation, die drei Viertel der aktiven Einwohnerschaft beschäftigen, nur gleich groß war wie jener der Privatunternehmen. Bei den letztgenannten war die Akkumulation pro Beschäftigtem acht mal höher als in den vergesellschafteten Unternehmen. Unter diesen neuen Umständen könnte sich die Arbeitslosigkeit, die in den ersten unabhängigen Jahren auf 15 % hochgeschnellt war, bis zum Jahre 2000 auf weniger als 10 % (9,7) verringern. Sehr dynamisch sollte auch der Austausch mit dem Ausland voranschreiten. Die Ausfuhr von Waren und Leistungen würde bis zum Jahre 2000 intensiv ansteigen (jährlich um 6 %), wobei der private Verbrauch und die Bruttolöhne weniger rasch zunehmen sollten. Den höchsten Zuwachs sollten die Leistungen (von 3,7 % auf 6,3 %) verzeichnen, während die Industrie und die Landwirtschaft die Höchststufe von rund 5 % bzw. 3,0 % in den letzten zwei Jahren dieses Jahrtausends erreichen sollten. Dementsprechend müßte auch die Umstrukturierung der Arbeitskraft vor sich gehen. Im Jahre 1992 waren die wenigsten Arbeitnehmer in der Landwirtschaft, in der Fischerei und im Forstwesen beschäftigt (8,9 %), in der Industrie (36,7 %), die meisten hingegen im tertiären Bereich (54,4 %). Parallel zu diesem Trend sollte das GDP (Gross-Domestic-Product) pro Einwohner steigen und zwar (entsprechend der Kaufkraft) von 7.780 US$ im Jahre 1993 auf 10.480 US$ im Jahre 2000. Dies wäre die pessimistischere Prognose, die optimistischere sieht für das Jahr 2000 ein GDP pro Kopf von 12.200 US$ vor.

FESTEN BODEN UNTER DEN FÜSSEN bieten da einige Vergleiche: Das zu erwartende GDP wird, zugegeben, wesentlich höher sein. Es würde zwar noch immer unter dem westeuropäischen Durchschnitt liegen, jedoch höher als jenes der mediterranen Nachzügler und vielleicht auch höher als in Irland und Portugal sein, sowie selbstverständlich höher als in den osteuropäischen Staaten und anderer ehemaligen „Kollegen".

Der Wahrheit zuliebe sei gesagt, daß der slowenische GDP pro Kopf bereits in den frühen fünfziger Jahren fast zweimal so groß und nach dem Jahre 1975 bereits mehr als zweimal so groß gewesen ist als das jugoslawische Durchschnitts-GDP.

In diesem Zusammenhang entdeckte Dr. Gregor Tomc bei seinen Untersuchungen des slowenischen ethnischen Charakters, daß dieser, außer den archaischen und überlieferten Elementen noch einige weitere, für das Leben in beiden, vor allem aber im zweiten Jugoslawien erforderliche Züge aufweist. Tomc meint, daß die gravierende Unterschiedlichkeit in bezug auf Beschäftigungsgrad, Natalität usw. im slowenischen Nationalcharakter „das Bewußtsein der eigenen Mehrwertigkeit nur noch gefestigt hat". Dies sollte u. a. auch zur weitverbreiteten Ablehnung jeglichen politischen Engagements beigetragen haben: Jene, die sich mit Politik befassen, können doch nicht viel wert sein; so wie die Beschäftigung mit der Politik auch im Westen nicht als besonders ehrenvoll erachtet wird. Als der serbische Nationalismus immer aggressiver wurde, befaßten sich mit der Lösung der politischen Probleme die slowenischen Kulturschaffenden – die Resultate sind bekannt: einige wurden Politiker.

Die Zeit der politischen Auseinandersetzungen mit Belgrad und den groß-serbischen Intrigen förderte gewisse Untersuchungen, auch solche über sich selbst, über sein Volk und die slowenische Identität. Es war die Zeit, in der die unterschiedlichen Frustrationen die Erinnerung an die Parabel des Schriftstellers Ivan Cankar vom weinenden Christus wachhielten: Einst begegnete Christus einem bitterlich weinenden Mann und fragte ihn nach dem Grund seiner Trauer. Obwohl der Mann nur immer ärger weinte, ließ Christus nicht locker. Schließlich gab der Weinende nach und sagte: „Ich bin ein Slowene!" Als Christus das hörte, begann auch er zu weinen. Im Jahre der Verselbständigung erhielten die Slowenen das Werk des Nestors der slowenischen Psychologen, Dr. Anton Trstenjak: „Gedanken über den slowenischen Menschen", in dem sich der Verfasser gleich zu Beginn „unwillkürlich fragt, ob es doch nicht eine Art von Narzißmus und Selbstgefälligkeit sei, wenn ein Volk viel über seinen Charakter und seine Seele nachdenkt und schreibt." Seine Antwort lautete umgehend: „Kleine Völker festigen dadurch immer aufs neue ihr nationales Selbstbewußtsein und die Identifizierung mit sich selbst."

DAS PSYCHOLOGISCHE PORTRÄT DER SLOWENEN, eine Studie von Janez Musek, ist ein weiterer Beitrag zu dieser Frage. Wie eine Reihe von Studien stellt auch Musek auf Grund der Untersuchungen von Barett Eysenck (1984) fest, daß die Sloweninnen und Slowenen noch weit introvertierter wären als die sprichwörtlich introvertierten Engländer und noch weit mehr zum Psychotizismus neigen und sich noch weit lieber für besser halten, als sie es wirklich sind. Die Britinnen sind angesichts ihrer den Frauen gegenüber nachgiebigeren Umgebung wahrscheinlich auch gefühlsmäßig labiler als die Sloweninnen. Kennzeichnend für die Slowenen sei also eine stärkere Ausrichtung auf sich selbst, Nüchternheit, Zurückhaltung, Kühle, geringere Geselligkeit, dafür aber mehr Kalkül und ein stärkeres Verantwortungsgefühl. Die Slowenen sollen im Durchschnitt auch nicht sehr zuvorkommend sein, eher unduldsam, aggressiv, mißtrauisch, ichbezogen, grob und auch apodiktisch, herrschsüchtig, ambitiös und nicht bereit, Abhängigkeit und Unterordnung zu ertragen.

Janez Musek stellte angesichts dieser Eigenschaften fest, daß sie das bekannte Stereotyp über die slowenische Introvertiertheit und Verschlossenheit zwar bekräftigen, dennoch schien es ihm, daß sie die weitverbreiteten Vorstellungen von den lammfrommen und passiven Slowenen widerlegen. Im Gegenteil, die Slowenen wären recht aggressiv, wie sie dies ja auch während der letzten Kriege bewiesen hatten, und sie streben nach Unabhängigkeit, Geltung und Bestätigung. Davon sprechen auch weitere Untersuchungen, wie etwa über die Motivierung am Arbeitsplatz, lassen aber auch den individualistisch bedingten Mangel an Kooperationsbereitschaft erkennen.

Die Verbindung von Aggression und Introvertiertheit kann – so Musek – eine fatale Disposition für die gegen sich selbst gerichtete Aggressivität sein. Mit den 29,5 Selbstmorden auf je 100.000 Einwohner im Jahre 1992 lag Slowenien nach Ungarn (39,9) an zweithöchster Stelle, es übertraf Estland, Finnland und Litauen (26,0). In diesen Dispositionen könnte man auch eine Erklärung für die vielen Verkehrsunfälle und auch für die beängstigend starke Abhängigkeit vom Alkohol und immer mehr auch von Drogen finden.

Mit der „Deblockade der Unabhängigkeitstendenzen" kam es laut Janez Musek „zur Minderung der negativen, ‚neurotischen' Aspekte im slowenischen Nationalcharakter . . .". Da es sich um wirklich bedeutende und große Veränderungen handelt, um Wandlungen des Gesellschaftssystems, der Lebensweise und der Mentalität, meint Musek, „ist zu erwarten, daß sich diese Wandlungen bis zu einem gewissen Grade auch als Verschiebungen in den Persönlichkeitsprofilen abzeichnen werden."

Das Paradies unter dem Triglav, diese Oase in Europa, dieser Minimundus an der sonnigen Seite der Alpen, könnte nach den vorhergesehenen und auch schon bewahrheiteten Charakteränderungen der Einwohnerschaft für die zu erwartenden Touristenmassen nur allzu anziehend werden. Es könnte sogar zu einer Entscheidungskrise kommen: Sollte man nicht einfach auf immer bei den Slowenen bleiben oder einen guten Teil davon mit nach Hause nehmen. Beides vergrößert die Gefahr des Aussterbens, die – eigens für dieses Buch – mit Hilfe des Statistischen Amtes der

Republik Slowenien und deren Forscherinnen Dr. Vojka Šircelj und Petronela Vertot im größten Computer des Amtes errechnet worden ist. Es ist ja keinem entgangen, daß die magische Zahl 2.000.000 Einwohner nicht und nicht überschritten werden kann, ganz im Gegenteil!

WERDEN DIE EINWOHNER SLOWENIENS AUSSTERBEN, lautete die Frage an die beiden Forscherinnen angesichts der Tatsache, daß die Einwohnerzahl in Slowenien weder steigt noch stagniert, sondern sinkt. Anstatt bei den Prognosen für die kommenden Jahre und Jahrhunderte unter anderem auch Wanderungen und weitere Faktoren vorauszusetzen, die auf eine Vermehrung der Einwohnerschaft Einfluß nehmen könnten, schlugen wir vor, daß als Konstante nur jene Gewohnheit der Slowenin berücksichtigt wird, gemäß der sie unter der entsprechenden Assistenz des Slowenen in ihrer fertilen Phase durchschnittlich 1,34 Slowenen in die Welt setzt. Der Computer beantwortete die Frage, daß es in einem solchen Falle im Jahre 2000 in Slowenien 4.000 Einwohner weniger geben wird als bei der Volkszählung 1991. Die Zahl der Slowenen beiden Geschlechts würde um 11.000 auf 1,706.000 absinken. Im Jahre 2020 gäbe es dann zwar 1,804.000 Einwohner, jedoch nur mehr 1,500.000 Slowenen. Zwölf Jahre später würde diese Zahl schon unterschritten sein.

Einige Jahrzehnte später, genauer ausgedrückt im Jahr 2062, hätte Slowenien weniger als eine Million Einwohner, die Slowenen selbst wären bereits im Jahre 2054 dort angelangt. Unter eine halbe Million kämen die Slowenen fünfhundert Jahre nachdem sie in der Schlacht bei Sisak geholfen hatten, die Türken zu besiegen, die gesamte Einwohnerschaft wäre dann bei dieser Zahl im Jahre 2100 angelangt.

Der Countdown des letzten Tausends würde im Jahre 2435 beginnen. Genauer gesagt: Bei den 1.012 verbliebenen Slowenen gäbe es 50 Frauen mehr als Männer, die gesamte Einwohnerschaft Sloweniens würde sich acht Jahre später in dieser Lage befinden.

Dieses scheinbar langsame Aussterben der Einwohnerschaft von Slowenien würde dann noch weitere dreihundert Jahre andauern. Ab dem Jahre 2721 würde das letzte slowenische Paar leben, im Jahre 2729 wäre die Frau dann verwitwet und würde vier Jahre später (2733) auch selbst das Zeitliche segnen.

In dieser Zeit wären nur mehr vier Einwohner von Slowenien am Leben, die letzte Einwohnerin würde 2744 dahingegangen sein. Kurzum – im Jahre 2745 gäbe es keinen Nachfahren der heutigen Bewohner von Slowenien mehr, um zu Allerheiligen seinen Vorfahren eine Kerze anzuzünden.

ES VERBLEIBT IMMERHIN DIE HOFFNUNG, daß sich andere Voraussagen bewahrheiten werden, die ebenfalls vom Statistischen Amt ausgearbeitet wurden und wobei davon ausgegangen wurde, daß Slowenien keine von der übrigen Welt vollständig abgeriegelte Enklave sein wird, sondern daß sich das Kommen und Gehen, die Abwanderung und Zuwanderung fortsetzen werden. Sollte dies mit der Berücksichtigung der vor dem Jahre der Verselbständigung festgestellten Trends geschehen, gäbe es (bei einigen für die Demographen wichtigen Reserven) im Jahre 2000 gemäß der niedrigeren Variante nur mehr 1,998.000 Einwohner, nach der allerhöchsten jedoch 2,034.298 Einwohner. Während sich die Einwohnerschaft nach der niedrigeren Variante verringern würde, hätte sie sich nach der höchsten im Jahre 2020 bereits auf 2,207.987 vermehrt; darunter würde sich selbstverständlich eine beachtliche Anzahl von Slowenen und Sloweninnen befinden. Die schöne Vida wäre selbstverständlich unter ihnen. Sie müßte allerdings die Empfehlungen beachten, die der Universitätsprofessor und Slawist Dr. Jože Pogačnik in seiner Arbeit über „die schöne Vida" bringt: Sie sollte sich ein Beispiel an Paul Valerys junger Parze (La jeune Parque) nehmen. Als nämlich diese jungfräulich reine Schicksalsgöttin von der metaphorischen Schlange gebissen wird, erwacht in ihr die Sinnenfreude. Zum Unterschied zu den slowenischen schönen Vidas, die nach ähnlichen Bissen ihre Jugend und ihr ganzes Leben in verzückter, durch anfallende Enttäuschungen noch gesteigerter Sehnsucht und Reue verträumen, findet sich die Parze mit der neuen Situation ab, liebt das Leben, wie es nun einmal ist, und sagt dem Pessimismus, der idealistischen Selbstentzweiung und dem Narzißmus ade.

Sollte sich die schöne Vida für die Variante à la Jeune Parque entschließen, ist anzunehmen, daß sie auch mehr als nur 1,34 Kinder haben würde. Sie müßte sich nur einen ebenbürtigen Partner suchen, mit dem sie dann aber auch nicht nur so tun dürften, als ob sie Kinder haben möchten, und sich dabei verschämt wohlfühlen würden. Hatten nicht schon Seine Gnaden, der Fürstbischof von Laibach, Bonaventura Jeglič zu Beginn dieses Jahrhunderts empfohlen, daß diese Sachen stets nur zum Zwecke des Kinderkriegens stattzufinden hätten? Schade, daß er dann noch hinzugefügt hatte: „. . . und zwar in den frühen Morgenstunden".

Daran scheint sich die Sache zu spießen, denn wer will denn so früh aufwachen? Und so sind die Slowenen nach und nach in Zeitnot geraten!

ZEITTAFEL

Mitte des 6. Jhdts.	erfolgte vermutlich die Einwanderung der westslawischen Vorfahren.
Um 620	Im Ostalpenraum bestand in einer Kriegsgemeinschaft mit den Awaren das erste slawische Fürstentum. Nachdem die Slawen unter König Samo die Awaren abgeschüttelt hatten, schlossen sich 626 auch die an den Oberläufen der Save und Drau siedelnden Vorfahren der Slowenen dieser Stammesgemeinschaft an. In einigen Jahrzehnten setzte sich der Name des Staates, Karantanien, durch, sein Zentrum war die Karnburg über dem Zollfeld.
Um 745 bis 900	geriet der selbständige Staat Karantanien unter die Oberherrschaft der fränkischen Könige, es begann die Eingliederung in den westeuropäischen christlichen Zivilisationskreis. Nach den Aufständen der slawischen Fürsten ging auch der letzte slowenische Staat, Koceljs Fürstentum (869–874), unter. Für das Siedlungsgebiet der alpenländischen und pannonischen Slawen wurde der Name Karantanien geläufig. Die Bayern wanderten ein. Durch den Einbruch der Ungarn wurden die Westslawen von den Südslawen getrennt.
Um 1000	entstanden die „Freisinger Denkmäler", die erste Aufzeichnung der gesprochenen slowenischen Sprache.
Im 11. Jhdt.	zerfiel Großkarantanien auf die historischen Länder Krain, Steiermark und Kärnten, allmählich wurde das Bewußtsein der Zugehörigkeit zur karantanischen Gemeinschaft durch jenes der Landeszugehörigkeit verdrängt.
Nach 1312	begannen sich die Habsburger durchzusetzen, nach 1456 machten sie ihr Erbfolgerecht nach den Cillier Grafen und Fürsten geltend und brachten bis 1526 den Großteil der slowenischsprachigen Gebiete in ihren Besitz.
1408	fielen die Türken erstmals in die slowenischen Gebiete ein, es war der Beginn der zweihundertjährigen Türkennot.
Im 15. und 16. Jhd.	vereinten die Bauernaufstände das hörige Volk, am stärksten anläßlich des slowenischen Bauernaufstandes 1515; ähnlich wirkten sich auch die neuen Wirtschafts- und Handelsströmungen aus.
1550	veröffentlichte Primož Trubar die ersten beiden in slowenischer Sprache verfaßten Bücher und legte damit den Grundstein der slowenischen Schriftsprache.
1573	wurde der kroatisch-slowenische Bauernaufstand grausam niedergeschlagen.
1584	erschien Jurij Dalmatins slowenische Gesamtübersetzung der Bibel. Die Sprachgemeinschaft wurde zur Grundlage der ethnischen Integration.
1593	errangen kroatische und slowenische Soldaten bei Sisak einen entscheidenden Sieg über die Türken.
1689	erschien das Monumentalwerk „Die Ehre des Herzogthums Krain" als Krönung des Wirkens J. W. Valvasors. 1693 wurde in Laibach/Ljubljana die erste wissenschaftliche Gesellschaft, die Academia Operosorum, gegründet, acht Jahre später die Academia philharmonicorum Labacensis.
1719	wurden Triest und Rijeka Freihäfen, im Hinterland wurden danach beschleunigt Brücken und Straßen ausgebaut und Flußregulierungen vorgenommen.
1754	lebten laut der ersten Volkszählung 725.000 Menschen in den slowenischsprachigen Ländern (Prekmurje, Venetien und Istrien ausgenommen).
1770–1790	die theresianisch-Josephinischen Reformen brachten die Abschaffung des Frondienstes, der Leibeigenschaft, die Einführung der allgemeinen Schulpflicht und das Toleranzpatent.
1788–1791	veröffentlichte Anton Tomaž Linhart seinen „Versuch einer Geschichte von Krain" sowie die beiden ersten slowenischen Lustspiele: „Županova Micka" (Des Dorfschulzens Tochter) und „Ta veseli dan" (Ein toller Tag).

1797–1800	erschien die erste slowenische Zeitung „Lublanske Novice"
1797–1813	dreimalige Besetzung der slowenischen Länder durch die Franzosen und Gründung der Illyrischen Provinzen.
1846	veröffentlichte France Prešeren seine Gedichtsammlung „Poezije".
1848	einen Monat nach der Märzrevolution veröffentlichten slowenische Intellektuelle in Wien das Programm des „Vereinten Slowenien".
1846–57	Der Ausbau der Südbahnstrecke über die slowenischen Gebiete verband Wien mit Triest.
1866	kamen die in Venetien lebenden Slowenen unter das Königreich Italien.
1868–1871	bekundeten die Slowenen auf großen Volksversammlungen, den „Tabori", ihr nationales Bewußtsein. In den folgenden Jahrzehnten gründeten die katholische und die liberale Bewegung ihre politischen Parteien. 1896 entstand dann die „Südslawische Sozialdemokratische Partei".
1917	wurde im Parlament in Wien die Maideklaration des „Südslawischen Klubs" verlesen.
1918	die Proklamation des Staates SHS (Serben, Kroaten und Slowenen) und die Gründung des Königreiches SHS.
1920	brannten italienische Nationalisten in Triest das slowenische Kulturzentrum „Narodni dom" nieder. Damit begann die ethnische Säuberung der nach dem Ersten Weltkrieg an Italien gefallenen Gebiete.
1929	nach der Ermordung von kroatischen Abgeordneten im Belgrader Parlament führte Alexander I. Karadjordjević die Diktatur ein.
1939	das Abkommen Cvetković-Maček stieß wegen einiger Föderalisierungselemente auf den Widerstand der serbischen Lobby.
1941	nach dem Belgrader Militär-Putsch gegen den mit Hitlerdeutschland geschlossenen Pakt und nach dem Überfall Hitlerdeutschlands auf Jugoslawien wurde auch Slowenien besetzt; Deutschland, Italien und Ungarn teilten es sich untereinander auf. Dem von der Kommunistischen Partei angeführten bewaffneten Widerstand gegen die Okkupanten wollten sich antikommunistisch Gesinnte nicht anschließen, sie wurden von den Okkupanten vorerst insgeheim, später aber auch offiziell bewaffnet. Im Mai 1945 ergaben sich diese militärischen Einheiten den Briten in Kärnten, die sie jedoch den Siegern nach Slowenien auslieferten. Rund zehntausend Menschen wurden ohne Urteil an verschiedenen Orten hingerichtet, die meisten im Kočevski Rog.
1947	wurde ein Teil des slowenischen Küstenlandes, das zwischen den beiden Weltkriegen zu Italien gehört hatte, an Jugoslawien bzw. an Slowenien angeschlossen.
1974	die neue Verfassung, als Beitrag zur weiteren Föderalisierung der Föderation, wurde von der serbischen Lobby heftig bekämpft.
1980	starb Josip Broz Tito.
1986	die ansteigende antiföderalistische und unitaristische Stimmung in Serbien wurde vom sogenannten „Memorandum der serbischen Akademie der Wissenschaften" noch weiter angeheizt.
1988	unter dem Einfluß der serbischen unitaristischen Lobby versuchten Militärkreise in Belgrad, die Slowenen einzuschüchtern. Vier Slowenen wurden festgenommen und vor das Kriegsgericht gestellt; weiterer Druck wurde ausgeübt, u. a. wurden die Wirtschaftsbeziehungen mit Slowenien (damals noch Teilrepublik Jugoslawiens) abgebrochen.
von 1989 bis 1990	machten sich in Slowenien Anfänge eines politischen Pluralismus bemerkbar, politische Parteien wurden gegründet. Die slowenische Delegation verließ demonstrativ den Kongreß des Bundes der Kommunistischen Partei Jugoslawiens und leitete damit dessen Zerfall ein. Nach den ersten demokratischen Wahlen in Slowenien wurde der Reformkommunist Milan Kučan Präsident der (Teil)Republik, zum Regierungschef wurde der Christdemokrat Lojze Peterle gewählt.
Im Dezember 1990	beteiligten sich 93,2 % aller Wahlberechtigten an der Volksabstimmung über die Unabhängigkeit Sloweniens. Der Großteil davon (88,2 %) stimmte für ein souveränes und selbständiges Slowenien.
Am 25. Juni 1991	wurde das Verfassungsdokument über die Selbständigkeit und Unabhängigkeit der Republik Slowenien angenommen. In der darauffolgenden Nacht ging die jugoslawische Volksarmee zum Angriff auf Slowenien über.
Am 22. Mai 1992	wurde Slowenien Mitglied der Vereinten Nationen.

BILDERNACHWEIS

Die Erfahrung, daß mehrere Augen eben mehr sehen, veranlaßte die Verleger dieser Monographie gemeinsam mit dem slowenischen Fremdenverkehrsverband und dem Fotografenverband zu einem Fotowettbewerb der reizvollsten und aussagekräftigsten Bilder aus dem slowenischen Alltag zu organisieren. Die von der Fachjury: Dr. Stane Bernik, Dr. Matjaž Kmecl und Dr. Zoran Kržišnik ausgewählten besten Aufnahmen wurden in diesem Buch neben den Fotos verschiedener Autoren, die wir aus insgesamt 15.000 Stück ausgesucht haben, veröffentlicht.

Joco Balant 66, 188, 189, 190, 202; Goran Bertok 224, 249; Mirko Bijuklič 28, 36, 67, 82, 179, 186, 227; Bruno Bizjak 45, 174; Nande Bobič 238; Andjelko Božac 231, 232; Darko Bradassi 7; Anton Cimprič 78; Č. T. 212, 213, 217; Andrej Družinič 233; Marko Feist 200, 245; Foto Eka 187; Jože Hanc 70, 76, 79, 132, 133, 134, 137, 138, 139, 141, 176; Marjan Humer 2; Aleš Fevžar 199; Marjan Garbajs 61, 64, 65, 149, 160, 161, 240, 241; Bogdan Kladnik 37, 58, 59, 91, von 96 bis 131, 140, 142, 143, 144, 146, 150, 153, von 155 bis 159, 167, 180, 196, 197, 207, 210, 214, 236; Stane Klemenc 5, 23, 24, 33, 53, 56, 73, 80, 85, 89, 90, 145, 172, 191, 211, 218; Janez Klemenčič 50, 55, 209; Edo Kozorog 18, 252; Tomaž Kunstelj 230; Matevž Lenarčič 25, 74, 86, 93, 192; Mojmir Maraž 13, 30, 31, 34, 41, 94; Edi Masnec 1, 4, 11, 14, 21, 35, 38, 40, 48, 49, 52, 71, 75, 95, 194, 221, 224, 226, 235, 250; Igor Modic 3, 8, 16, 20, 32, 44, 47, 51, 60, 83, 154, 201, 205, 206, 222, 223, 225, 234; N. N. 72; Zvone Pelko 135, 136, 162, 163, 166; Dr. Rafko Podobnik 92, 168, 204; Arh. Peter Pokorn 42, 43, 57, 68, 81, 84, 165, 169, 170, 171, 173, 175, 184; Brane Ravnikar 10, 228; Janez Skok 12, 15, 17, 22, 24, 27, 29, 46, 63, 77, 87, 151, 152, 177, 178, 182, 195, 203; Marko Simič 229; Inž. Marjan Smerke 237; Klara Stanič 9; Jože Suhadolnik 247, 251; France Stele 19, 39, 88, 164, 208, 244, 246, 248; Magda Šturman 54, 148; Zoran Vogrinčič 198, 220; Zdravilišče Atomske Toplice 215, 216; Andrej Žigon 69, 183; Srdjan Živulović 6, 193, 239; Urša Žnidaršič 185.

Verleger: Mohorjeva/Hermagoras, Klagenfurt/Celovec – Ljubljana/Laibach – Wien/Dunaj
Übersetzung aus dem Slowenischen: Hanka Štular
Farbauszüge: Ateljé Villa (Grafika) Ilirska Bistrica
Satz: Hermagoras/Mohorjeva
Druck und Bindung: Editoriale, Triest

ISBN 3-85013-478-4

CARNIOLIÆ VICTORIA ab
HRASTOVIZA
BRISAT
S. MARIANA
SISSECKII
SAVVS FLVS
PALVSTRIA
SALVT